The body mind Conexion

Debbie shapiro

The body sf
   Debbie Sha

La enfermedad busca sanarme

Philippe Dransart

La enfermedad busca sanarme

Ediciones Luciérnaga

Título original: *La maladie cherche à me guérir*

Primera edición: enero de 2004

© Éditions Le Mercure Dauphinois, 1999, 2000

© de esta edición: Luciérnaga, S. L., 2004
Peu de la Creu, 4
08001 Barcelona (España)

© de la traducción: Berta Sanz Cuñat, 2004

Tel. 93 443 71 00
Fax 93 443 71 29
Web: www.edicionesluciernaga.com
E-Mail: luciernaga@grup62.com

ISBN: 84-89957-56-8
Depósito legal: B. 48.232-2003

Fotocomposición: Zero preimpresión, S. L.
Impreso por Limpergraf, S. L.
Mogoda, 29-31, 08210 Barberà del Vallès (Barcelona)

Impreso en España
Printed in Spain

Recibiréis sin cargo nuestro catálogo y boletín informativo
de actividades solicitándolos a:
Luciérnaga. Apartado de Correos 1.433
08080 Barcelona - España

Dedico este libro a Anne-Marie, Éric,
Christian y Sébastien
Lo dedico también a todas las personas
para quienes el valor es algo cotidiano,
y son innumerables...

La noche más profunda,
en su hora más sombría,
prepara con amor
el despertar de un nuevo día.

Contenido

Preámbulo

¿Para qué sirve el sufrimiento?

ARLETTE

Por medio de la enfermedad nos hablamos a nosotros mismos...

Brune, una elegante dama de unos cincuenta años, se sentó frente a mí. «Doctor, me duele la cabeza desde hace tres años; me duele casi todos los días, no puedo más. Lo he intentado todo. Los estudios dan resultados normales, pero *yo me siento como si la tuviera la cabeza continuamente atenazada...*»

Depositó su historia clínica sobre la mesa: había algunas radiografías, un escáner y varios informes médicos, todos con el mismo encabezamiento: «Estudio debido a cefalea».

—¿Qué es lo que le atenaza la cabeza?

Ella no se esperaba esta pregunta. Ante su mirada sorprendida, insistí:

—¿Qué le ocurrió hace tres años?

Su sorpresa se transformó en emoción. Desavenencias con su hermano por una cuestión de herencia tras el fallecimiento de su padre... nunca se ha repuesto del disgusto y piensa en ello continuamente... eso le tenía atenazada la cabeza,

¡nunca mejor dicho! Sin embargo, ella jamás había establecido la relación...

Por medio de la enfermedad nos hablamos a nosotros mismos, tomamos nuestro cuerpo como testigo del sufrimiento que padecemos: el dolor o la lesión son el reflejo exacto de las emociones que experimentamos. El sentimiento se transforma en sensación: esto nos pica, aquello nos corroe, lo otro nos produce un dolor sordo. Pero, ¿qué es lo que nos pica? ¿Qué nos corroe? Y... ¿por qué es sordo el dolor?

¿Qué ocurre cuando vamos a ver al médico porque nos duele la cabeza? El médico nos escucha y anota «cefalea». A petición nuestra, *da un nombre* a lo que experimentamos. Que nuestra molestia tenga un nombre nos tranquiliza; es algo identificado, reconocido, catalogado y, en cualquier caso, mensurable. Pero, al obrar así, lo que tratamos de decirnos a nosotros mismos *por medio* de esa enfermedad corre el riesgo de pasar desapercibido... El diagnóstico es un paso necesario, desde luego, pero es un arma de dos filos porque al darle nombre a la enfermedad, al pegarle una etiqueta, nos arriesgamos a protegernos todavía más ante el interrogante que nos plantea. Que confiemos nuestra enfermedad al médico es razonable; su papel consiste precisamente en ayudarnos y cuidarnos. Pero si eludimos la responsabilidad de lo que experimentamos, si la enfermedad se convierte en un asunto del médico, y *sólo de él*, ¿en qué queda la pregunta que nos hacemos a través de ella? Nos exponemos a hacerla desaparecer con todo su bagaje...

Sufrimos en nuestro cuerpo un sufrimiento del alma

Porque, al sustituir los males por palabras, perdemos el sentido de lo que tratábamos de decirnos. Nos hablamos utilizando nuestro cuerpo como metáfora y, de pronto, lo que intentábamos decirnos se convierte en algo incomprensible: no sabemos a qué se debe nuestro sufrimiento físico, como si nos faltara la clave... Sin embargo, *escuchar la enfermedad como un lenguaje interior*, comprender lo que dice, es el primer paso hacia la curación.

¿Escuchar la enfermedad? André vino a verme porque tenía un eccema desde hacía dos años. Durante toda la consulta, en lugar de responder a mis preguntas, no hacía más que decir: «Me pica, me pica...». Imposible hacerle decir cualquier otra cosa. Entonces, no sin cierta impaciencia, tomé una hoja de papel y escribí con letra grande: «ESO-ME-PICA», subrayé «ESO» y le pregunté a André: «¿Qué es "ESO" que le pica?». Entonces se iluminó su mirada, «eso» coincidía, en efecto, con una situación que le irritaba desde hacía dos años precisamente. Y estalló en sollozos. A los tres días el eccema había desaparecido.

Su piel había sustituido a «eso». Hay cosas que, a veces, uno no puede decirse; por mil razones resultan muy difíciles o muy dolorosas, y entonces tomamos como testigo a nuestro cuerpo... y, de paso, tomamos por testigo al médico y, con mucha frecuencia, también a la familia. La enfermedad es una manera de hablarse a uno mismo y de hablar a los demás porque, consciente o inconscientemente, les mostramos así que estamos mal.

Tomamos al cuerpo y sus órganos como «metáfora» para manifestar nuestro mal-estar

Según la definición del *Petit Robert*, la metáfora es una «modalidad del lenguaje que consiste en una modificación de sentido por sustitución analógica». Por ejemplo, «una fuente de problemas» es una metáfora porque el problema no es un riachuelo, pero fluye de una fuente... Semejante modo de decir las cosas es una imagen; tomamos la imagen de una realidad concreta —en este caso, la fuente de un riachuelo— para definir algo abstracto, el origen, la causa de nuestros problemas. La metáfora es el *medio más sencillo, el más natural, el más directo*, para expresar algo que tenemos dificultad en definir. Y, con mucha frecuencia, tomamos algún órgano como metáfora para hablarnos a nosotros mismos y decirnos las cosas de un modo figurado.

Josiane, una mujer de 43 años, se sentía oprimida, tenía la sensación de asfixiarse, le hacía falta el aire y necesitaba abrir las ventanas de todas las habitaciones. No soportaba los collares ni los jerseys con cuello de cisne. Los síntomas aparecieron poco después del accidente de coche de su marido. Físicamente discapacitado a causa del mismo, había cambiado de carácter y se había convertido en un ser posesivo, celoso y suspicaz, que controlaba sin cesar las idas y venidas de Josiane. En esa situación, ella tenía la sensación de asfixiarse, literalmente, y de estar retenida en el hogar por un *collar*..., ¡y desde entonces no podía soportar los cuellos de cisne! *Las sensaciones que experimentamos son una manera de describir nuestros sentimientos.* Los términos que empleamos nunca son anodinos. A menudo describen con mucha exactitud la emoción que trata de manifestarse a través de nuestros problemas.

Tampoco es anodino *el lugar del cuerpo* donde se manifiesta el malestar. Desde lo más íntimo de nuestro ser, sin que lo sepamos de un modo consciente, *elegimos* el órgano en el que va a aparecer la enfermedad. La elección no es casual, corresponde a nuestra percepción inconsciente de ese órgano, o de su función, y eso es lo que vamos a estudiar a lo largo de este libro. Aquello para lo que sirve el órgano lo utilizamos como una metáfora para expresar nuestro mal-estar.

La enfermedad es una curiosa manera de decirnos las cosas porque es como si nos habláramos con medias palabras. Cuando aludimos al que está a la cabeza de una empresa, utilizamos una metáfora, puesto que la empresa no tiene cabeza ni pies. Pero todos sabemos que la cabeza dirige; así que todo el mundo comprende. Y es posible, entre otras cosas, que un dolor de cabeza refleje el dolor que uno siente por no poder dirigir determinadas situaciones en el sentido deseado. En lo más íntimo de nosotros mismos, mediante la enfermedad *nos comprendemos*, incluso nos comprendemos muy bien. Pero, *al mismo tiempo, no comprendemos* lo que nos ocurre, no sabemos por qué estamos enfermos, ni para qué sirve ese sufrimiento del que deseamos librarnos lo antes posible. ¡Qué paradoja!

¿Los gérmenes son realmente responsables?

Todo el mundo está de acuerdo en que algunas enfermedades son psicosomáticas. Pero las otras enfermedades, las infecciosas, las mecánicas (hernia discal, etc.) o las tumorales, ¿son también una manera de hablarse a uno mismo?

Voy a referirle, amable lector, el caso de Nicolas, un niño de 10 años que un día, al salir de la escuela, hizo una enorme trastada. Su padre, que lo estaba esperando, montó en cólera y le dio un sonoro bofetón delante de sus compañeros... Imagínese la humillación. Al día siguiente por la mañana, como si el bofetón se le hubiera quedado atravesado en la garganta, Nicolas se despertó con las anginas llenas de puntos blancos de pus. Era cuando empezaba a ejercer mi profesión, y el caso del pequeño Nicolas fue el punto de partida de las numerosas reflexiones que me indujeron a escribir este libro.

En homeopatía existe un remedio notable para las *enfermedades* que siguen a una humillación; es la estafisagria o hierba piojera, llamada en latín *Staphisagria*. Como la fiebre y las anginas eran impresionantes, tomé unas muestras de la garganta para hacerle un antibiograma porque estaba convencido de que necesitaría antibióticos. Mientras esperaba los resultados, no arriesgaba nada dándole una sola dosis de **Staphisagria** de 15 CH.

Y, ¡oh, sorpresa!, aquella misma noche Nicolas estaba mucho mejor. Al día siguiente por la mañana me llamaron desde el laboratorio para advertirme que se trataba nada menos que del estafilococo dorado... Cuando me disponía a prescribirle un tratamiento antibiótico, su madre me dijo: «NO hace falta, está mejor, no vale la pena...». A pesar de mi insistencia, rehusó de nuevo. Por la tarde, cuando volví a ver a Nicolas en la consulta, estaba casi curado.

Yo estaba mucho más sorprendido que su madre, que parecía encontrar todo eso normal, pero mi formación como médico no me había preparado para ese tipo de sanación. Como puede usted suponer, unos días más tarde le tomé de nuevo unas muestras de la garganta que mandé analizar y que dieron un resultado absolutamente normal.

Transcurrido el período de satisfacción que un médico siempre siente ante ese tipo de curación, empecé a hacerme preguntas. No sobre la homeopatía; el propósito de este libro no es hablar de la homeopatía. Lo que ocurre es que yo soy homeópata y la reflexión se alimenta siempre de las experiencias que uno vive, pero lo que yo comprendí aquel día puede descubrirse seguramente por medio de otros enfoques terapéuticos.

La verdadera cuestión que plantea el caso de Nicolas no es si la homeopatía es eficaz o no, sino saber *cuál fue la causa de su enfermedad.*

En efecto, al conseguir una sanación rápida mediante el remedio de la humillación, era razonable llegar a la conclusión de que las anginas de Nicolas se debían a su *humillación*; eran, literalmente, *¡ira tragada!*

Pero en el caso de que le hubiera administrado antibióticos *contra* el estafilococo, el tratamiento también habría sido eficaz, y entonces yo hubiera llegado a la conclusión de que la causa de las anginas era el *estafilococo.*

¿Cuál era pues la verdadera causa? ¿Qué pensar de todo eso? Nada permite separar ambas hipótesis; tan acertada es la una como la otra.

La realidad es como una moneda: tiene dos caras

La respuesta me llegó años más tarde, después de haber visto muchos casos semejantes, en los que la psicología y los gérmenes parecían íntimamente ligados. El estafilococo y la cólera *son las dos caras* de una misma moneda. Esta idea me la inspiró un proverbio oriental: «La Verdad es como un diamante con muchas facetas». Tiene muchas facetas, sí, *pero es el mismo diamante*. *El estafilococo es ira, cólera,*[1] o, para ser exactos, el estafilococo se alimenta de la cólera. Que la ira se materialice en los gérmenes cambia su aspecto, pero no su naturaleza.

¿Mediante qué mecanismo? Todavía no lo sabemos, pero es probable que algún día descubramos un intermediario químico que explique esto.

Decir que «el estafilococo es ira» es una imagen, pero expresa hasta qué punto la emoción es como una carga energética que busca un cuerpo en el que manifestarse.[2] Siempre hay un «agente» que incorpora y concreta la realidad subjetiva porque forma parte de la naturaleza de nuestras realidades psicológicas el buscar un relevo mediante el cual éstas puedan expresarse.

Durante mucho tiempo la medicina clásica consideró que la úlcera de estómago era una enfermedad psicosomática, hasta el día en que se descubrió el «germen responsable» de esta afección: el *Helicobacter pylori* (o pilori), que en la actualidad se trata con antibióticos. Y lo que hoy es cierto respecto a la úl-

---

1. A propósito de esto, un amigo me hizo esta curiosa observación: «*Staphylo* es un término derivado del griego que significa "uva"... como las "uvas de la ira"...». De hecho, los alcohólicos a menudo se vuelven violentos y se irritan sobremanera. Observe también que la flor de la vid era utilizada por Edward Bach para tratar con éxito los estados de cólera dictatorial. Pero tal vez no son más que coincidencias... Sólo me limito a constatarlas.

2. De la misma forma que siempre hay en ciertas épocas o lugares algún ser humano que, para bien o para mal, plasma lo que «está en el aire», sea un dictador, un dirigente iluminado y un fanático de mano de hierro, o un investigador, un artista, un músico, un pensador, un escritor, etc.

cera de estómago lo será mañana respecto a la depresión y las enfermedades psíquicas, cuando se encuentre la «causa», la molécula ausente o el germen responsable.

Así que siempre se puede encontrar, y siempre se encontrará, una razón física, material, para explicar lo que ocurre. Sin embargo, el germen no explica las circunstancias morales de su aparición ni la dimensión psicológica de la enfermedad. En realidad, la causa física de una enfermedad casi siempre es un reflejo, o más bien una «manifestación», de lo que ocurre en otros planos.

En numerosas ocasiones he observado esta «coincidencia» entre la aparición del estafilococo y la ira. En cuanto al germen *Helicobacter*, refleja esa forma de ansiedad que concierne al «pan de cada día» (el estómago), es decir, a las cosas materiales de la vida que atañen al trabajo y la necesidad de alimentarse. Existe una relación semejante entre el germen *Chlamydiae*,[3] responsable de numerosas manifestaciones genitales y una especie de culpabilidad en el ámbito sexual. Como se sabe, a fuerza de combatir los problemas como objetos exteriores, se acaba por desplazarlos y favorecer la emergencia de nuevas enfermedades.[4]

Lo que es cierto para las enfermedades infecciosas puede serlo para los problemas de tipo mecánico.

Annick, que a sus 34 años vivía sola con un hijo pequeño a su cargo, acababa de sentir un tremendo tirón en la espalda, una especie de bloqueo unido a un dolor muy intenso en la pierna derecha. La radiografía reveló una **hernia discal** que hasta entonces había pasado inadvertida. Cosa curiosa, el bloqueo surgió al hacer un movimiento insignificante cuando, tras

---

3. El *Chlamydiae* es un germen presente en algunas enfermedades de transmisión sexual y responsable de algunas infecciones genitales crónicas.
4. El uso sistemático de la antibioterapia no sólo ha favorecido la aparición de algunos gérmenes resistentes sino también la de nuevas enfermedades infecciosas que antes apenas se conocían.

un período de paro laboral, había aceptado un duro trabajo que apenas le daba para asegurar su subsistencia. ¿Quizás aquel movimiento fue la gota que hizo desbordar el vaso? Le pedí que me relatara lo que había vivido en los días precedentes. La víspera, Annick se había enfadado muchísimo con su hijo cuando éste le enseñó el boletín de notas con unos resultados catastróficos y los elocuentes comentarios del profesor. Añadió que ella vivía para ese niño, para que saliera adelante y que nunca habría hecho tantos sacrificios si él no hubiera estado allí.

Ella llevaba demasiada «carga sobre sus espaldas», desde luego, y era perfectamente consciente de que esa expresión tenía un doble sentido, físico y moral, pero saberlo no la aliviaba en absoluto. Pues bien, hay que tener en cuenta que nos apoyamos en las piernas, y que todo lo que tiene que ver con la espalda es como una traición. Su hijo, *sobre el que apoyaba el sentido de su vida, acababa de traicionarla* mediante los resultados escolares. A través del dolor de la pierna, Annick expresaba el sentimiento complejo que acababa de experimentar ante la actitud de su retoño, un sentimiento mezcla de cólera y culpabilidad, pues su trabajo apenas le dejaba tiempo para ayudar al niño en los deberes escolares. Mediante el dolor de la pierna, no sólo acababa de «decir» todo eso, sino que expresaba también la sensación de que su vida estaba atrapada en esa cuestión, como un nudo que no veía la manera de desatar.

También aquí, como en otras situaciones, esa forma de ver la enfermedad se vio confirmada por lo que le prescribí: **Colocynthis,**[5] un remedio homeopático que se aplica tras los arranques de cólera y que la liberó del dolor en menos de veinticuatro horas. ¿Hernia discal? Sí, pero... ¡no sólo eso!

---

5. Se trata de la coloquíntida. Pensé en ese remedio basándome en dos síntomas: por una parte, la ira y, por otra, el alivio que Annick sentía al doblar la pierna. El alivio que produce la flexión es característico del remedio llamado **Colocynthis**; es como si, después de un estallido de cólera, el enfermo, herido en lo más vivo, se replegara sobre sí mismo.

Digamos una vez más que *la causa de la enfermedad es como una moneda: tiene dos caras*. Decir cuál de las dos es la correcta no tiene sentido; las dos lo son, pues nadie puede negar la responsabilidad de una bacteria o de una hernia. En cambio, lo que sí resulta difícil para cualquiera de nosotros es ver al mismo tiempo el anverso y el reverso de la moneda. Los ojos no nos lo permiten, y la mente es como los ojos: necesita enfocar por separado los dos aspectos.

Amigo lector, a lo largo de la lectura de este libro no debe olvidar la imagen de la moneda con dos caras. Las dos son correctas, tanto una como otra. No oponga una con otra las «dos» son medicinas: necesitamos tanto la una como la otra. Y cuando más adelante hable, por ejemplo, de la dimensión psicológica de una ciática, no significa que no exista una hernia discal, y recíprocamente.

El símbolo de la medicina es, como usted sabe, el caduceo: una rama vertical, que representa la Verdad, en torno a la cual se elevan dos serpientes que simbolizan las dos vías del conocimiento. Ambas se cruzan y *rodean* la verdad sin delimitarla nunca por completo. Se cruzan y entrecruzan, en algunos puntos coinciden pero nunca se superponen, cada una de ellas es complementaria de la otra. Y terminan por converger en un mismo punto al final de la rama.

Aceptarnos... Llegará algún día en que lo hagamos, pero aún no lo hemos conseguido... Sin duda habrá usted observado esos nuevos caduceos estilizados que aparecen en el parabrisas de ciertos automóviles. ¡Algunos sólo tienen una rama! ¿Es un simple azar estético o signo de los tiempos? Este libro se dirige también a la ciencia, cuya aportación es inestimable, a fin de que no imponga a la medicina un pensamiento único que haría estéril toda investigación al margen de sus propios postulados.

Incluso tomamos como testigo el mundo exterior

Lo que es cierto respecto a la enfermedad puede serlo respecto a los accidentes, los traumatismos y las fracturas. Parece sorprendente, pero a menudo todo ocurre como si el mundo exterior entrara en resonancia con nuestros pensamientos.

A sus 42 años, Béatrice se encontraba en el difícil trance de tener que tomar una decisión dolorosa, como tomar una curva cerrada, pero se negaba a hacerlo por razones afectivas. Vivía en una tensión extrema cuando, un día, su coche patinó con la grava y se salió de la carretera. Falló en la curva y se fracturó la *cadera*, nuestro principal punto de apoyo, *base del movimiento que nos permite avanzar*. Los **accidentes** marcan momentos de ruptura en nuestra vida; a veces son situaciones irreversibles, puntos sin retorno, pero, con frecuencia, al mismo tiempo nos brindan la oportunidad de abrirnos hacia otra actividad u otra dimensión de la vida.

Sí, incluso tomamos como testigo el mundo exterior. Y a veces ocurre que somos nosotros quienes provocamos los acontecimientos, como si a través de ellos tratáramos de decirnos algo. Mediante nuestros pensamientos y actitudes despertamos ciertas reacciones en las personas de nuestro entorno y nos preparamos situaciones que maduran y se manifiestan en acontecimientos, mucho más tarde. Nuestro estrés parece proceder del exterior, de una persona o de una situación, pero eso no es más que apariencia, porque quizá no existe más barrera entre lo exterior y lo interior que la que existe entre el cuerpo y la mente. Un acontecimiento, sea un accidente o un estado de estrés de cualquier tipo, puede ser el *mensajero* de nuestro deseo secreto. Lo que parece ser el resultado de un puro azar o de una fatalidad a menudo ha sido suscitado por un deseo «indeseable» de cambiar algo en nuestra vida. Esas circunstancias exteriores que surgen de pronto son tal vez el espejo de nuestro deseo interior, un deseo que quizás es un poco revolucionario y a veces incluso demasiado. Algunos estudios recientes realizados en Norteamérica han mostrado, con el empleo de diversos tests, que el perfil psicológico de las personas que han tenido accidentes graves es análogo al de las que tienen tendencias suicidas.

Existen accidentes fortuitos, es cierto, pero no lo son todos, ni mucho menos. Son como «encuentros desagradables» que tenemos en la vida, y algunas veces los suscitamos morbosamente nosotros mismos sin saberlo, como si tuviéramos que pasar por ello. Los **virus** con los que nos tropezamos en ocasiones forman parte de esos accidentes, que no lo son forzosamente, y por medio de ellos tratamos de franquear una etapa, a veces con peligro de nuestra vida. Es importante comprender la razón de todo eso, y también comprender la razón de ese algo que hay en nosotros que nos empuja, sin que lo sepamos, a vivir situaciones imposibles. Porque nuestra sanación depende de ello.

Los encuentros de los que hablo no son sólo acontecimientos o virus, son también situaciones o personas. Una mujer que tiene un padre o un marido violento, en realidad está confrontada con su propia violencia, pero no lo sabe. Noëlle era una mujer dulce y romántica, y los celos de su marido la hacían sufrir mucho. Pero no fue a su marido a quien di **Lachesis**, el remedio homeopático para los celos asfixiantes, sino a ella, lo que la liberó del sufrimiento y le permitió reanudar con su marido una relación más serena. Las dificultades que vivimos con otra persona nos remiten con frecuencia a nuestras propias dificultades.

A través de las situaciones, igual que a través de la enfermedad, nos dirigimos a nosotros mismos. Sólo que, en lo que concierne a la enfermedad, tenemos el arte de decirnos las cosas sin decírnoslas verdaderamente, como si tratáramos de decírnoslas para no oírlas del todo, como si ese *equívoco* nos permitiera *preservar* algo. Y todo eso ocurre *sin que lo sepamos*, por supuesto; no somos conscientes de ello. ¡Nadie «escoge» estar enfermo!

Pero ¿qué queremos preservar? ¿Y por qué ocurre sin que lo sepamos?

Justificarse, preservar el Yo

Nos gustaría deshacernos lo antes posible de esa enfermedad que nos paraliza, de aquel dolor tan molesto. ¿Cómo podemos imaginar que, en realidad, preservamos algo mediante el sufrimiento? Démosle la vuelta a la moneda.

Lo que nos decimos a través de la enfermedad es que *tenemos alguna razón para estar mal*. El dolor de garganta de Nicolas no era una visión simbólica; la tenía roja, hinchada, con una verdadera infección en las amígdalas. Su dolor no era psicológico sino real, tenía una inflamación que se podía ver, ¡un germen que se pudo identificar! Si estaba mal era porque tenía alguna razón para estarlo.

La cólera se manifiesta en el cuerpo con el fin de justificarse a sí misma. *Por medio de la enfermedad, nos justificamos*, justificamos lo bien fundado de los sentimientos que experimentamos; no son visiones del espíritu, sino realidades objetivas. La enfermedad aporta la prueba de nuestro sufrimiento, pero *de todo eso no somos conscientes*, y el precio que debemos pagar es enorme.

Tomamos como testigo nuestro cuerpo y, por intermedio de él, tomamos también por testigo a nuestra familia. Si usted le dice a una persona que sufre que su enfermedad «es psicológica», sin duda le responderá que no, que está verdaderamente mal, que *su dolor es real*, ¡y es cierto! Y tal vez añada que usted tiene mucha suerte por tener buena salud y no puede comprender lo que ella ha de soportar. Estamos enfermos, y nuestra familia tiene que aceptarlo, lo quiera o no. Al hacer de nuestro sufrimiento moral una evidencia física, les quitamos a los demás la posibilidad de ignorarlo o de tomar distancia frente a esa realidad. Pero, a pesar de todo, nosotros somos los primeros que sufrimos, y la impotencia de las personas que nos rodean para aliviarnos nos deja solos.

En lugar de citar aquí un ejemplo, voy a hablar brevemente de dos remedios homeopáticos que permiten comprender la enfermedad como «justificación». Se trata del **arsénico** y del **ácido nítrico**.

En homeopatía utilizamos el **arsénico** —en dosis muy pequeñas, por supuesto— para curar toda una serie de enfermedades que tienen en común una fatiga profunda, mucha ansiedad y agitación y, sobre todo, un *miedo a morir* que parece desproporcionado a la situación real del enfermo. Y una de las enfermedades para las que resulta más eficaz es el asma. ¿Qué siente un enfermo cuando tiene una crisis de asma? Que pierde el aliento, que se asfixia. Pues bien, el aliento es la vida. Al llegar a este mundo, tomamos con un grito nuestro primer aliento; y, al abandonarlo, exhalamos el último. Lo que el enfermo al que conviene administrar arsénico se está diciendo a sí mismo por medio del asma es que tiene miedo a morir, y que tiene razones para tenerlo puesto que le falta el aliento, símbolo de la vida. Los síntomas de cualquier enfermedad vienen a decirnos que la emoción que experimentamos es una realidad, no una visión del espíritu. Tenemos razones para tener miedo, del mismo modo que tenemos razones para sentir ira.

El **ácido nítrico** es uno de los mejores remedios para las enfermedades que aparecen como consecuencia del rencor. Uno de los trastornos sobre los que actúa con especial eficacia es la fisura anal, sobre todo cuando ésta va acompañada de la sensación de tener una astilla clavada en el ano, lo que dificulta la evacuación. Los enfermos a los que conviene este remedio son los que guardan un profundo rencor cuando se les hace una mala pasada, los que rumian durante mucho, muchísimo tiempo un perjuicio concreto al que atribuyen una importancia desmesurada. Esa cosilla de nada les cambia el carácter, y aun siendo extrovertidos, se convierten en personas sombrías y encerradas en sí mismas. La fisura anal hace muy dolorosa la evacuación de las heces; es como si, con el ano, el enfermo estuviera diciéndose a sí mismo que eliminar esa idea le supone un gran esfuerzo, y que no llega a conseguirlo. El perjuicio concreto le queda ahí, con la sensación de tener una astilla profundamente clavada. Pero no vaya usted a creer que todas las fisuras anales se curan con ese remedio. Sólo las que van acompañadas de la sensación de tener una astilla clavada y, sobre todo, si existe el rencor que he descrito.[6]

El estrés... ¿qué quiere decir eso?

Cuando alguien enferma, es frecuente atribuirlo al estrés. Sin embargo, como usted sabe, nuestra vida está llena de preocupaciones, de decepciones, de rencores a veces..., sin contar con las razones que tenemos a diario para irritarnos. Las situaciones que nos causan estrés son múltiples y permanentes. Pero ¿cada vez que caemos enfermos es por eso? No, desde luego. Para que el estrés nos haga caer enfermos hace falta *algún otro factor*. Y no depende de su intensidad, sino de dos cosas: del *lugar sobre el que recae* y de la *complejidad de la emoción experimentada*.

El lugar sobre el que recae el estrés

Lo que para uno es una situación dramática, para otro es una peripecia sin importancia. Algunas personas consideran que perder dinero no es más que uno de los muchos avatares de su existencia; otras, en cambio, en semejante situación se sienten tan perdidas que enferman gravemente. *Stress* es un término inglés que significa «subrayar, resaltar, poner el acento en, hacer hincapié».

Imagine, por ejemplo, un roble y una caña. Ya conoce la historia: se levanta la tempestad, la caña se flexiona y se adapta, mientras que el roble es demasiado rígido y acaba por romperse.

---

6. Para este problema existen en homeopatía otros remedios, cada uno de los cuales corresponde a un tipo concreto de enfermo. Uno necesitará **Graphites**, otro **Paeonia**, según la sensación que experimente, su perfil psicológico, etc.

El viento, que en sí mismo es neutro, pone en evidencia la rigidez del roble; sin embargo, para la caña es sólo un juego. Imagine un pájaro que se posa en el roble y después en la caña. El roble es rígido, pero sólido, y puede cobijarlo entre sus ramas, algo que la caña no puede hacer en absoluto. Lo que hace el viento tanto en el roble como en la caña es subrayar un defecto de su estructura, un defecto que, obsérvelo, desde otro punto de vista es una cualidad. La capacidad del roble para cobijar entraña cierta rigidez, la flexibilidad de la caña la hace incapaz de hacerse cargo de cualquier cosa que no sea ella misma.

En el ser humano no es el estrés en sí mismo lo que es tóxico, sino lo que éste viene a subrayar. En el caso de Nicolas, lo que se expresaba en su garganta *no era la cólera, sino lo que ella venía a subrayar mediante la humillación.*

Imagine ahora la caída de un vaso colocado por imprudencia al borde de una mesa. Está usted en la cocina, le deslumbra el brillo de las baldosas y el vaso cae... Ochenta centímetros, para un vaso, suelen resultar fatales. Pero, ¡sorpresa!, el vaso resiste y rebota: una vez, dos veces, y se rompe sólo al tercer rebote. Sin duda, usted ha tenido alguna vez una experiencia semejante. Curiosamente, el vaso ha resistido a una primera caída desde ochenta centímetros, a una segunda desde veinte, y se ha roto cuando ha caído desde siete u ocho centímetros nada más. Ese extraño fenómeno se ha producido porque, al tercer rebote, el vaso se ha golpeado en un punto débil de su estructura, mientras que hasta entonces había resistido lo peor.

A nosotros nos ocurre algo así, *no es la intensidad del estrés lo que explica la enfermedad.* Algunas personas viven situaciones muy duras sin perder por ello la salud, y en cambio caen enfermas como consecuencia de un estrés cuya intensidad parece mucho menor. Eso es algo que tiene que ver con nuestra estructura. El cuerpo del bebé es muy flexible, pero con la edad se hace más denso, tanto para mantenerse en pie como para hacer frente a la vida. En el plano psicológico ocurre algo semejante: nos densificamos; a veces recibimos golpes, y los golpes

26

nos endurecen, nos cristalizan. No son las zonas flexibles las que plantean problemas; las que corren el riesgo de reaccionar mal ante los choques son las zonas cristalizadas.

Y, curiosamente, la vida nos lleva a trabajar, a flexibilizar, esos puntos de cristalización. Gracias a diversas circunstancias que van surgiendo en nuestro camino, a menudo recibimos el mismo mensaje, como si la vida nos ayudara a abordar una determinada dificultad para superarla. Es raro que sobrevenga un estrés intenso sin que haya sido precedido por otras señales de alerta a las que no hemos prestado atención. Todo ocurre como si cada uno de nosotros hubiera venido a la vida a trabajar un punto concreto de su ser o para llevar a cabo una misión especial respecto a sí mismo o respecto a los demás. Pero todos tenemos un punto ciego, una zona de nuestro ser, de nuestra actitud, con la que tropezamos con regularidad, como si fuéramos incapaces de verla. Podríamos seguir así mucho tiempo, ciegos, si no fuera por el deseo del alma o, si lo prefiere, de esa parte inconsciente de nosotros mismos que nos anima sin que lo sepamos. Y ese deseo viene a llamar a la puerta, primero suavemente, después un poco más fuerte, y luego más fuerte aún, hasta hacerse oír. Es como un deseo indeseable que rechazamos esperando que algún día acabará por dejarnos tranquilos. Pero, por desgracia, el alma es como una mujer, y cuando una mujer quiere algo... Por decir las cosas de otra forma más aceptable para un espíritu racional, creamos inconscientemente situaciones semejantes que se repiten una y otra vez y nos ofrecen la ocasión de resolver la dificultad en cuestión.

Esa noción de «punto ciego» hace referencia al punto ciego de la retina, y la comparación no es baladí. En efecto, cuando miramos el mundo con un solo ojo, no percibimos la pequeña parte que se proyecta sobre el nervio óptico. Pero, afortunadamente, tenemos dos ojos, y la visión de uno compensa el punto ciego de la visión del otro. En esta idea se esconde una de las claves de nuestra sanación, porque lo que nos ofrece el otro ojo es la posibilidad de *mirar de un modo diferente* la realidad que tenemos ante nosotros.

La complejidad de la emoción experimentada

Esta complejidad es como un *nudo* formado por dos sentimientos contradictorios. Si nos enfadamos muchísimo con una persona que nos resulta indiferente, aunque el sentimiento es desagradable, resulta bastante sencillo de «gestionar»; podemos decirnos que se trata de un imbécil y refunfuñar un poco. El disgusto nos causará sin duda cierta irritación, pero *no nos afectará* profundamente. Pero si la situación nos interpela sobre algo que no tenemos «claro», será muy distinto.

El pequeño Nicolas, aunque humillado por su padre, siente *amor* por él, al menos en otras circunstancias... Pero, al mismo tiempo, ¡en alguna parte de su ser lo detesta! Es un sentimiento natural: papá le impide hacer esto, papá no le deja hacer lo otro... y, a la fuerza, en lo íntimo de su ser Nicolas detesta a papá, pero le resulta difícil reconocerlo. Su sentimiento de amor es contradictorio. En circunstancias normales, la contradicción está *oculta*, no hay grandes roces en la relación y todo va sobre ruedas, me atrevería a decir. Sólo que, un buen día, de modo totalmente inesperado, sobreviene el bofetón. Es como la gota de agua que hace desbordar el vaso, porque la bofetada, para Nicolas, viene a subrayar la ambigüedad del sentimiento que experimenta respecto a su padre.

Pero, además, en este caso había otra cosa: por medio del problema de garganta, él expresaba un sentimiento más sutil que le resultaba muy difícil *reconocer* en *toda su realidad y con todas sus implicaciones*. Cuando un muchacho —que a esa edad se identifica de modo natural con su padre— sufre semejante desaprobación en público, recibe una herida de índole narcista que afecta a su identidad de hombre. Entre un padre y un hijo existe un vínculo de amor, de reconocimiento recíproco,[7] pero

---

7. Debería decir «recíproco, en principio», porque precisamente el muchacho aspira a ese reconocimiento que tal vez todavía no tiene, y cuando el padre no se reconoce en el hijo, el daño psicológico que eso le causa al pequeño es a veces considerable.

también una rivalidad destructora análoga a la que existe entre una madre y una hija, aunque ésta se expresa de manera muy distinta. El estudio de la próstata y de lo que ésta significa para un hombre nos permitirá profundizar en este punto y comprender por qué, después de la pubertad, semejante situación se habría convertido en un enfrentamiento entre «machos».

En cuanto a Annick, su cólera venía a subrayar la ambigüedad del sentimiento que experimentaba en relación a su hijo, un sentimiento de amor sobre el que pesaba el sacrificio de sus aspiraciones personales y, en definitiva, el sacrificio de su propia vida. Su hombrecito, aun ocupando un lugar de hijo, era un poco el hombre de su vida. Pero eran los hombres los que la habían hecho sufrir, y esa pequeña traición realizada con toda su inocencia infantil venía a hurgar en la herida de una traición más antigua y más dolorosa, la de un padre con el que este niño, a pesar de todo, tenía un gran parecido. No resulta fácil desligar ambos sentimientos, ni siquiera para una madre.

Es por eso que a través de la enfermedad tratamos de decirnos algunas cosas, pero sin decírnoslas verdaderamente. Queda una parte de equívoco, una zona escondida. Descubrir que la dolencia de garganta nos ha sobrevenido como resultado de una gran cólera no es muy difícil, lo difícil es desvelar el sentimiento que se esconde tras ella. Al decirnos las cosas con palabras veladas, intentamos justificarnos con el fin de preservar algo, algo de nuestros sentimientos o una imagen de nosotros mismos que tenemos en gran estima.

¿Por qué contraemos una enfermedad sin saberlo?

Este proceso psicológico, tiene lugar a nuestras espaldas, como si, de esa forma, quisiéramos proteger nuestra consciencia. Tal vez lo que preservamos así es la imagen que tenemos de nosotros mismos. Imagínese un grupo en el que uno de los miembros es original, atípico, hasta el punto de profesar ideas o adoptar actitudes que ponen en entredicho las ideas o creencias del grupo. Ese miembro atípico, más o menos presente en todos los grupos, sea cual fuere su categoría, es como el portador de un *deseo* muy profundo, una especie de aspiración a «otra cosa», pero es alguien que *molesta*. Ese miembro original o atípico es la parte de nosotros mismos a la que negamos el derecho de ciudadanía, el *deseo indeseable* que vive en nosotros. El grupo puede elegir entre abandonar una parte de sus principios o creencias para incluir entre ellos al miembro atípico, o encontrar cualquier pretexto para aislarlo, para marginarlo, para defenderse de él. Y su defensa será tanto más encarnizada cuanto mayor sea *la amenaza ejercida sobre la imagen que el grupo tiene de sí mismo y de su «identidad».*

La razón por la que el grupo buscará el medio más sencillo de neutralizar al indeseable es porque tiene *miedo*, miedo a perder su identidad, miedo a perder la imagen que asegura su «cohesión». Ocurre algo parecido respecto a algunos de nuestros sentimientos: nos molestan, nos amenazan en la consciencia que tenemos de nosotros mismos; *incluso tomar conciencia de ellos nos resulta insoportable, por lo que actúa en nosotros un reflejo tan vital que opera sin que lo sepamos.* Algo en nosotros lo neutraliza para proteger nuestra consciencia, para preservar aquello sobre lo que hemos construido nuestro Yo. Es un mecanismo que se nos escapa, pero que actúa para protegernos de un sufrimiento mayor.

Albert, un hombre de 72 años, estaba aquejado desde hacía varios meses de una ciática relacionada con una hernia discal. Lo había intentado todo, primero los tratamientos clásicos, después la homeopatía, luego la acupuntura... Nada surtía efecto. Un día oyó hablar de un auriculoterapeuta que hacía auténticos milagros. Y el resultado fue, en efecto, milagroso. Al terminar la primera sesión, Albert se enderezó: el dolor causado por un problema en teoría mecánico había desaparecido, así, de pronto. Por desgracia, a los tres días, cuando su dolor había cesado por completo y se encontraba bien físicamente..., puso fin a sus días.

El dolor en el plano físico es *siempre* el reflejo de un dolor moral que no ha encontrado otro modo de manifestarse. Y con mucha frecuencia, para evitar precisamente que el dolor moral nos desborde, la consciencia se protege desviándolo, al menos en parte, hacia el cuerpo. La emoción a veces es tal que puede *ahogar* la imagen de nosotros mismos que tenemos en tanto aprecio. La tenemos en tanto aprecio que, en ocasiones, es como si no existiera ninguna otra cosa en la vida.

¿Desapego o toma de conciencia?

Imagínese a un capitán de edad madura que está al mando de su barco desde hace un cuarto de siglo. Lo conoce tanto que forma parte de sí mismo, *es* él mismo, como una prolongación de su ser. Un día, debido a una fuerte tormenta, el barco hace agua y empieza a hundirse. Nuestro capitán, *atónito* por lo que ocurre, a ratos intenta en vano reparar las vías de agua, a ratos permanece como simple espectador impotente, incapaz de reaccionar. Incluso es posible que el barco represente para él una parte tan importante de sí mismo que no pueda pensar más que en hundirse con él. Ha puesto algo de su alma en ese montón de chatarra, y lo que ve hundirse no es la chatarra sino su propia alma. Se ha entregado por completo, o casi, a su barco, al que da vida con su propio ser. *Cree ser su barco, ¡pero eso no es más que una ilusión!* Y si salva la vida, se lo debe a su segundo de a bordo, que le pone la mano en el hombro y le dice: «No se quede ahí, no puede hacer nada. El bote salvavidas le está esperando, ponga su destino en manos del océano de la vida».

En una entrevista televisada, Solzhenitsyn,[8] al describir la

---

8. Solzhenitsyn (Aleksandr Isaevich, disidente ruso, autor de *Pavillon des cancéreux*, Éd. Julliard, París, 1992. [Hay versión española: *El pabellón del cáncer*, Ed. Círculo de Lectores S. A., Barcelona, 1992.]) respondía a las preguntas de Bernard Pivot en una emisión especial de *Apostrophes* que éste le dedicó.

curación del cáncer que sufría, decía que tenía la sensación de que había sido autorizado a vivir una segunda vida.

Esta imagen del capitán evoca la necesidad de «soltar amarras», los autores anglosajones insisten mucho en esa idea. Según ellos, bastaría con que nos desprendiéramos, con que soltáramos la cólera, las emociones, bastaría perdonar, etc. La idea no es errónea, pero ¿qué es lo que hay que soltar? Decirle a un enfermo que padece ciática: «Tendría usted que deshacerse de su cólera», ¡no sirve para nada!

Las cosas no son tan sencillas, porque todo eso ocurre sin que seamos conscientes de ello, y nuestra dificultad no reside en soltar sino en *reconocer*. El desapego es una consecuencia, natural e indolora, de la *toma de conciencia*. La dificultad no está en desapegarse sino en reconocer lo que ocurre.

Por eso he mencionado la idea del «punto ciego» a propósito del estrés. Lo que puede salvarnos es que tenemos dos ojos y, por lo tanto, podemos ver *bajo un ángulo diferente* la situación que nos tiene atrapados.

A propósito de ese «ángulo diferente», querría decir algo respecto al perdón. Cuando nos sentimos perjudicados, puede que nos venga a la mente la idea de perdonar, y el perdón es, desde luego, uno de los factores más poderosos de sanación. Pero no es cosa fácil por varias razones. En general, estaríamos dispuestos a perdonar y a olvidar la herida si la parte adversaria tomara la iniciativa de pedirnos perdón. Pero, por desgracia, no es muy frecuente que la persona que nos ha herido tome esa iniciativa; eso nos lleva a retener nuestro perdón, a ponerlo, en cierta forma, en espera, o más bien en esperanza... Si somos sinceros con nosotros mismos hemos de reconocer que el perdón no surge de modo espontáneo de un impulso del corazón. Creer que estamos dispuestos a perdonar si el otro reconoce sus errores es una manera de decirnos que teníamos razón, lo que, por otra parte, quizá sea cierto. Desde nuestro punto de vista, tenemos razón, pero ¿no aparece la enfermedad precisamente como resultado del apego que tenemos a nuestro punto de vista?

El verdadero perdón es de naturaleza completamente distinta. Es posible que seamos *realmente* víctimas de una injusticia, porque está en la naturaleza humana que la persona haga daño a su alrededor, a veces sin quererlo, y muy a menudo sin darse cuenta. Recuerdo un pequeño incidente que tuve hace algunos años que me causó cierto impacto. Por entonces, yo vivía en la montaña y cada día bajaba en coche para ir a trabajar, dopado con un café, como debe ser, y no siempre era puntual... y aquella mañana era aún menos puntual que de costumbre. La carretera, que me sabía de memoria, era sinuosa y algo peligrosa, y el paisaje del que se podía disfrutar a lo largo del recorrido era magnífico, pero mis pensamientos estaban ya abajo, en el ritmo de las consultas que iban a ir sucediéndose. Cuando un pequeño gorrión pasó por delante de la calandria de mi coche, oí un golpecito apenas perceptible y, un poco inquieto por él, me detuve. Todavía estaba vivo, atrapado en el capó; lo rescaté con precaución. Me miró, se dejó cuidar, pero no voló; entonces, con el corazón encogido, comprendí que todo había acabado para él y que él lo «sabía». Lo deposité en un pequeño nido de hierba que preparé en el arcén, un mullido nido calentado por el sol naciente, donde se quedó inmóvil. La hora no tenía importancia, el paisaje era de una gran belleza y de una indecible serenidad, como si la inmensidad de la Naturaleza se preparara para acoger a uno de los suyos: el pájaro era esperado, había llegado su hora, y yo asistía al homenaje que la vida se hacía a sí misma. Y en la mirada del pajarito me sentí perdonado. Es difícil describir con palabras esa clase de sentimientos que pueden parecer un poco extravagantes cuando uno los relata así, pero aquel perdón y aquella serenidad estaban presentes como una certeza que invadía todo mi ser por encima de los límites de mi diminuta mente humana. Me quedé unos momentos junto a él, antes de abandonarlo y de reprocharme el haber causado aquello debido a mi impaciencia y ansiedad por el tiempo que me iba a faltar. Había olvidado estar presente en la sencilla belleza de las cosas. El ser humano causa sufrimiento y hace daño a su alrededor porque es imperfecto, sólo la perfección nos evitaría ese mal. Menciono sólo este ejemplo, aunque podría citar otros, pero son demasiado íntimos y están relacionados con personas a las que tal vez he decepcionado en diversas circunstancias de la vida. Nos consideramos víctimas fácilmente y no siempre somos conscientes de los perjuicios que causamos a nuestro alrededor; pero no debemos olvidar que aceptar la imperfección humana es el comienzo de un perdón real que surge de una comprensión profunda y de un impulso del corazón.

La tercera forma de perdón que me gustaría mencionar no es en realidad un perdón sino más bien un reconocimiento, es decir, cuando tomamos conciencia de nuestra parte de responsabilidad en lo que nos ocurre. En las situaciones de conflicto, es muy raro que los errores estén en un lado nada más, y es posible que seamos inocentes por una parte y responsables por otra. La verdadera cuestión, cuando el conflicto nos hace enfermar, es saber qué es lo que *subraya* en nosotros y por qué nos ha hecho caer enfermos. Ver esto con honradez requiere un gran desasimiento lo que es también el comienzo de la sanación. Sin embargo, contrariamente a lo que se podría suponer, desasirse no es doloroso, no más que el desapego que he mencionado antes. Lo doloroso no es el reconocimiento; reconocer la verdadera naturaleza de nuestro problema es algo muy sencillo que nos libera sin dolor y sin ruido como la claridad de una evidencia. Lo que resulta doloroso es el apego, ésa es la verdadera causa del sufrimiento moral y del dolor físico. Pero ¿a qué tenemos apego?

La enfermedad se fundamenta sobre una ilusión. El capitán del que he hablado antes había puesto tanta energía psíquica en su barco que era más que una parte de sí mismo, era casi él mismo desde hacía veinticinco años. Y el *impacto dramático que sufrió su navío le dio la ocasión inesperada* de separarse de esa ilusión y de vivir según el deseo secreto de su alma. *Y lo que nuestra alma desea, lo obtiene; nada puede resistírsele, nada, ni el barco, ni siquiera nuestro cuerpo cuando éste se convierte en una prisión*. Puede usted llamarlo de otra manera si quiere: deseo, guía interior, providencia..., lo que prefiera. *Sepa, solamente, que si su deseo se encamina hacia la vida, ella le ayudará a encontrar los medios*, le dará la energía necesaria y los encuentros adecuados, sean medicinales, morales, espirituales o de cualquier otra índole. Nosotros no sabemos cómo continuará la historia, pero nuestra alma SABE adónde va. Confiar en ella puede ser un factor potente de curación, o puede ayudarnos a partir serenamente cuando el cuerpo se convierta en algo demasiado pequeño para esa libertad. El barco que se hunde es una pérdida, pero toda pérdida es una ocasión de libertad.[9]

Uno de los principales obstáculos que nos impiden alcanzar la libertad, y la comprensión también, es la negación. Mediante la enfermedad tratamos de protegernos, y la protección es a veces tan eficaz que nada, absolutamente nada, se filtra a nuestra consciencia.

Léon tenía un **cáncer de próstata** declarado un año después de jubilarse. Cuando le pregunté cómo había vivido la jubilación me respondió que había estado deseándola y que no veía nada en su vida que pudiera explicar la enfermedad. Tenía ante mí a un hombre dulce, acompañado por su mujer que, con frecuencia, respondía en su lugar y se ocupaba de los papeles y de todos los detalles de la consulta. Se sentía dichoso, sin preocupaciones, con la felicidad de estar jubilado y poder ocuparse del jardín. Su mujer añadió: «¡*Deseábamos* tanto la jubilación...!». Pero, cuando lo examiné, Léon tenía una tensión en el iris típica de las personas con estrés. Además, tenía la cabeza hundida entre los hombros, algo característico en las personas que arquean la espalda para protegerse de algo que les va a caer

---

9. Ocurre lo mismo con las múltiples pérdidas que va ocasionando la edad. No deberíamos lamentar que, con los años, nos abandonen la belleza o las aptitudes físicas; porque lo que perdemos por un lado podemos encontrarlo por otro: en una belleza más sutil del alma, en un poder que se convierte en sabiduría y luz de esos seres que han vivido buena parte del camino.

en la cabeza. No parecía en absoluto consciente de esos dos signos de ansiedad, muy marcados en él. Cuando le propuse que volviera a verme él solo, me dijo que sí, pero no volvió jamás.

La libertad a la que me refiero no consiste en liberarse del entorno familiar o de las obligaciones de la vida, porque no se trata necesariamente de cambiar de vida, sino de liberarse de ciertas ilusiones que tienen atrapada nuestra consciencia desde hace demasiado tiempo. No podemos cambiar por decreto lo exterior, pero lo exterior cambia cuando nosotros estamos libres por dentro. Todo el mundo ha podido experimentarlo en su propia vida. Cuando, después de haber dudado mucho tiempo entre dos opciones, al final elegimos una de ellas, parece como si se iluminara el camino, si se abrieran puertas y se presentaran ocasiones, como si hubieran estado esperando nuestra decisión para manifestarse. Y, como dijo Shakespeare: «En cualquier situación mala se encuentra la quintaesencia del bien».[10]

La enfermedad trata de sanarnos

Lo mismo que el estrés, la enfermedad que combatimos es como una moneda. Por un lado es una enemiga, pero, por otro, *intenta sanarnos*.

¿Qué es lo que ocurre cuando tomamos nuestro cuerpo como testigo? Sería agradable disponer de un testigo que afianzara nuestra posición. Lo malo es que ese testigo se transforma enseguida en juez. El dolor nos remite a nosotros mismos, nos impide dormirnos sobre nuestras certezas, exactamente como lo haría un psicoterapeuta. A través de nuestro cuerpo realiza-

10. Shakespeare, *Enrique V*, acto IV, escena II. El rey se expresa así la víspera de la Batalla de Azincourt. Su situación era desesperada, sin embargo, a pesar de que él y sus agotadas tropas lucharon en la proporción de uno a cinco, ganaron la batalla.

mos todo un trabajo sobre nosotros mismos. Nuestro cuerpo se convierte en un espejo mediante el cual gestionamos nuestras emociones de forma que, al mismo tiempo que protegen nuestra consciencia, la ayudan a liberarse. En realidad, **la enfermedad intenta sanarnos de la emoción que la ha engendrado.**

Tratamos nuestras complejas emociones por medio del cuerpo, y *no hay nada de malo en ello.* La enfermedad es algo natural de lo que no tenemos que culpabilizarnos, como tampoco hemos de culpabilizarnos si no conseguimos curarnos después de haber leído tantos libros sobre la cuestión. La enfermedad *forma parte* de la condición humana y aceptarla como tal puede constituir una etapa de la vida. Cuando subimos una escalera, nos apoyamos en la parte horizontal del escalón, es la zona de nuestras certezas, la parte sobre la que podemos apoyarnos. La buena salud es esa parte de los escalones. Pero, al avanzar, tropezamos necesariamente con la parte vertical del escalón y, gracias a ese topetazo, nos vemos llevados a abandonar nuestras certezas para alzarnos hacia una consciencia más elevada y más clara de las cosas.

Cuando nuestra cólera se expresa a través de un **dolor,** con el tiempo este dolor agota la cólera, algo así como el fuego que quema la madera de la que se alimenta. Desde ese punto de vista, la enfermedad intenta *liberarnos* —a través del cuerpo y del dolor— de la emoción que la ha originado. Y esa idea coincide con la de ciertas filosofías orientales que proponen no combatir mentalmente el dolor, sino hundirse en él para librarse de él con mayor rapidez...

Ese trabajo de liberación se hace, en cierta forma, a espaldas de nosotros, es decir, sin que nos demos cuenta, dejando a la consciencia el tiempo de desatar los nudos que la retienen. Se va haciendo por etapas, en silencio, hasta el día en que la enfermedad no tiene razón de ser. Este día se dan ya todas las condiciones que nos permiten encontrar la solución.

Anne sufría de **migrañas** desde hacía mucho tiempo y venía cada mes a la consulta con la esperanza de encontrar algún remedio. Cada intento se saldaba con un fracaso, pero ella tenía la suficiente confianza conmigo como para volver a verme al mes siguiente y probar otra solución. En homeopatía, lo más frecuente es elegir el remedio adecuado a partir de algún indicio que nos proporcione el paciente. Después de seis meses de tentativas infructuosas, Anne me reveló un síntoma extraño: el dolor de cabeza cesaba en cuanto le goteaba la nariz, señal característica en homeopatía de que el remedio adecuado era **Lachesis**, que la curó enseguida. ¿Por qué no me había mencionado antes ese síntoma?

Tal vez fue sólo una casualidad, pero con mucha frecuencia he podido observar la situación inversa. Muchos enfermos, a los que veo desde hace algún tiempo, han intentado tal o cual remedio sin éxito hasta el día en que, a su pesar, me dan la clave. Y cuando les prescribo el remedio que les conviene, *¡no lo toman!* Por las razones más diversas, claro, porque se les ha olvidado, etc.

¿Es eso también una casualidad? Si, como dijo Einstein, «el azar es el camino que toma Dios cuando quiere actuar de incógnito», el encuentro con lo que nos sana se produce únicamente cuando estamos preparados para ello. Y nos preparamos mediante una serie de etapas silenciosas con las cuales la enfermedad intenta librarnos de nuestro sufrimiento.

Cómo leer este libro

Las hipótesis propuestas en este libro no son el evangelio, válidas para todas las personas y en todos los casos. Por fortuna, no lo aclaran todo. Hay situaciones personales que no se explican forzosamente, y enfermedades cuyo sentido no salta a la vista, y por ello se nos escapan. *Tenemos que aceptar que no lo comprendemos todo*; lo que ocurre en nuestra psique no es sencillo.

En el encabezamiento de cada capítulo, de cada órgano, encontrará usted algunas ideas principales que resumen aquello que, en general, evoca ese órgano. Pero no hay que tomar esas ideas como un catálogo. El dolor de estómago, por ejemplo, evoca principalmente una situación que se padece, pero no sólo eso. *Guardémonos de sacar conclusiones apresuradas* y de elaborar esquemas simples y reductores. *Hay que dejar la puerta abierta* porque, si pudiéramos explicarlo todo, tal vez acabaríamos asfixiándonos... Podemos utilizar esas indicaciones como una llave, pero no olvidemos que si una llave puede abrir las puertas de nuestra comprensión respecto a lo que expresamos a través de la enfermedad, también puede cerrar dicha comprensión con dos vueltas. Todo depende del uso que se haga de ella.

Recuerdo a Thérèse, que padecía un cáncer de piel, un **melanoma maligno**. Después de haber leído *La loi d'airain* («La ley de bronce»), de Geerd Hamer,[11] se dio cuenta de que su melanoma apareció poco después de haber tenido un incidente con el perro de su hermano. Thérèse estaba casada y vivía en una parte de la casa familiar; su hermano ocupaba la otra, y su perro, un pastor alemán desagradable y agresivo, cristalizaba muchos de los desacuerdos existentes entre ambos. Un día el perro mordió al hijo de Thérèse, y ella exigió que el perro fuera sacrificado, a lo que su hermano se negó.

Tras la lectura superficial que había hecho Thérèse de las teorías de Hamer sobre la génesis del cáncer, ella creyó ver con claridad algo que había presentido confusamente: que el responsable del cáncer ¡era su hermano! Pero se le había pasado por alto —por alguna razón sería— la insistencia de Hamer a lo largo de todo el libro en el sentido de que es el enfermo el que debe tomar las riendas de su destino y llevar a cabo alguna acción que le permita liberarse del conflicto en el que se en-

11. Dr Ryke Geerd Hamer, *Fondement d'une médicine nouvelle*, Éd. ASAC, 1988.

cuentra atrapado. Después de aquellos largos años de enemistad sin esperanza de comprensión ni de perdón, era preciso que uno de los dos se marchara de la casa familiar, pero Thérèse era tan terca como su hermano, tenía tanto derecho a estar en aquella casa como él, estaba «en su derecho». Cuando se le declaró el cáncer, tuvo dos opciones: pasar la página, es decir, abandonar la casa familiar y vivir una vida más serena en otro lugar, u obstinarse en aquel conflicto que la llevaba directamente a otro abandono ¡mucho más radical! A pesar de las diversas conversaciones que tuve con ella, me resultó imposible hacerle ver las consecuencias de su obstinación; no había manera de que diera su brazo a torcer. Benditos sean aquí los elixires florales, pues la **flor de acebo**, un remedio aplicable en los casos de rencor, le permitió finalmente contemplar su enfermedad y el tratamiento correspondiente de un modo más sereno, menos destructor.

Para alcanzar la sanación es posible que haya que pasar por una *renuncia*, del mismo modo que el capitán ha de renunciar al barco que está a punto de naufragar; con frecuencia, ésa es la condición que nos impone la *libertad*. Poseer algo a menudo es útil, y todos necesitamos un techo y un medio de locomoción. Pero cualesquiera de nuestras posesiones puede transformarse en una prisión, aunque no sea más que por la energía y el tiempo que tenemos que dedicarle para mantenerla en buen estado. Y, a veces, la vida nos ofrece la ocasión de separarnos de aquello que aprisiona el deseo del alma.

He conocido a numerosos pacientes enzarzados en litigios y procesos sin fin con sus vecinos, en los que se cruzan mutuas acusaciones de mala fe, en querellas que a veces se prolongan hasta que uno de los protagonistas cae enfermo. Esos conflictos son una ruina para la salud moral, y terminan siéndolo también para la salud física. ¿Hay que sacrificarles la vida, como Thérèse? Puede que la posición sea justa, pero la más sabia de las dos partes no es forzosamente la que se mantiene en sus trece, pues aunque las leyes humanas nos den la propiedad de una parcela, no olvidemos que en esta tierra estamos sólo de paso y que lo único que poseemos en realidad es nuestra riqueza interior. Si olvidamos esto, podemos perder el alma y, algunas veces, la vida.

Sea, pues, prudente el lector cuando maneje alguna de las claves propuestas aquí. Puede que la llave le abra la puerta de la comprensión, pero también es posible, como en el caso de Thérèse, que la cierre con tres vueltas. En sentido contrario, puede ocurrir también que muchas de las ideas que vaya viendo al leer el libro le parezca que están muy lejos de confirmarse, así, de entrada. No las rechace por eso. La **vejiga**, por ejemplo, también está relacionada con un «problema de territorio», es decir, con la sensación de ser invadido. Pero, a diferencia de la situación de Thérèse, en este caso el problema se plantea en el campo del agua (los riñones), y no en el de la tierra (el suelo, la propiedad). En otras palabras, la connotación afectiva es aquí diferente, lo que explica por qué una cistitis aparece, a menudo, como consecuencia de dificultades en el círculo de la vida íntima, con el cónyuge o con algún hijo.

Alice sufrió de **cistitis** en repetidas ocasiones a partir del momento en que su compañero, sin llegar a una ruptura real, empezó a distanciarse de ella. Ésa es una situación de abandono, casi opuesta a la de sentirse invadido. Yo no conseguía entender la paradoja hasta que ella me explicó la situación con detalle: fruto de un matrimonio anterior, su compañero tenía una hija, de 19 años de edad por aquel entonces; esta hija estaba cada vez más presente en el pensamiento de su padre. Alice se veía relegada a un segundo plano y se sentía invadida por la presencia de aquella chica que «ocupaba un territorio que le pertenecía» en el pensamiento de su compañero.

En realidad, este ejemplo podría explicarse también de otra forma. Como con una moneda, podemos comprender el sentido que tiene cada órgano de dos maneras, cara o cruz. Tomemos el ejemplo de la **rodilla**. Esa articulación nos dice que, si queremos avanzar, tenemos que doblarla. Cuando se ennoblece a un caballero, éste tiene que hincar una rodilla en tierra como señal de *humildad*, de vasallaje. Los problemas de rodilla están relacionados a menudo con nuestra negativa a doblarnos, es decir, con la terquedad con que nos enfrentamos a determinadas situaciones. Eso puede hacer pensar en una forma de orgullo, pero yo he conocido a algunos enfermos que, por el contrario, sufrían de la rodilla porque cedían siempre ante un tercero (en general, su cónyuge). A través de la rodilla expresaban su dolor por tener que plegarse siempre.

Todo esto debe ser interpretado con matices, y lo que sugiere este libro son «claves». En realidad hay dos clases de claves: unas, universales —por ejemplo, los problemas relacionados con el ano hablan de que tratamos de eliminar algo— y otras, personales, que hemos de descubrir. No hay dos situaciones idénticas porque cada ser humano es único. Pero hay *situaciones semejantes*. Y, aunque cada uno de nosotros es diferente de los demás, todos tenemos cabeza, corazón, riñones, etc., y eso es universal. Cada órgano tiene una función y un *sentido* que son comunes para todos nosotros. Este libro tiene por objeto proponer, *sugerir* claves universales, pero no haga de ellas una verdad absoluta. Cada ser humano debe encontrar su clave personal, eso es algo que sólo él puede hacer —con ayuda o sin ella— y es cada uno el que debe servirse de esa llave para abrir la puerta que le conducirá a la sanación.

Cómo delimitar las claves

A partir del principio de que nos servimos de nuestros órganos como de una metáfora, yo me pregunté cómo descubrir esas claves universales. La investigación que describo aquí consistió, en primer lugar, en la observación de muchos casos clínicos, después en la elaboración de hipótesis y, por último, en la comprobación de la medida en que dichas hipótesis se confirmaban o no en otros enfermos. He cotejado mi trabajo con el de otros autores, y he tenido la satisfacción de ver que nuestras constataciones con frecuencia coincidían. Le invito pues a leerlas con atención, a no desecharlas sin haber intentado cotejarlas con su propia experiencia vital. Las ideas de algunos autores han afianzado mis reflexiones, sobre todo las de Michel Odoul, Annick de Souzenelle y Claudia Rainville. Deseo manifestarles aquí mi agradecimiento por su trabajo pionero en este campo. Hay, además, otros autores que han escrito sobre este tema; también me referiré a algunos de ellos. Toda esta investigación, en la que, en mayor o menor medida intervienen intuición, referencias a una tradición, pensamiento analógico y confirmaciones clínicas, se ha hecho en torno a tres ejes fundamentales:

—Las expresiones populares.[12] Por ejemplo, decir de una persona que: «Il ne se sent plus pisser»[13] indica que ha perdido los límites, que desborda su territorio. Pues bien, precisamente la vejiga es el medio que utiliza el animal para marcar su *territorio*. Cuando estudiemos de cerca la vejiga y su función, veremos cómo está relacionado con ella un aspecto de nuestro espacio emocional. Y constataremos que, a menudo, las personas afectadas de cistitis sienten que su territorio ha sido *invadido*.

—El simbolismo de diversas tradiciones que la humanidad toma como referencia. Annick de Souzenelle da un ejemplo

12. Algunas expresiones populares francesas no tienen sentido en español, o no contienen la palabra (cabeza, mano, pie, corazón, etc.) a la que hace referencia el capítulo. En esos casos han sido sustituidas por expresiones análogas características de la lengua española. Cuando esto no ha sido posible porque el contexto requería la inclusión de la frase en cuestión, se ha puesto en nota aclaratoria su traducción literal y su significado o expresión equivalente.
   Las expresiones populares han sido tomadas del *Diccionario fraseológico del español moderno*, de F. Varela y H. Kubarth, Ed. Gredos, Madrid, 1994, y del *Diccionario de la Lengua Española*, de la Real Academia Española, Ed. Espasa Calpe, Madrid, 1992. *(N. de la t.)*
13. Literalmente: «Ya no se oye mear». Se dice del que está demasiado orgulloso de sí mismo. *(N. de la t.)*

sorprendente extraído de la tradición hebraica, sobre la que se apoya para iluminar el sentido psicológico y espiritual de los órganos y del cuerpo en general. Michel Odoul y otros autores se inspiran en la aportación inestimable de las ideas de la acupuntura tradicional china, que no establece diferencia entre el órgano, su función física y su función psicológica, lo contempla como un todo. Aunque nuestros conceptos occidentales del cuerpo y la enfermedad nos impidan aceptar esas teorías, hemos de reconocer que *forman parte de la herencia cultural de la humanidad* y que esa herencia refleja la manera inconsciente con la que percibimos nuestros órganos.

En una época como la nuestra, en la que ha habido grandes progresos científicos, cometeríamos un error si descuidáramos la sabiduría de los antiguos, oculta como un tesoro bajo esta tierra en la que nos hemos enraizado, porque también ellos vivieron aquí y también se hicieron preguntas.

Además, el lenguaje es un conjunto de símbolos, las palabras son como un símbolo de las cosas que representan. El uso cotidiano de las palabras que empleamos enmascara su profunda riqueza, su historia y su vida. La etimología resulta preciosa para ayudarnos a comprender las cosas que evocan las palabras: el origen de éstas rara vez es anodino, y el nombre dado a nuestros órganos refleja de qué manera fueron percibidos en un principio. Pues bien, lo que tratamos de entender es la manera en que percibimos nuestros órganos, porque eso es lo que nos lleva a utilizarlos de la misma forma en que utilizamos una palabra en una frase.

Voy a dar sólo dos ejemplos:

En griego, tiroides significa «semejante a una puerta»; por esa puerta salimos a expresarnos o guardamos en el interior nuestras penas y resentimientos.

Próstata procede del griego *prostates* (*pro*, «delante de»; *state*, «mantenerse») y significa literalmente «mantenerse delante». Pues bien, la mayor parte de los problemas de próstata van acompañados de pérdida de la capacidad de erección. No con-

sigue uno «tirar hacia delante», ni física ni, sobre todo, psicológicamente hablando, por ejemplo, cuando se siente uno *impotente* ante una situación. ¡Qué curiosa coincidencia de palabras! ¿No?

—Finalmente, y ante todo, la anatomía y la función de los órganos, que hablan por sí mismos. Tenemos un conocimiento
inconsciente e íntimo de nuestros órganos; nuestro *inconsciente* sabe para qué sirven y cómo funcionan. Y lo que se dice en el
plano físico y en el psicológico *con la misma cosa*. El ser humano es un todo indisociable: no está la psique por un lado y el
cuerpo por otro, lo mismo en dos planos diferentes. *En nuestro esfuerzo por comprender lo que se dice a través del cuerpo,
apoyarnos en la psicología y en el funcionamiento de los órganos nos resultará especialmente fecundo.*

Nuestros órganos son como las palabras: tienen varios sentidos

Terminaré este capítulo haciendo una observación importante:
decir que nos hablamos a nosotros mismos mediante el cuerpo utilizando nuestros males como palabras es también recordar que la lengua es compleja. No podemos simplificarla
sin traicionarla. Y si su complejidad es el origen de su dificultad, también es la fuente de su riqueza. Lo mismo ocurre con
nuestro cuerpo. Aunque para facilitar la lectura he presentado
un breve resumen de lo que significa cada órgano, de lo que expresa, no olvide el lector que todos ellos pueden tener distintos
sentidos según el contexto vital de cada persona, de la misma
forma que las palabras pueden tener distintos sentidos según el
contexto de la frase. Con frecuencia encontrará varios sentidos
posibles que no se contradicen unos con otros. Es un campo en
el que no podemos afirmar nada con certeza; sólo podemos
emitir sugerencias, proponer hipótesis, sin otra pretensión que

dar una orientación para que cada uno pueda encontrar su clave personal. Cuando usted lea los sentidos posibles que puede tener un órgano, debe tener la flexibilidad de espíritu suficiente para contemplarlos como un todo.

Tomemos un ejemplo: el dedo meñique, el más pequeño, es el de la delicadeza y la sensibilidad y, por lo mismo, el de cierta forma de intuición. Hay dos meridianos, en acupuntura, que tienen en él su origen: el del corazón —de ahí esa intuición del corazón al que no se puede mentir («Mon petit doigt m'a tout dit»),[14] que palpa una realidad imperceptible, y el del intestino delgado, órgano de discernimiento no sólo práctico sino también maniqueo entre el bien y el mal—. He ahí, tal vez, por qué ese dedito que me lo dice todo también trae a veces al pensamiento alguna tontería. Por una extraña casualidad, a ese dedo se le llama también auricular, quizá porque en otros tiempos se utilizaba para quitar la cera de los oídos, ¡sin duda para oír mejor! Son unas analogías curiosas y, aunque las analogías como tales no prueban nada, despiertan ideas que merecen, al menos, ser estudiadas y verificadas.

Dicho esto, expongo ahora lo que proponen tres autores respecto al dedo meñique:

Annick de Souzenelle le atribuye a ese dedo la cualidad de Mercurio, el mensajero. En efecto, el auricular está ligado al conocimiento del corazón, «el que sabe».

Michel Odoul pone el acento en la delicadeza y dice que hace pensar más bien en el aspecto mundano (beber el té con el dedo meñique extendido...). El auricular sería el dedo de nuestras pretensiones, o sea, cuando estamos demasiado metidos en nuestro papel, el de «parecer»; está relacionado con la necesidad de exteriorizarse.

Para Claudia Rainville, por último, el meñique es el dedo de los vínculos familiares.

14. Literalmente: «Mi dedo meñique me lo ha dicho todo». Es la expresión equivalente a: «Me lo ha dicho un pajarito». (N. de la t.)

Puede usted pensar que las interpretaciones propuestas por estos autores no se parecen en absoluto. A los ojos de un espíritu racionalista eso no sólo mostraría la dificultad de llevar demasiado lejos las analogías, sino también el riesgo que esto entraña y, por supuesto, la necesidad de confirmar clínicamente todas esas hipótesis para validarlas. Pero no olvide que son pistas para la reflexión y no certezas establecidas. Cuando se han leído los tres autores, uno puede preguntarse cuál de ellos tiene razón. En realidad, los tres la tienen, depende de las circunstancias o de la manera de ver las cosas.

Uno de mis mejores amigos tenía que ir a una cita para concretar un negocio no muy claro en el que iba a asumir un gran riesgo económico, un riesgo que podía perjudicar a su familia. No le había pasado por alto la ambigüedad del asunto, pero se creía capaz de eludir todas las trampas que pudieran tenderle. Justo a la entrada del lugar de la cita tropezó con el bordillo de la acera y se cayó de bruces, cuan largo era, sobre un charco. Como es natural, tomó el incidente como una «fatalidad inquietante», tanto más cuanto que él era deportista y tenía agilidad; además, hacía muchísimo tiempo que no había tenido una caída semejante. Al relatármelo, me dijo que se había herido en la mentón y en el dedo meñique. Pues bien, la barbilla expresa la voluntad y, sobre todo, ¡la *obstinación*! En cuanto al dedo meñique, hace pensar a la vez en la negativa a escuchar su *intuición* y en el carácter *presuntuoso* de su manera de proceder, observación que él mismo se hizo, sin contar con el riesgo que asumía al lanzarse a un negocio semejante en el que incluso iba a implicar a su familia.

Existe otra tercera hipótesis, claro, la del accidente fortuito y sin sentido. Es una posibilidad, en efecto, pero la coincidencia es curiosa porque, al caerse, mi amigo se había empapado y *no podía* presentarse de un modo decente a aquella cita. ¿Casualidad? Dejo al lector que juzgue el caso como le parezca oportuno, pero casos como éste nos llevan a plantear la pregunta siguiente: ¿*son los acontecimientos fruto del azar o tienen algún sentido para el que los vive?* Paulo Coelho, en su hermosa novela *El alquimista*,[15] toca la cuestión de la sincronicidad[16] entre lo que él llama «el Alma del mundo» y nuestra capacidad para percibirla e interpretarla de manera adecuada.

La poesía del cuerpo

Antes de abordar el «cuerpo» de nuestro tema —valga la expresión— le propongo un breve resumen con el fin de fijar algunas ideas generales y contemplarlas como un todo.

La cabeza es la que *dirige* (es «capital»), necesita lucidez y frialdad («mantener la cabeza fría»), pero algunas veces *la emoción sube y desborda* la razón (nos «arde la cabeza»).

Las ideas descienden por la nuca y, al encontrarse con la energía del aliento y el corazón, se convierten en un *deseo que se expresa* bien mediante la palabra por medio de la laringe o bien mediante la acción que se proyecta hacia el mundo exterior por los hombros («arrimar el hombro»), donde puede uno encontrar ayuda («se siente respaldado»), o bien quedar verse bloqueado (por culpa de «otro»).

Las extremidades superiores hablan de la *acción* y de la *capacidad* para actuar («valerse de buenos brazos», «nada resiste a su brazo»), a través del codo que nos habla de ambición («abrirse camino a codazos»), de pereza o diligencia («hincar los codos», «empinar el codo»), ese codo que a veces toma, otras veces da, y que también se dobla cuando se tiene que doblar.

La muñeca proporciona al mismo tiempo *flexibilidad* y *firmeza* en una dosis justa («a puñetazos») sobre la que se apoya

---

15. Paulo Coelho, *L'alchimiste*, Éd. Flammarion, París, 1996. [Hay versión española: *El alquimista*, Ed. Círculo de Lectores S.A., Barcelona, 2002.]

16. He tomado este término de C. G. Jung, que llamaba así a las extrañas relaciones que vinculan algunos acontecimientos y que son como signos que se nos envían a lo largo de la vida.

la *habilidad* de las manos («tener buena mano» o «a contramano»), que también muestran su capacidad para intercambiar o para mandar («con mano de hierro»), y, finalmente, la *destreza* de los dedos habla del conocimiento (palpar, «tocar con los dedos»).

La columna vertebral permite *estar de pie* frente a la vida (si tiene uno «espaldas de molinero»), y que *soportemos su carga* («tener buenas espaldas»), aunque algunas veces, *recibamos golpes* por detrás («no tener seguras las espaldas»).

Las extremidades inferiores nos permiten avanzar e ir hacia los demás, establecer una *relación* personal o social; como el niño que descubre el mundo cuando empieza a andar.

Nos *apoyamos* en las caderas, y a veces nos falta el apoyo, un poco como con los hombros, pero la cadera es más sensible a la *traición*. La rodilla nos recuerda que, para avanzar, hay que *plegarse*, a veces hasta hincar la rodilla en el suelo y tragarnos el orgullo... El tobillo marca la *dirección* a tomar, es también un punto débil en nuestra relación con el mundo (el tendón de Aquiles...). El pie, a través del talón, habla de nuestro apoyo, más bien de nuestro *asiento*, y con los dedos de los pies avanzamos por el mundo de las relaciones con mayor o menor *convicción* (ser «pisoteado»).

El corazón es lo que nos *anima*, y mediante el sistema cardiovascular entramos *por completo*, con cuerpo y alma, en todo lo que emprendemos, en nuestras reacciones, en la entrega de las arterias y en la falta de «retorno» de las venas («hacer algo de todo corazón», «se nos oprime el corazón», «se le quema a uno la sangre»).

El aliento es la vida, la *alegría de vivir* y de respirar, es también el *ritmo*, saber descansar, respirar; es, por último, el espacio que a veces nos falta («me tienen asfixiado»), es ese intercambio que nos hace respirar el mismo aire que el enemigo del cual debemos protegernos.

Mediante las acciones de comer y beber asimilamos tanto el lado material como emocional de las *experiencias* de la vida, «hincamos en ella el diente», o bien «nos revuelve el estómago», a no ser que la vesícula venga a decirnos, con una mezcla de ansiedad y *cólera*, que esa experiencia es demasiado «fuerte» y pesada de digerir («le sube a uno la bilis»).

El intestino delgado *discierne y escoge* unas cosas de otras, el hígado quiere hacerlas todas «suyas», *poseerlas*, con un *deseo* a veces bulímico y peligroso respecto a ciertas experiencias de la vida que tendrían que haberse evitado con sensatez.

El colon *elimina*, empleando una alquimia laboriosa, cosas pasadas, renuncia a ellas, no las *retiene* sino que, por el contrario, ayuda a *pasar página* y avanzar en lugar de «c... en alguien».

El páncreas nos habla de la *dulzura* de vivir, y esa idea nos ayuda también a digerir; además es el que gestiona la energía de todo lo que emprendemos. El bazo es un cementerio, lugar de todas las *nostalgias* (esplín), de las cosas *inacabadas*, pero también del retorno a la tierra, a lo que ocurre en ella y nos devuelve el sentido de la mesura («courir comme un dératé»).[17]

Los riñones equilibran, sopesan los pros y los contras y deciden, pero también ayudan a *hacer frente* a la vida («tener buenos riñones») y a sobreponerse a los *miedos* («no orinarse en los pantalones») gracias a las suprarrenales.

Después, la emoción que ya no sirve es expulsada por la vejiga a través de la cual el animal que somos quiere definir su *territorio*. ¡Cuidado con el que lo invada! (**Staphisagria**). De las personas que no conocen sus propios límites se dice «qu'ils ne se sentent plus pisser».[18]

Tampoco es indiferente el lugar que ocupan las glándulas.

El yodo de la tiroides es ese color violeta que une el azul del cielo y del pensamiento sereno con el rojo de la emoción y de la sangre mediante la que nos encarnamos y, a través de ella, se *equilibra* la acción y la retirada de la acción: tiroides en griego significa «semejante a una puerta».

17. Literalmente: «Correr como el que no tiene bazo». (*Dérater* es «quitar el bazo»). Significa: «Correr como un galgo, o como un desesperado». *(N. de la t.)*
18. Véase nota 13, en este mismo capítulo.

Situadas sobre los riñones, las suprarrenales pueden movilizar instantáneamente toda la energía necesaria para hacer frente al peligro o al miedo.

Todo el sistema genital habla, por supuesto, de *sexualidad*, de esa relación íntima con el otro, pero también de la relación con *los hijos*, de la capacidad para ser padre o madre (la herencia de las «joyas de la familia»), hombre que se expresa mediante su *potencia* (próstata) o mujer, a través de su plena *realización*.

La piel es *la toma de conciencia*, la envoltura que define el límite entre el Yo y el no-Yo, el *contacto* con el otro. Nos habla de *protección* («salvar el pellejo»), de nuestras *brechas* y del *dolor de algunas relaciones* («a flor de piel»). Pero también *hace ver* lo que hubiéramos querido ocultar y, sin embargo, se expone no sin cierta vergüenza (acné, etc.). Nuestra envoltura, nuestra imagen, lugar de nuestras dificultades narcisistas también es *tocada, acariciada*... En algún lugar de nuestro ser la piel nos habla de *amor*.

Todo el cuerpo nos habla, y nos cuenta una historia muy hermosa...

Ideas generales

Antes de abordar el estudio de los órganos uno tras otro, veamos algunas ideas generales que nos resultarán útiles a lo largo de todo el libro. El lugar del espacio en el que están situadas las distintas partes del cuerpo no es indiferente: algunos órganos son internos; otros, externos; unos están arriba; otros, abajo; algunos, a la izquierda; otros, a la derecha. Y todo eso no es porque sí.

El interior y el exterior

Cuanto más externas son las cosas, más *visibles* son, y cuanto más visibles son, más fácil nos resulta tomar conciencia de ellas. La piel, por ejemplo, es un órgano en el que las cosas se ven, tenemos conciencia de ellas inmediatamente, mientras que una lesión interna, si es indolora, puede pasar desapercibida durante mucho tiempo. Incluso en el interior del cuerpo, algunos órganos son más externos que otros. Por ejemplo, la vejiga es más externa que el riñón, y la vesícula biliar es más externa que el hígado. Los chinos hablan de órganos yin y de órganos yang, que funcionan por parejas: la vesícula es yang, mientras que el hígado es yin. Para ellos, el yin representa la dimensión interior meditativa de la vida, mientras que el yang representa la dimensión exterior, la vida social, la actividad y la expresión.

Los órganos externos se ven afectados cuando tenemos dificultades en las relaciones con los demás y en la vida social en general, mientras que las cuestiones más profundas, más existenciales, las que tienen que ver con nuestra identidad o intimidad afectan más bien a los órganos internos.

Los problemas de hígado, por ejemplo, a menudo están conectados con lo que afecta al Yo, a los deseos íntimos y a la imagen que tenemos de nosotros mismos, mientras que la vesícula exterioriza las dificultades que tenemos en la relación con alguien debidas a la intervención de un tercero que hace fracasar nuestros deseos.

Lo mismo ocurre con los riñones y la vejiga. Los riñones evocan las relaciones paternofiliales y de pareja, mientras que la vejiga está relacionada más bien con problemas de «territorio». En cuanto al uréter, que une el riñón con la vejiga, a menudo es la sede de una dolorosa toma de conciencia que tiene lugar cuando el temor o la cólera, que han cristalizado en el riñón sin que lo sepamos, tratan de ser evacuados por la vejiga.

Encontramos una relación análoga, aunque más sutil, en el intestino grueso, entre el colon izquierdo (interno) y el colon derecho (externo). La confluencia ileocecal, cerca del apéndice (donde el intestino delgado desemboca en el grueso), evoca cuestiones de orden más bien material y/o maternal, señalando nuestras dificultades con lo que nos «alimenta», es decir, con el dinero y con la necesidad de seguridad. En el otro extremo, el ano evoca más bien conflictos de índole paternal o social, o relacionados con situaciones exteriores menos profundas, menos viscerales que el «temor a carecer» ileocecal. Veremos que la apendicitis a menudo está ligada con la negativa al cambio y con el temor a ir hacia delante, pero es difícil tomar conciencia de ello porque se trata de un miedo interno, muy profundo, con frecuencia secreto, mientras que la cólera, que puede manifestarse a través de una crisis de hemorroides, es más externa, y su causa, más fácilmente detectable.

Una enfermedad interna está pues más oculta que una externa, a menudo es más grave y de diagnóstico más difícil, quizá porque la causa que la origina está escondida profundamente, al abrigo de la consciencia.

La toma de conciencia del interior hacia el exterior no sólo sirve para comprender el vínculo que existe entre los órganos emparejados, sirve también para comprender la evolución de la enfermedad, por lo que tiene un interés práctico. Hace casi dos siglos, Constantin Hering[1] resumió esto en una fórmula que utilizamos todos los días en homeopatía:

> Toda enfermedad se cura de adentro hacia afuera, de arriba hacia abajo y en el sentido inverso a la aparición de los síntomas.

Adèle, una señora de 42 años, vino a consultarme porque padecía de **migrañas** desde hacía casi veinte años. Durante la infancia había tenido eccema, que le duró hasta los seis años, y después asma, que cesó al llegar a la adolescencia. Tenía el perfil típico de lo que en homeopatía corresponde al remedio **Sepia** (la tinta de la sepia), así que le di una dosis dilución 30 CH rogándole que la dejara actuar el mayor tiempo posible y que observara lo que iba experimentando. La migraña desapareció a los pocos días pero empezó a sentir una especie de opresión en el pecho, una molestia respiratoria que, sin ser exactamente asma, le recordaba lo que había tenido en la adolescencia. Cuando volvió a la consulta y me habló de aquella molestia que empezaba a resultarle insoportable, le pedí que esperara un poco más. Al cabo de unos días el asma cesó para dejar lugar al eccema. Y, poco después, el eccema desapareció a su vez sin tratamiento alguno. Transcurridas cinco semanas, Adèle no sólo ya no tenía migrañas sino que se sentía en excelente forma física, algo que no experimentaba desde hacía mucho tiempo.

1. Constantin Hering fue discípulo de Samuel Hahnemann, a quien debemos el descubrimiento de la homeopatía.

Este libro no es un alegato en favor de la homeopatía, pero el ejemplo anterior nos muestra hasta qué punto ciertas enfermedades, en apariencia diferentes, están vinculadas entre ellos en realidad y, sobre todo, viene a ilustrar lo interesante que resulta la observación de Constantin Hering. Pero lo más curioso de este caso es que, entretanto, Adèle se había reconciliado con su hermana mayor, con la que estaba enfadada desde hacía mucho tiempo. Todo ocurrió como si, al desbloquear la situación física, el remedio hubiera liberado una parte del nudo en el que estaba retenida la psique.

Puede que esto parezca extraño, pero yo creo que estamos demasiado acostumbrados a considerar que el cuerpo y la psique están separados. Y no es así. Forman un conjunto tal que los nudos que se desatan por un lado pueden, como un eco, desatar los de otro.

Arriba y abajo

Con la cabeza captamos el pensamiento, con los pies pisamos el suelo. De esta simple realidad nace nuestra percepción del mundo. La cabeza está arriba, hacia el cielo, hacia las estrellas, como orientada hacia el mundo de las ideas, mientras que los pies, abajo, están en relación directa con la materia.

Esta polaridad no tiene equivalente en el cosmos, donde todo es redondo, espiral, sin arriba ni abajo. Sólo el mundo vegetal comparte con nosotros esta particularidad, pero, curiosamente, *invertida*.

El ser humano se arraiga en la *palabra*, en lo que transporta la palabra: pensamientos, ideas, cultura, creencias (acertadas o erróneas). Y, si bien una parte de su alimento procede de ese suelo que pisa con los pies, es a la boca —situada en la cabeza— adonde lo lleva. El árbol se arraiga en el suelo y de él toma su alimento, su cabeza está en las raíces y con las ramas explora el espacio.

La movilidad de un árbol es prácticamente nula comparada

con la nuestra. Aunque, si lo pensamos bien, nosotros, por mucho que vayamos de un lado a otro, por mucho que nos movamos y exploremos el espacio con las piernas, nuestra consciencia se arraiga mediante la cabeza en esa «tierra» de ideas, de modos de pensar y de referencias culturales que, aunque no se ven, condicionan nuestra vida en un espacio relativamente definido y, no obstante, necesario. La referencia a esta polaridad resultará muy útil a la hora de interpretar ciertas zonas, en particular el cuello y la glándula tiroides.

Me gustaría resumir esta idea mediante un poema que me vino a la mente durante un paseo que hice por la montaña por el mismo recorrido que había hecho el año anterior. Calentaba mucho el sol y, a medio camino, me detuve sin reflexionar a la sombra del mismo árbol bajo el que me había detenido un año antes. Fue una sensación curiosa, pues el árbol, ese árbol, me resultaba simpático, y pensé en todo lo que ambos habíamos vivido en aquel intervalo de tiempo. Y fue para mí la ocasión de meditar sobre nuestras raíces.

> Mi árbol no se ha movido
> desde el verano pasado,
> profundas son las raíces
> desde las que explora el espacio,
> profundas nuestras raíces.
> Cuando cambiamos de lugar,
> en el espacio de una vida
> florece la poesía
> y el sutil arte de amar...

El lado derecho y el izquierdo

La cuestión de la lateralidad, no es sencilla. Para la mayoría de los autores occidentales, el costado derecho se relaciona con la acción, la razón, el elemento masculino y el Padre o sus representantes (la autoridad, etc.), mientras que el costado izquierdo se relaciona con la intuición, el lado femenino y la Madre o sus representantes (instituciones, sociedad, iglesias, etc.).

Esta manera de ver las cosas concuerda con la fisiología, puesto que el costado derecho corresponde al cerebro izquierdo, el de la razón, mientras que el izquierdo corresponde al cerebro derecho, el de la intuición.

Partiendo de esta idea, podríamos pensar que las afecciones del lado derecho evocan algún conflicto o dificultad con el «Padre» o con los que lo representan, a saber, la autoridad, el jefe, el superior jerárquico, etc. De modo análogo, el lado izquierdo evocaría las dificultades con la «Madre», o con una mujer, o con el hogar, la casa, una hermana, etc.

Pues bien, en la práctica observamos que lo que ocurre es precisamente lo contrario. Los problemas situados a la derecha parecen relacionados con un elemento femenino, y a la inversa. Se puede comprobar casi a diario —daré numerosos ejemplos a lo largo del libro— y las excepciones a este hecho son raras. ¿Cómo explicarlo?

Una vez más, el análisis de la anatomía y de la fisiología puede aportarnos alguna luz. A la salida del cerebro, los nervios se cruzan: los del cerebro izquierdo inervan el lado derecho y los del cerebro derecho, el lado izquierdo. El punto en el que se cruzan equivale al punto en el que concurren dos rayos luminosos en una lente. Todo el mundo sabe que la imagen que se dibuja en la película de un aparato fotográfico está *invertida* respecto a la realidad. Por un lado está la realidad, exterior al aparato; y, por otro, la imagen que aparece en el interior que, aunque fiel a la realidad, está invertida.

También hay otra explicación posible, más psicológica y más sutil. Según C. G. Jung, el hombre lleva en sí un lado femenino, mientras que la mujer lleva un lado masculino. En cada uno de nosotros se encuentran las dos polaridades y, según nuestra cultura, pero también según nuestra psicología, desarrollamos de modo preferente una de ellas dejando la otra en la sombra. C. G. Jung utiliza los términos *animus* y *anima* para designar esas dos partes, visible y oculta, que hay en cada uno de nosotros.[2] No reconocer la sombra, la parte oculta que hay en nosotros, nos hace sufrir y nos lleva a proyectarla sobre nuestro cónyuge o pareja. De esa proyección resulta la tendencia a idealizarla y adornarla de cualidades que, en realidad, reflejan la belleza de nuestra propia alma o, por el contrario, la acusan de defectos que, secretamente, son los nuestros. La dificultad no procede de lo visible, sino de lo invisible, de lo que no queremos ver. Por ejemplo, la mano izquierda simboliza la intuición, la receptividad y, en general, las cualidades de un corazón femenino; ésa es su parte «visible». Pero cuando una persona se hiere la mano izquierda, podría muy bien ser consecuencia de alguna dificultad con su parte secreta, con su «sombra», es decir, con su dimensión masculina oculta, a la que se ve confrontada a través de un hombre de su entorno familiar o profesional, que servirá de «revelador» para llevarla a tomar conciencia del problema —de tonalidad masculina— que tiene. Tal vez ésa es la razón por la que, en la práctica, se observa con mucha frecuencia que, en caso de conflicto con un elemento masculino, con la imagen del Padre o con la autoridad, el órgano afectado es alguno de los situados en el lado izquierdo, mientras que, cuando el conflicto es con la Madre o con un elemento femenino, el órgano afectado es alguno de los situados en el costado derecho.

Visión de conjunto de algunas patologías

Alergia

La alergia es una hipersensibilidad del organismo ante ciertas sustancias frente a las que el cuerpo humano reacciona de ma-

---

2. Para ser más precisos, Jung llamó **ánima** al Arquetipo Sexual femenino que hay en el varón, y **ánimus** al Arquetipo Sexual masculino que hay en la mujer. (Véase el manual del profesor M. Rojo, *Exposición metódica de la psicología de los «complejos» de C. G Jung*, pp. 29 y ss, Ed. EUNIBAR, Barcelona, 1982.) *(N. de la t.)*

nera exagerada. Todo ocurre como si el organismo percibiera como peligrosas unas sustancias que, en principio, no son tóxicas. El resultado es una reacción de defensa no sólo excesiva, sino completamente fuera de lugar. Por ejemplo, el cuerpo no tiene por qué defenderse, a priori, contra el polen, una sustancia natural que simboliza la renovación (la primavera), la reproducción (la sexualidad) y la vida.

¿Por qué se produce esa reacción?

La alergia es ante todo una defensa, fuera de lugar, desde luego, pero que aparece como resultado de que un Yo se protege. Las personas que la padecen son moralmente hipersensibles y perciben el exterior, o algo del mundo exterior, como hostil. ¿De qué peligro se protege el Yo? ¿Y por qué?

¿Por qué se protege?

El Yo se protege de forma exagerada porque ha perdido su natural sentimiento de seguridad en el mundo que le rodea. El polen, el polvo, los pelos de los animales domésticos, forman parte de nuestro marco de vida. Una persona se hace alérgica cuando percibe como hostil lo que debería resultarle familiar. La alergia se basa en un temor, un miedo que pueden transmitir los padres por herencia —si ellos mismos son alérgicos— o que puede aparecer en cualquier momento de la vida, incluso a edad avanzada, aunque no se haya producido con anterioridad ninguna manifestación de ese tipo.

He observado que las alergias que aparecen de modo inesperado en cualquier momento de la vida sobrevienen a menudo cuando se pone en entredicho, en cierta forma, el *marco en el que uno ha vivido* hasta entonces, por ejemplo, con motivo de un traslado o de un cambio de trabajo, aun cuando se viva el cambio como algo positivo. El motivo no es el carácter afortunado o desgraciado del cambio de vida, sino el sentimiento inconsciente de *inseguridad* que lo acompaña, la pérdida de puntos de referencia. Y, en medio de esta inseguridad que uno siente, ya no se distingue entre lo que es natural y lo que es tóxico, de ahí esas reacciones de defensa tan fuera de lugar.

La ciudad en la que ejerzo mi profesión está situada en una hondonada, toda ella rodeada de montañas. La polución ha crecido sensiblemente en los últimos años, y los profesionales de la medicina constatamos que el número de personas que padecen alergia está aumentando en la misma proporción. En buena lógica, podríamos llegar a la conclusión de que el aumento del número de casos de alergia en personas hasta ahora indemnes se debe a la polución. Pues bien, curiosamente, se declaran alergias con mucha más frecuencia en las personas que se marchan de la hondonada y se instalan en la falda de la montaña, donde el aire es más puro, un hecho que no ha cesado de intrigarme porque resulta paradójico. ¿Qué representa para esas personas el cambio de domicilio? Por una parte, desean huir del ambiente del valle, de la polución y del ruido, y vivir en un marco más apacible. Pero, por otra, surgen los problemas relacionados con la compra de una casa, es decir, el préstamo o la hipoteca y la apuesta financiera a largo plazo que eso supone. Una apuesta sobre el porvenir, cuya incertidumbre todos hemos vivido en alguna época de la vida.

De ahí la paradoja que nos hace pensar que la alergia de los que se quedan en el valle quizá se deba a causas distintas a la polución: vivimos en una sociedad de incertidumbres, con unas reglas sociales e individuales cada día más complejas; es posible que la polución no haga más que materializar la sensación de asfixia que eso produce. Tal vez tiene un papel análogo al que tuvo el estafilococo en la garganta de Nicolas, es decir, es el eco visible de lo que ocurre en otro plano. En este siglo de cambios y transiciones, en que vivimos rodeados de objetos novedosos, tragamos moléculas nuevas y ya estamos ingiriendo alimentos transgénicos, estamos perdiendo nuestros puntos de referencia. No nos sentimos seguros frente a lo que nos rodea y tenemos la sensación de estar inmersos en un sistema que cada vez dominamos menos.

Me objetará usted que en los siglos precedentes la incertidumbre era aún mayor, no había seguridad en la sociedad y podían atracarlo a uno en cualquier esquina. Eso es cierto. Pero en aquellos tiempos, aunque la vida no era más fácil que ahora, la población era menos numerosa, el lugar que cada uno ocupaba en el entramado social era prácticamente inalterable, y el Yo, al apoyarse en la fuerza de la religión y de las tradiciones, tenía puntos de referencia. Está muy bien que hayamos dejado atrás aquella sujeción pero, en contrapartida, el Yo de los tiempos modernos se siente más vulnerable porque no puede apoyarse en las sencillas certezas de otros tiempos. Desde que la ciencia ha progresado tanto, el Yo no se relaciona ya con aquellas certezas, sino con otros muchos Yo, tan pequeños como él, perdidos todos en una pequeña bola que ya no es el centro del universo y cuyo destino nos da un poco de vértigo. La pregunta que se hacen los astrónomos respecto a la existencia de otros planetas habitados dice mucho sobre la angustia existencial de nuestro tiempo.

Algo semejante se produce en el pensamiento de una persona que padece alergia. No es casualidad si son tan frecuentes las alergias respecto a compuestos químicos (medicamentos, etc.). Tal vez traducen una pérdida de confianza, una especie de vértigo ante el futuro y el progreso de la ciencia. Es también como una falta de confianza en uno mismo, un temor que lleva a percibir hostilidad donde no la hay y a reaccionar con una violencia tan desproporcionada como el miedo que la provoca. Y así ocurre, por ejemplo, que en un sujeto sensible la simple *fotografía* de un gato puede desencadenar una crisis de alergia. La sustancia que desencadena la alergia no actúa sólo de forma física; actúa también a través de lo que representa, que a veces suscita en el enfermo un auténtico pánico. Uno de mis pacientes, alérgico a las picaduras de bichos voladores, me contó que se le había formado un edema de Quincke cuando, en el transcurso de una comida campestre, una abeja picó ¡a su vecina de mesa!

¿De qué se protege una persona alérgica?

La otra cara del miedo es la cólera. El alérgico se siente agredido y, en consecuencia, a su manera agrede a su entorno familiar por medio de las múltiples exigencias que impone su estado (la prohibición del tabaco, el cuidado con el polvo, etc.). Al hablar de una persona que nos resulta antipática, ¿no decimos que «le tenemos alergia»? La alergia no es sólo la expresión de un temor, también pone de manifiesto la violencia de una negativa, de un rechazo. *Cada negativa, cada rechazo físico es el eco de un rechazo psíquico.*

¿Qué explicación puede tener la alergia al polvo, al polen, a los pelos, al huevo, a los productos lácteos, al humo del tabaco, etc.? ¿Qué representan esas sustancias para nosotros?

Thorwald Dethlefsen sugiere que el polen y el pelo evocan un componente sexual, y que la alergia al polvo podría estar relacionada con la repulsión a lo que se considera «sucio». El rechazo al polen es el rechazo de la primavera, de la energía de reproducción, de la vida como energía sexual. Pero no es fácil detectar en un enfermo la relación entre su alergia al polen y la dificultad que pueda tener para vivir su sexualidad. A mí me parece que la idea de Dethlefsen no es mala, pero creo que hay que tomarla en un sentido más amplio, es decir, el de la sexualidad como «aventura». En primavera, tiempo de la renovación, el polen nos invita a la aventura, a salir al encuentro de la vida. Lo que a menudo refleja la alergia al polen es ansiedad por el porvenir, miedo —en general no reconocido— a los cambios y a todo lo nuevo. La nariz se ve afectada porque es el órgano por el que nos anticipamos a las situaciones, «tener olfato» es una manera de anticiparse. Y cuando afecta a la cabeza o a los ojos es como si tratáramos de protegernos interiormente «velándonos el rostro».

La relación con la sexualidad, entendida en un sentido amplio, puede manifestarse también a través del rechazo a los pelos de ciertos animales, en particular de los gatos, debido a que la suavidad de su contacto encierra a menudo cierta ambivalencia. Esto me recuerda a una joven, a la que atendí durante mucho tiempo en mi consulta, que padecía asma alérgica agravada por el contacto con un gato. Ella adoraba a su gato, y el tener que separarse del animal le planteaba un dilema para el que no encontraba solución. Una ambivalencia análoga se manifiesta en los problemas de la piel, en particular en el eccema, por medio del cual se expresa a la vez la necesidad y el miedo del contacto; esa mezcla de deseo y temor coloca a la persona en una situación contradictoria e irritante que «le pica». La alternancia entre las alergias respiratorias y las dermatosis no ocurren por casualidad, porque es el mismo tipo de dificultad que expresamos a veces de una manera, a veces de otra.

Las alergias alimentarias en general, y las de la leche en particular, podrían hacer pensar en dificultades de relación con la imagen de la «Madre».

Esto me recuerda a Sylvain, un bebé de nueve meses que su mamá trajo a mi consulta afectado de una **bronquitis asmática**. Su hermana mayor había tenido los mismos problemas, lo que parecía indicar una predisposición familiar a la alergia. Los balbuceos de Sylvain no me ayudaban gran cosa para comprender lo que pasaba por su cabeza, pero, como a esa edad el niño está muy unido a su madre, me dirigí a ella como si ella fuera la que padecía el asma de su hijo. Y he aquí lo que me respondió: «No tengo tiempo para mí misma, no tengo tiempo ni de respirar. Está mi marido, desde luego, pero no me presta ninguna ayuda y en la práctica tengo que hacerme cargo de mis hijos yo sola. Me asfixio. Necesito aire libre y, al mismo tiempo, quedarme encerrada; me encierro en mi casa, en mi mundo, con mis hijos. No tengo confianza en los demás, desconfío de todo el mundo. Mis hijos son mi única fuente de amor, los necesito, aunque, al mismo tiempo, a veces me gustaría dejarlos para tener un poco de tiempo para mí».

En pocas palabras la mamá de Sylvain resumía los tres temas que están presentes casi siempre en las alergias respiratorias:

—Falta de aire y de espacio vital, que se manifiesta con la necesidad de respirar y la sensación de asfixia.

—La percepción de hostilidad del mundo exterior o del marco de vida, a partir de la cual uno se siente agredido.

—La ambivalencia frente a la fuente de amor.

Lo que expresaba Sylvain con sus síntomas no era más que lo que sentía moralmente su madre. En la primera infancia, cuando los niños están tan unidos a su madre que apenas se distinguen de ella, con frecuencia se hacen eco de sus dificultades. Eso lo saben tan bien las mamás que no dejan de culpabilizarse, lo que, por un lado, no soluciona nada y, por otro, no es del todo exacto, pues la relación madre-hijo es, de hecho, una relación a tres en la que a cada uno le corresponde su parte de problema.[3] Con mucha frecuencia la alergia no es más que la historia de esa relación.

Otro ejemplo de problemas de relación se manifiesta en la intolerancia al humo del tabaco, que es como la materialización del aliento del otro, ese aliento invisible que necesariamente compartimos. El rechazo del humo del cigarrillo podría significar el rechazo del otro, el rechazo de lo que ese otro expresa con su deseo de fumar, pues, como todo el mundo sabe, las personas más intolerantes al humo del tabaco suelen ser los antiguos fumadores arrepentidos.

Angustia

No confundamos angustia con ansiedad, que es una inquietud justificada hacia alguna preocupación material o moral. La angustia es un malestar psíquico que, con frecuencia, va acompañada de alguna enfermedad física o de sensaciones diversas,

3. Hago aquí referencia a la presencia del padre; observe, de paso, que las dificultades de relación entre dos personas con frecuencia se equilibran al constituirse un triángulo.

como cierto tipo de opresión, palpitaciones, miedo a perder el conocimiento, sudores fríos, hormigueo u otras manifestaciones etiquetadas a menudo como «espasmofilia» o «tetania». Todo ocurre como si uno se encontrara ante un peligro inminente, pero un peligro *no identificado*. La angustia puede sobrevenir a propósito de cualquier cosa o desencadenarse en cualquier circunstancia y tomar el aspecto de una **fobia** irracional, a menudo mal comprendida por la familia. Por ejemplo, algunas personas temen tomar el ascensor, otras temen pasar por un puente o acercarse a una ventana en un piso alto. Son situaciones mucho más frecuentes de lo que se imagina. Son difíciles de interpretar; a veces resulta complicado encontrar la clave que permita comprender la razón por la que el enfermo sufre así.

Pues bien, recordemos esto: el síntoma es un **desplazamiento**, una manera desplazada de decirse a uno mismo algo que no puede decirse de modo más sencillo. Y, en ese desplazamiento, hay una modificación del sentido, algo así como en la metáfora, de manera que el síntoma es el espejo de otra realidad. En general, nueve veces sobre diez, la angustia es el desplazamiento de un sentimiento de **cólera** que no ha podido expresarse como tal. Y éste procede, casi siempre, de una profunda insatisfacción de lo que vivimos.

Jeanne, una mujer casada y sin hijos, tenía un trabajo bien remunerado y en teoría interesante pero que, en la práctica, la hacía sentirse atada por el peso de la institución en la que trabajaba. Su cónyuge había tenido que abandonar la región por razones profesionales, y la pareja no se veía más que los fines de semana. Ella estuvo tentada de marcharse con su marido, pero no lo hizo porque sabía que donde él estaba no encontraría un trabajo como el que tenía, ni disfrutaría del estatus social que había adquirido a fuerza de estudios y de promoción profesional y que, a la fuerza, se encontraría dependiendo económicamente de él. Jeanne se había impuesto el ejercicio de su profesión como un marco de vida, definido sobre todo por el éxito social; un marco que ahora la asfixiaba, pero no se sentía capaz de abandonar. Todo eso le causaba una profunda insatisfacción, tanto en el plano afectivo como en el profesional: se veía acorralada por todas partes. Su situación, que encontraba insoportable, le hacía sentir cólera e impotencia al mismo tiempo, cólera hacia las circunstancias de la vida que la enfrentaban a una elección imposible, y también, secretamente, hacia su marido que, con su partida, había hecho que ya no pudiera vivir tranquila y feliz. Pero ¿se puede uno enfadar con una persona a la que ama porque haya cambiado una situación que, en realidad, no depende sólo de ella? Jeanne se encontraba frente a una contradicción y, sobre todo, frente a una elección vital que la obligaba a replantearse todos los valores que consideraba fundamentales y los objetivos que se había marcado hasta entonces.

Una mañana, estando sola en casa, sufrió una violenta crisis de angustia y sintió un deseo irresistible de saltar por la ventana. Pues bien, ¿qué es saltar por la ventana sino *salirse del marco*...?

El querer saltar por la ventana no era más que la expresión del deseo de atravesar el marco que encerraba su vida y terminar con una tensión y una contradicción insostenibles. ¡Hay otros medios, menos dramáticos, de los que puede uno servirse para hacer balance de su vida! Y, después de todo, para reunirse con su compañero, Jeanne también podía haber salido... por la puerta.

Este caso nos muestra, además, que Jeanne no tomó a su cuerpo como testigo, sino un elemento de la realidad, es decir, una ventana que se convirtió para ella en el símbolo del marco y de la luz, en el símbolo de una apertura hacia el exterior, un exterior al que ella misma se había prohibido acceder por su decisión de mantener su trabajo, el marco de vida que siempre se había fijado.

Reunirse con su cónyuge y vivir junto a él como su mujer, sin más, como madre también, era su «deseo indeseable». Tenía que atreverse a abandonar una carrera profesional que se revelaba sin porvenir, pero por la que había luchado hasta entonces, para ir hacia lo desconocido, hacia lo que la vida le pudiera deparar. Para cualquier mujer, ésa es una elección difícil y llena de contradicciones, sobre todo en nuestra época en la que el *reconocimiento* y la libertad pasan por el trabajo y el dinero.

Afortunadamente, Jeanne no llegó a tomar la ventana como testigo de su deseo de cambiar de vida... La puerta era un camino más sencillo para permitirle salir de casa, para salir de esa situación en la que se sentía aprisionada. Esta imagen describe muy bien la ilusión en la que a veces nos aprisionan ciertas situaciones. A veces tenemos la sensación de que no hay otra salida, cuando en realidad existe una solución sencilla y a nuestro alcance, pero el precio que debemos pagar es una renuncia cuya posibilidad nos cuesta contemplar.

Cuando tomamos a nuestro cuerpo como testigo —en el caso de una enfermedad física— o un elemento exterior —en el caso de la angustia o las fobias— *utilizamos la realidad como un lenguaje*; utilizamos los órganos o los objetos como «palabras» con doble sentido, como el «marco» de la ventana... Pero, no sólo eso, nos servimos también de su función. ¿Para qué sirve una ventana? ¿Para qué sirve el hígado, el bazo, la glándula tiroides?

Algunas personas, por ejemplo, tienen fobia a los puentes, temen pasar por un puente que cruza por encima de aguas turbulentas, se sienten *atraídas* por el vacío, y lo temen, como hay quienes conjuran su secreta fobia mediante el salto con una cuerda elástica. ¿Qué es un puente sino un *pasaje* más o menos vertiginoso sobre una «emoción» turbulenta —el torrente— que nos cuesta canalizar? La fobia a los puentes, la atracción por el vacío —atracción y miedo a la vez— es como *desplazar* una cuestión ante la que nos enfrenta la vida, algo que deseamos y tememos al mismo tiempo, queremos que cambie algo en nuestra vida, pero lo desconocido nos da miedo, nos da vértigo. Y eso tanto más cuanto que, entre las dos orillas, está la travesía, una incertidumbre experimentada como un vacío peligroso. Cuando vivamos eso, no tomemos por testigo la realidad. En lugar de bloquearnos en esa idea que podría enloquecernos, es preferible que nos apoyemos en tierra firme y nos preguntemos qué es lo que nos da vértigo en la vida y cuál es el pasaje que ha llegado el momento de cruzar.

A través de los síntomas mentales —angustias, fobias, etc.— como de los físicos —inflamaciones, quistes, etc.— intentamos hablarnos sin escucharnos; esto es difícil porque, al mismo tiempo que nos hablamos, *sin darnos cuenta* vamos borrando las pistas. Tras la angustia, busquemos la cólera originada por un deseo no realizado. Puede que las cosas entonces se aclaren.

Induración, esclerosis

Los dos términos, induración y esclerosis, hablan por sí mismos. La induración es una manera de endurecerse ante el sufrimiento, ya sea para sobrevivir, para protegerse, por culpabilidad o por la cólera que uno ha tenido que contener. Eso es lo que muestran los **callos de los pies**. El pie, gracias al cual estamos en contacto con el suelo, nos pone también en contacto con el mundo exterior, con nuestros allegados, con las personas con las que nos relacionamos y junto a las cuales caminamos por la vida. Tener un callo en el pie puede indicar un endurecimiento, una manera de protegerse frente a alguna persona o alguna relación en particular. Existe en homeopatía un remedio específico para los callos de los pies, el **antimonio** (*Antimonium crudum*) y, curiosamente, también es el remedio indicado para las personas de carácter huraño y desabrido. Los callos y otras minucias de la misma índole sobrevienen con la edad, cuando el universo de nuestras relaciones se densifica, se reduce y se vive de manera más agudizada con un pequeño número de personas. Lo mismo que otras cosas, también a esto se le puede dar una explicación de tipo mecánico; pero no olvidemos que lo que ocurre en el plano objetivo a menudo no es más que el eco de lo que ocurre en otro plano.

Infecciones

Las infecciones evocan un conflicto al que incluso la medicina tradicional se refiere utilizando un lenguaje bélico: habla de atacantes y de defensas inmunitarias. La invasión del germen, en realidad, se hace eco de la sensación que tiene el Yo de sentirse atrapado por una emoción que no controla y que decide combatir como a un extraño. Ser atacados por un germen significa que somos agredidos desde el exterior. No procede de nosotros, sino de fuera, y la existencia de ese germen, reconocido e identificado, nos viene la mar de bien para quitarnos de encima la responsabilidad de encontrar la génesis de la emoción que nos agrede. Por otra parte, hablamos del «germen responsable» que es una manera clara de decirnos que el responsable es él, no nosotros y, a través de él, el otro...

Podríamos describir la infección como un conflicto de apariencia física pero de naturaleza emocional. El conflicto que surge entre un agresor exterior y nosotros, entre una bacteria y nuestras defensas inmunitarias, esconde un conflicto, mucho más profundo, entre dos aspectos de nuestra personalidad. Eso no significa que no tengamos enemigos fuera, pero ellos no pueden entrar en nosotros, ni desarrollarse en determinados lugares de nuestro cuerpo, si no es con ayuda de ciertas complicidades. Esos enemigos, los gérmenes, resultan mucho más fáciles de combatir cuando conseguimos desenmascarar nuestras complicidades internas. No fue la **Staphisagria** la que libró al pequeño Nicolas de los estafilococos, sino su sistema de defensa inmunitario. Lo único que hizo la *Staphisagria* fue levantar el obstáculo de la cólera.

Del mismo modo que el ser humano es hombre y mujer, a la vez diferentes y complementarios, todos nos encontramos inmersos en una cantidad de dualidades que comenzamos por desear pero que detestamos después, en una guerra que no cesa más que cuando, sin vencedor ni vencido, acaba reinando una paz justa y armoniosa. En las sociedades humanas, cualquier paz que no vaya acompañada de justicia y armonía no puede ser más que transitoria; la historia lo ha mostrado a lo largo de los siglos. El conflicto es una etapa necesaria para que dos polos opuestos se integren en un conjunto más amplio. Esto no se hace sin riesgo, pero también es una ocasión de crecimiento. Por ejemplo, las enfermedades infecciosas que tienen los niños les ayudan a madurar, a crecer; con frecuencia son el preludio de una fase de crecimiento a la vez físico y psíquico.

Tanto las infecciones agudas como las crónicas siguen procesos análogos. En la infección aguda nos embarga una emoción violenta que corre el riesgo de llevárselo todo por delante, incluso a nosotros mismos; es como una crisis peligrosa, pero que dura poco. En la infección crónica nos embarga una emoción larvada, un problema no resuelto que se arrastra mucho tiempo y se acomoda más o menos a las circunstancias. La enfermedad se instala en la duración y se alimenta a sí misma por la persistencia de la emoción que la genera. Puede tomar un carácter recurrente y volver a intervalos regulares cuando las circunstancias de la vida despiertan de nuevo esa emoción. El conflicto latente puede resultar también de una elección que no acabamos de tomar y que nos hace permanecer indecisos pesando pros y contras. En cuanto tomamos la decisión, la energía vuelve; mientras no lo hagamos permanece la insatisfacción. La infección crónica se alimenta de nuestras reservas energéticas, de ahí que aparece un estado crónico de fatiga, y la falta de energía y de alegría de vivir.

Fabienne, una joven de 27 años, se llevaba bien con su compañero al que no veía más que dos o tres veces al mes porque vivía lejos. Después de cada encuentro, de cada relación sexual, ella tenía **cistitis**: le aparecía en la orina el colibacilo, que desaparecía con el tratamiento. Pero aquello se repetía cada vez que se encontraban, y siempre con el mismo germen. Cuando le pregunté a Fabienne cómo eran sus relaciones, en un primer momento me respondió que eran satisfactorias, que con aquel hombre se sentía bien; pero al final de la consulta añadió que, a pesar de ello, nunca en su vida había tenido un orgasmo.

Yo ya había observado en otros enfermos la existencia de cierta relación entre el colibacilo y la insatisfacción sexual; Fabienne venía a corroborarla. Su vida era feliz, plena, tanto en el aspecto profesional como en el afectivo, pero había un «algo» —como una pequeña espina clavada en el pie a la que uno se acostumbra— que se despertaba en cada relación, como un pequeño dolor moral que se expresaba con la colibacilosis.

La naturaleza del germen es también una cuestión que se debe tener en cuenta; ya lo he mencionado en el preámbulo. Yo creo que el estafilococo y el estreptococo se hacen eco de la cólera; la Chlamydiae, de la culpabilidad que concierne al sexo; la Helicobacter de la ansiedad respecto al porvenir y el «pan cotidiano», pero todavía no tengo suficiente perspectiva como para confirmarlo con certeza. Subrayo, simplemente, que es una línea de investigación que creo que merece la pena seguirse. Parece como si existiera cierta afinidad entre la emoción considerada y el germen, como si éste se alimentara de aquélla, y, al mismo tiempo, proporcionara a la emoción un cuerpo donde desarrollarse.

Esto me recuerda a otra enferma que también padecía cistitis recurrente, pero siempre en situaciones diferentes, en las que se veía embargada por emociones distintas. El laboratorio encontraba regularmente tres gérmenes, unas veces uno, otras veces otro; el tipo de germen implicado era diferente según la naturaleza de la emoción expresada por medio de la cistitis.

En medicina clásica se explica la cistitis recurrente por la existencia de un foco infeccioso que permanece latente y se reactiva cuando determinadas circunstancias lo favorecen, como la fatiga, el hecho de no beber bastante, etc. Y es cierto que la higiene de vida en ese campo, como en otros muchos, no debe ser descuidada. Pero si se supone la existencia de un foco latente que se revela de vez en cuando, ¿cómo explicar la cistitis con tres gérmenes diferentes? Porque rara vez se encontraba el mismo germen en los análisis de esta enferma. ¿Era el resultado de una relación de fuerzas entre los tres? Y, si era así, ¿se desarrollaba uno más que otro por casualidad? ¿No estaría más bien ligado a la naturaleza de la emoción que expresaba? No diré nada más sobre esto por ahora, pero considero que es una vía de investigación susceptible de ayudarnos a comprender muchas cosas.

Nódulos, quistes, pólipos

Los pólipos, los lipomas y los quistes son como una mezcla de cólera y pena, algo que se hincha y «nos hincha», pero al mismo tiempo es indoloro porque la tristeza se impone a la cólera. Los quistes y los tumores, incluso los benignos, podrían ser considerados como «bolas de penas y de tristeza».

En cuanto a los pólipos, son excrecencias mucosas que con frecuencia obstruyen un conducto o una cavidad. Puede ser la cavidad uterina (pólipo del útero), la cavidad nasal (poliposis nasal), el conducto del colon, etc. Obstruyen la cavidad, de modo que lo que antes circulaba libremente ahora se encuentra obstaculizado. Los pacientes que padecen pólipos expresan de esa forma su sentimiento de verse atrapados en una situación de la que desearían escapar pero no se atreven a modificar, la mayoría de las veces por miedo a disgustar a su familia o a ser abandonados, a veces también porque se lo impide un sentimiento de culpabilidad.

Hacía mucho tiempo que Yolande estaba pensando dejar a su marido, con el que no se llevaba bien. Cuando su proyecto estaba casi maduro, él tuvo una hemorragia cerebral que lo dejó paralizado. Yolande sintió pena y cólera al mismo tiempo, como cuando decimos que «eso me toca las narices». De hecho, sería más justo decir que la situación se había hecho irrespirable, de ahí la obstrucción que tuvo en la nariz, pues su marido se había convertido en un ser dependiente por completo incluso para las cosas más elementales de la vida cotidiana. Ella se sentía moralmente acorralada, dividida entre ese hombre al que ya no podía «ni oler» y la culpabilidad de abandonarlo. Varias semanas después empezó a sentir una molestia en la nariz que iba en aumento, y el médico confirmó la presencia de pólipos. «Estaba hasta las narices», no sólo de la situación sino también de su marido, cuyo carácter no había mejorado en absoluto tras el accidente vascular, lo tenía a todas horas «metido en la nariz», ¡y con la perspectiva de tenerlo durante mucho tiempo!

En cuanto al lipoma, debido a su aspecto visible, algunos autores opinan que es una manera de expresar un sentimiento de vergüenza, una culpabilidad de algo que se ve y no se puede ocultar.

Inflamación, cáncer

La «inflamación» aparece sobre todo como consecuencia de la cólera, de una cólera contenida con irritación. Es una reacción defensiva del organismo; es un mecanismo complejo en el curso del cual se dilatan las arterias y arteriolas. No olvidemos que las arterias llevan la vida, el oxígeno, la llama desde el corazón hasta los confines de los tejidos. Cuando se dilatan, es como si la consciencia se implicara por completo, como si focalizara toda su atención en una determinada zona, a veces incluso con violencia. Como su nombre indica, la inflamación es que algo se inflama; hay fuego, como en la guerra. Es un conflicto declarado, con una viva reacción de la conciencia.

En homeopatía, el principal remedio para la inflamación es la **belladonna,** el mismo que para la violencia mental, la violencia que surge como reacción de temor y con intención defensiva. El enfermo se siente atacado.

La inflamación va acompañada de dolor y, sea grave o no, pone de manifiesto un conflicto del que somos casi conscientes, porque el combate se declara contra un enemigo identificado. Es una enfermedad de lucha y de cólera.

La tristeza no genera los mismos síntomas. Si no hay ira, puede que la enfermedad sea indolora, al menos al principio. En los primeros estadios, los tumores cancerosos evolucionan silenciosamente, el enfermo no nota nada porque no siente ningún dolor que le dé la alerta. ¿A qué se debe la ausencia de dolor? No hay rebeldía porque es como una profunda tristeza que nos supera, como si hubiéramos dejado atrás la rebeldía, como si ya hubiéramos abandonado la partida. Es como una resignación más allá de la ira, aunque ésta puede reaparecer en una fase posterior si reaccionamos en un segundo tiempo. Al principio, el sentimiento que puede más es la tristeza, que roe sin ruido la consciencia; guardamos en el secreto del corazón nuestra carga, nuestra pena. Y en el cuerpo *ocurre lo mismo*, la emoción nos destruye, pero no se ve desde fuera, socava la mente y el cuerpo en silencio, de ahí la importancia de tomar conciencia ¡y de hablar!

Uno de cada dos de mis pacientes cancerosos, si no más, me dice que, después del impacto moral que ha tenido al conocer su enfermedad, ha sentido deseos de terminar con su vida, ha tenido ganas de dejarse llevar, y en algunos enfermos especialmente deprimidos persiste su deseo de terminar con todo. Es como si en ellos se hubiera roto un muelle, un resorte; han perdido el gusto por la vida y, aunque luchan por curarse, lo hacen sin verdadera convicción. Otros se preparan como para un combate y cooperan con su médico sometiéndose a tratamientos a menudo duros, y muchos de ellos se curan, aunque no todos. Sienten que la voluntad de vivir les conducirá a la curación, y en parte es cierto, pero sólo en parte.

Porque lo que puede salvar realmente a una persona no es su voluntad de vivir sino el gusto por la vida, la alegría de vivir. Y ocurre que, cuando uno tiene una herida profunda, encontrar de nuevo esa alegría no es tan fácil. La alegría de vivir no se consigue por decreto, no se impone. El entorno y el apoyo afectivo y psicológico de la familia es de gran ayuda para el enfermo que quiere curarse y que pasa necesariamente por momentos de angustia y de desánimo en los que es importante que no se sienta solo. Pero ante un enfermo hundido en la tristeza, el entorno y la familia se sienten impotentes y no saben qué hacer ni cómo decir las cosas.

Para volver a encontrar la alegría de vivir tiene uno que liberarse de lo que ha causado su tristeza, lo que suele resultar difícil porque, con frecuencia, su origen es muy profundo y afecta a lo que da sentido a la vida. Es como la historia del capitán de barco citado en el preámbulo: el barco se hunde, se hunde lo que él creía que era el sentido de su vida; pero, en realidad, lo que se hunde en alguna parte de su ser son también sus ilusiones. ¿Vale la pena realmente partir con ellas? Es una pregunta a la que sólo puede responderse uno mismo, porque las cuestiones relacionadas con el sentido de la vida son exclusivamente de cada uno.

La familia del enfermo me pregunta a menudo si hay que decirle a éste la verdad, y cómo hay que hacerlo. En realidad él no es más tonto que usted o que yo; el enfermo casi siempre *sabe* lo que tiene y conoce la gravedad de su estado, aunque algunos fingen ignorarlo. Yo siento que no hay que responder a una pregunta que no se ha hecho. Si el enfermo teme que lo suyo sea grave y no pregunta nada es porque prefiere permanecer en la duda, pues el equívoco le protege. Y su necesidad de protección debe ser respetada. Los allegados no tienen que culpabilizarse por «no decir»; lo importante no es decir, sino estar a su lado, sencillamente.

El duelo para los que se quedan es más difícil de vivir cuando no han sido del todo explícitos. Pero todo no puede decirse. Al que sufre por no haber podido hablar o escuchar cuando todavía era el momento, me permito hacerle una pequeña sugerencia: por la noche, cuando esté solo, en silencio, tómese unos minutos de calma y diríjase al difunto como si estuviera presente; aunque no crea en la existencia de algo después de la muerte, se sorprenderá al notar que la serenidad vuelve poco a poco a su corazón, como si él le hubiera escuchado...

Pero, cuando todavía hay tiempo, esté presente. Si el enfermo tiene el valor de preguntar por el diagnóstico, creo que hay que tener el valor de responderle. Sólo que, al responderle, nunca hay que olvidar que lo importante no es el *nombre* de la enfermedad, sino lo que uno trata de decirse por medio de ella. Entonces, sí, la esperanza es posible.

Y si es usted el que está enfermo y se siente angustiado, no olvide que *su alma sabe*. Ella sabe cuál será el desenlace. Si el cuerpo se le ha quedado demasiado pequeño es porque aspira a liberarse de esa prisión. Pero si, en cambio, ha decidido concederse una segunda vida, sabrá ayudarle a encontrar el camino. Desde el punto de vista del alma, el desenlace será siempre positivo, de eso puede estar seguro. Porque nuestra alma es como una mujer, y ya conoce el refrán: «Lo que quiere una mujer...». De modo que, si se siente invadido por la angustia y la aflicción, le aconsejo que se confíe a su alma, porque ella *sabe*, y también sabrá encontrar los medios de ayudarle.

Los pensamientos son como las piernas: si una de ellas nos hace daño, al caminar tenemos el reflejo de apoyarnos en la otra, no en la que nos duele. Cuando algo no va bien en nuestra vida, es importante comprenderlo, pero eso no significa que tengamos que estar insistiendo en ello, porque enfocar continuamente la conciencia hacia lo que nos hace daño es el medio más seguro de hundirnos. Necesitamos apoyarnos en cosas positivas, necesitamos encontrar de vez en cuando la sencilla belleza de la vida.

La piel

Háblame de amor...

La piel es nuestra envoltura, nuestra consciencia y nuestra vida. La piel habla de nuestra relación afectiva y sensual con el otro y con nosotros mismos. Habla de nuestra necesidad de protección y dice lo que nos desazona. A través de la piel expresamos nuestro deseo del otro y también el temor que sentimos ante él. En la piel mostramos nuestros fallos, lo que nos avergüenza, las cicatrices y las penas. *La piel habla del amor y de las heridas de amor.*

La piel es *identidad, relación, ambivalencia*
Identidad: «Nuestra piel» es nosotros mismos
    Vida y muerte (nuestra envoltura es el límite de la existencia)
    Toma de conciencia, verdad (remonta a la superficie)
    Narcisismo, imagen de uno mismo (cuidarse la piel)
    Memoria (la piel conserva las huellas, las cicatrices)
Relación: Permite el contacto, pero también protege y aísla
    Fragilidad, demanda afectiva (erotismo, caricias)
    Receptividad, sensibilidad (a flor de piel)
    Permite que se vea (el sufrimiento, la vergüenza y la pena)
Ambivalencia
    Deseo y miedo (mediante la piel nos ponemos en contacto, la piel nos aísla y nos protege)
    Carencia de «frontera»

Nuestra envoltura se compone de tres capas, que, del exterior al interior, son las siguientes:

—La epidermis, constituida por células apiladas, ricas en queratina, sustancia que asegura la impermeabilidad de la piel.

—La dermis, tejido conjuntivo que asegura su conservación, así como su elasticidad y suavidad.

—El tejido subcutáneo, un colchón de grasa que nos protege del frío y amortigua los golpes; esta capa circulan los vasos sanguíneos que la alimentan, etc.

La piel cumple ante todo tres funciones:

—La *protección*, la piel es nuestra «barrera».

—La *Receptividad* y el *contacto*, pues no sólo está ricamente inervada, sino que procede del mismo tejido embrionario que el sistema nervioso, es como un tejido nervioso orientado hacia el exterior, en contacto directo con él, mientras que el cerebro, bien resguardado en la cavidad craneal, no tiene del exterior más que una representación.

—La *eliminación*,

• Del «fuego», por una parte, pues es sobre todo gracias a la piel como se regula la temperatura del cuerpo, evacuando o reteniendo las calorías.

• Del «agua» y las toxinas, por otra parte, por medio del sudor, que viene a completar la eliminación renal.

Nuestra envoltura es fascinante, y las emociones que se expresan a través de ella son a la vez ricas y complejas. Como excepción del método que he seguido hasta ahora, en lugar de detallar lo que evoca simbólicamente cada función, le propongo contemplar la imbricación de los múltiples aspectos psicológicos de la piel: la conciencia y la identidad, la eliminación, el narcisismo, la vulnerabilidad y la frontera, las relaciones difíciles o dolorosas, la ambivalencia y el control, el deseo y el placer y, por último y sobre todo, el amor.

La consciencia, la identidad

Antes de descubrir y explorar el mundo exterior, el niño toma *conciencia* de sus límites, de su envoltura, *mediante el contacto con su madre*. El conocimiento del mundo exterior le revela, en cambio, su propia existencia, le hace tomar conciencia de que está en este mundo pero no es este mundo, toma conciencia de su *identidad*. Existir procede del latín *ex-sister* y significa «salir, nacer, aparecer». El mundo en el que estamos inmersos no es «nosotros», existimos en él.

Si miramos las amebas u otros seres unicelulares en un microscopio, podemos observar que su conciencia parece estar por completo en la envoltura. Si los tocamos, se contraen ligeramente; se mueven en su medio con la misma sensibilidad que la antena de un caracol. En el ser humano se produce algo parecido. La piel procede del mismo tejido embrionario que el cerebro y el sistema nervioso, sede de la conciencia. Es receptiva, capta y graba igual que los nervios sensitivos; al revelarnos la existencia de lo que nos rodea, nos revela al mismo tiempo nuestra propia existencia. El niño pequeño, que aún vive en el aura de su madre, va tomando poco a poco conciencia de sí mismo no sólo cuando lo tocan, sino también cuando él toca.

Y si el niño necesita tocarlo todo es porque ver no le basta, el *conocimiento* se establece por el tacto. Ver es ser espectador, tocar es convertirse en actor. El conocimiento resulta de un justo equilibrio entre el espectador y el actor que todos somos de nuestra propia vida.[1]

Así pues, a través de la piel, principalmente, nuestra identidad se construye sobre una *relación*. No existimos como seres aislados, sino a través de toda una serie de vínculos sociales; cuando esos vínculos no pueden establecerse viene la locura.

1. Un etnólogo puede ver trabajar a un pastor y hacerse una idea de su vida; pero si no se pone en su lugar, nunca «palpará» el conocimiento íntimo que aporta el trabajo de pastor. Entre el espectador y el actor es necesario el diálogo; en cualquier campo, la acción se libera por la reflexión y viceversa.

Muchos niños autistas lo son porque han carecido de *contacto* (por intermedio de la piel, de las caricias maternales, etc.).

El tacto es nuestro sentido más arcaico; lo compartimos con todo lo que vive.

Con la piel expresamos la *verdad* de nuestro ser. Se dice en la Biblia que Adán y Eva, antes de la caída, vivían felices y desnudos. La vida nos acoge desnudos, la muerte nos recibe desnudos, el hombre y la mujer se entregan el uno al otro desnudos. Esos tres momentos intensos en la vida del ser humano son momentos de autenticidad, de *verdad*. «El hábito no hace al monje» es otra manera de expresar la verdad de una piel desnuda. Incluso el más hermoso de los cuerpos dice la verdad de su edad por las manchas de la piel. Con la piel mostramos nuestra verdad interior; no podemos ocultar durante mucho tiempo lo que se expresa en ella, todo acaba por verse: los deseos, el miedo, la vergüenza, las heridas, las cicatrices, etc.

La eliminación

Verdad, toma de conciencia... Tomar conciencia es también *eliminar*. Al traer a la superficie (la piel) nuestras dificultades, somos más conscientes de que las tenemos y podemos deshacernos de ellas con más facilidad. En muchas tradiciones, en numerosos enfoques de la medicina, se considera que lo que brota en la piel es algo que se elimina; que a esto se le llamen toxinas o emociones no depende más que del punto de vista en el que uno se sitúe. Al igual que los riñones, la piel elimina el agua residual de las emociones (el sudor); también elimina el exceso de calor y de fuego interior (el **azufre** es un gran remedio para la piel).

La erupción cutánea puede ser una tentativa de eliminación, como un volcán por el que trata de salir una dificultad interna. En el aspecto psicológico, es como una emoción inconsciente que sale a la superficie. En homeopatía, no es raro que la curación del **asma** pase primero por una fase de **eccema**.

Cuando, hace cerca de dos siglos, Constantin Hering[2] constató que la curación sólo es duradera si tiene lugar «de adentro hacia afuera», señaló una realidad no sólo física sino psicológica. La verdadera curación de la que hablaba Hering es en realidad la *toma de conciencia* de un problema interno, invisible hasta entonces, cuya aparición en la superficie facilita su resolución. La superficie representa la consciencia: las enfermedades eruptivas del niño preceden a una fase de crecimiento, que dan cuenta, a su manera, de una toma de conciencia.

El narcisismo

A través de lo que se deja ver, la consciencia es también *narcisismo*. La piel muestra nuestra apariencia, igual que un vestido muestra algo de nuestra identidad: «Faire peau neuve»,[3] «Ne pas changer de peau»,[4] «entrar en la piel del personaje», etc.

De una persona que está a gusto con la *imagen* que tiene de sí misma y que muestra ante los demás, se dice que «se siente bien en su piel». La piel evoca la relación, el calor del contacto y sus dificultades. Maquillarse, cambiar de aspecto, cuidarse la piel... La piel está muy implicada en la representación del Yo ante los demás, en todo lo que concierne con la imagen y la apariencia. El maquillaje traduce esa cuestión del «ser» o del «parecer». Lo mismo que el rostro, la piel está implicada en nuestras dificultades narcisistas. ¿Tal vez porque uno no se ama bastante? ¿O quizá se sabe digno de ser amado porque es consciente de su Ser?

2. Discípulo de Hahnemann, citado por J. T. Kent en *La science et l'art de l'homéopathie*, Éd. Maisonneuve, 1985.
3. Literalmente: «Hacerse una nueva piel». Significa: «Cambiar de vida, de conducta». *(N. de la t.)*
4. Literalmente: «No cambiar de piel». Equivale a la expresión «Genio y figura hasta la sepultura». *(N. de la t.)*

El **acné** que le brota al adolescente traduce los problemas que éste tiene con su apariencia externa, es decir, con su imagen, también pone de manifiesto su tendencia a compararse con los demás y a desvalorizarse; en una palabra, expresa la dificultad que tiene para amarse tal como es. El acné de la cara denota el rechazo a la propia imagen: se rechaza uno, se encuentra feo, etc. El acné que aparece en la nariz —órgano fálico que toma un destacado relieve en el muchacho en el momento de la pubertad— podría traducir cierto malestar o rechazo hacia su masculinidad. Con su rostro expresa, sin quererlo, la *vergüenza* que siente por sus transformaciones corporales, su nueva identidad y otras cosas que él querría mantener encubiertas, como la emergencia de nuevos impulsos y su efervescencia hormonal. El acné de la pubertad es como un conflicto entre el deseo y el miedo del otro, cuando se forman los fantasmas sexuales que uno desearía mantener ocultos. Y ocurre que uno de los remedios clásicos para el acné en homeopatía, el **Kalium bromatum**, es también un remedio para los impulsos sexuales (el bromuro) y la culpabilidad. La desazón que causa mostrar los deseos sexuales se transforma en el descontento de tener que mostrar los granos. Por eso el acné afecta sobre todo al rostro; lo cual, dicho sea de paso, lo hace en cierta forma eficaz porque, al inhibir al adolescente en su relación con el sexo opuesto, lo pone de momento al abrigo... Y, curiosamente, las golosinas, las cosas *dulces*, ¡lo agravan!

Las **verrugas** son tan incongruentes como los sentimientos que las producen. Pueden expresar ansiedad, culpabilidad o vergüenza; también pueden ser la manifestación de alguna idea fija y, sobre todo, son como las lágrimas de una pena no superada. En las verrugas hay a veces un poco de todo eso, como mostrará el último ejemplo que citaré en este apartado.

En el sentimiento de ansiedad o de *vergüenza* está implicada la imagen que uno muestra de sí mismo a los demás. El sentimiento de vergüenza es frecuente en la infancia y en la pubertad, sobre todo en el momento del crecimiento, y también, algo más tarde, en el período de los primeros deseos sexuales. Es frecuente que las verrugas estén relacionadas con alguna afrenta vivida en el medio escolar, sobre todo si ha estado seguida de observaciones humillantes; las verrugas ponen de manifiesto la vergüenza de algo que los demás ven.

Pueden aparecer en la edad adulta por razones semejantes, por ejemplo, cuando uno se siente *ensuciado* por algún comentario, por palabras malintencionadas o por una situación concreta. En homeopatía se considera que las personas muy sensibles a los reproches —a cualquier forma de agresión, en general, incluyendo las vacunas— son las más predispuestas a tener verrugas; además, con frecuencia son sensibles a la humedad y al agua. De la misma forma que la piel elimina las calorías y el sudor, también elimina las emociones ligadas al fuego y al agua, y no es raro que las verrugas, lo mismo que las micosis, se adquieran por contagio en las piscinas.

La verruga también puede ser manifestación de una *idea fija*. El niño suele establecer cierta fijación en su verruga, si la tiene; cuando la olvida, algún pequeño gesto desafortunado de la vida cotidiana le hace tropezar con ella y se la trae de nuevo a la memoria. ¿Cuál es esa idea fija que le cuesta tanto eliminar, esa idea a la que se aferra?

La localización de las verrugas puede proporcionarnos alguna información: en las manos evocan «el hacer», la acción, en los pies indican cierta *desazón* respecto a una relación de tipo afectivo o social y, del mismo modo que molestan al andar, cuando se trata de ocupar un lugar del suelo, ponen de manifiesto la desazón que uno siente al tratar de ocupar su lugar en la familia o en la vida.

Jean-Jacques, un hombre de 59 años, había comprado un terreno en la Drôme con intención de construir una casa en la que pensaba vivir hasta el fin de sus días. Era un marco idílico, pero muy aislado. Al poco tiempo, cuando su proyecto ya estaba tomando forma, su esposa le dijo que no estaba dispuesta a enterrarse allí. Para Jean-Jacques el proyecto se había convertido en una *idea fija, se aferraba* a ella. Tras una fase de conflicto, terminó por ceder y abandonó la materialización de su sueño. Poco tiempo después los pies se le llenaron de verrugas... ¡Ya no sabía adónde ir!

Como muestra la historia de Jean-Jacques, lo mismo que la que viene a continuación, las verrugas son a menudo *las lágrimas de una aflicción no superada*.

Séverine, una estudiante de 19 años, vino a consultarme porque tenía una verruga muy grande en la planta del pie derecho; le había aparecido un año antes. Al conocer esa localización, lo primero que le pregunté fue si había tenido problemas de relación con alguna mujer. Su mirada se iluminó, pues hasta entonces no había establecido la conexión con un incidente que todavía la apenaba, una desavenencia que le había dejado secuelas. Prefiero transcribir sus propias palabras: «Es cierto, coincide exactamente. Hace un año me enfadé con mi mejor amiga, y la verruga apareció justo después. Es una amiga de la infancia, nos conocíamos desde siempre, éramos como hermanas. Cuando empecé a salir con un chico, ella se sintió abandonada, no lo pudo soportar. Era muy posesiva en la amistad, noté que estaba celosa de mí, de mi felicidad, de mi éxito. Hablamos sobre eso, pero la conversación fue muy desagradable y nos separamos sin habernos comprendido. Me llevé un gran disgusto, no podía dormir; cuando pienso en ello, todavía me duele. He perdido a alguien a quien quería mucho. Desde entonces nos hemos visto algunas veces, pero ya no es igual, y esa situación me hace sufrir». Entonces le pregunté si no habría un poco de resentimiento detrás de su pena, y me respondió: «Sí, es cierto, estoy muy resentida porque me parece que ella tiene una actitud estúpida».

La verruga era para ella como una espina clavada en el pie, algo en lo que no cesaba de pensar, una espina hecha de dolor no superado, de resentimiento y también de cierta culpabilidad por abandonar a su amiga. Lo que expresamos a través de nuestro cuerpo es como un nudo formado por una mezcla de sentimientos, a veces antinómicos y mezclados.

Vulnerabilidad, integridad, protección, frontera

De todos los animales superiores, el ser humano es sin duda el que tiene la piel menos protegida y más *vulnerable*. Tal vez por eso la percepción que tenemos de ella se confunde a veces con la de la propia vida, como indican algunas expresiones como: «Dejarse uno la piel», «salvar el pellejo», «mudar de pellejo», etc. Las lesiones graves de la piel, por ejemplo, las quemaduras que cubren una gran extensión del cuerpo, amenazan la vida a corto plazo. Si le pintaran a una persona toda la superficie del cuerpo, a los pocos días moriría.

El enfermo que padece un problema en la piel siente que ha perdido en parte su *integridad*, como si su envoltura tuviera una grieta, una zona sin *protección* a través de la cual no puede defenderse. Una enfermedad en la piel puede traducir un sentimiento de vulnerabilidad; es como un orificio en nuestro cascarón que pone de manifiesto hasta qué punto somos permeables,[5] sea a un tipo de relación, sea a una situación concreta. Y el aspecto que toma la piel en ese lugar viene a decirnos cómo intentamos defendernos de eso: la **psoriasis** hace de coraza, el **vitíligo** nos deja sin protección frente al sol, el **eccema** muestra nuestra impaciencia por no poder resolver una contradicción que nos desazona. Lo que defendemos en una parte u otra de la piel es nuestra vida, nuestra identidad, la integridad de nuestra persona.

Por ejemplo, el vitíligo, que se manifiesta con amplias placas de despigmentación dérmica, sobreviene en general como consecuencia de un fuerte *impacto moral que deja a la persona sin protección*, sin defensa.

A Romane, una joven de 27 años, le apareció vitíligo poco después de una ruptura afectiva. Su compañero era violento y po-

---

5. Recordemos aquí la permeabilidad de la piel a ciertas sustancias más o menos tóxicas. Hay muchos medicamentos que se utilizan por vía percutánea en forma de ungüentos, parches, etc. Colocadas sobre la piel, las sustancias pasan a la sangre por ósmosis.

sesivo, y con frecuencia pasaba a las manos cuando se dejaba
llevar por la cólera; en dos o tres ocasiones la situación estuvo
a punto de acabar en catástrofe. Era una relación pasional de
«amor a muerte». Romane, pese a todo, le tenía mucho afecto a
ese hombre que, en algunos aspectos, le recordaba a su padre;
después de la ruptura tuvo que sobreponerse a sus deseos de
suicidio. La despigmentación del vitíligo nos deja sin protección frente a la violencia del sol... que, para muchos autores
que tratan de simbolismo, es la imagen del padre.

El símbolo del Padre en relación con el Sol me lleva a hablar
aquí del **melanoma maligno**. En la epidermis se encuentran unas
células que fabrican un pigmento marrón oscuro, la *melanina*,
cuya función es protegernos de los rayos solares. El bronceado
no es más que una adaptación de la piel, que resulta evidente al
observar el reparto geográfico de los colores de la piel de los seres humanos. El crecimiento acelerado de los melanocitos bajo la
acción de los rayos solares provoca la degeneración del melanoma. Aunque afecta a los dos sexos, a mi consulta vienen sobre
todo mujeres que desean comprender el «anverso» de su melanoma mientras la medicina clásica se ocupa del «reverso». El comienzo de la enfermedad ha coincidido siempre con un conflicto
con un elemento masculino, fuerte, que evocaba para ellas la imagen del Padre. Una recordaba una grave disputa con su hermano
mayor (el caso de Thérèse que cité en el preámbulo), otra con un
marido autoritario, etc. En general, aparece en situaciones en las
que las defensas resultaban absoluta y dolorosamente impotentes.

Puede decirse que la *vulnerabilidad*, lo mismo que la *receptividad* y la *sensibilidad*, se encuentran «a flor de piel». A veces
nota uno que «su alma ha sido tocada por un alto pensamiento» o se siente «tocado por una señal de simpatía», o sabe de
alguien a quien «Dios le ha tocado el corazón», expresiones
que hablan de la implicación de la propia envoltura emocional,
de una abertura, de una *brecha* en ese punto de contacto que es
la piel. El cazador gritará: «¡Lo he tocado!», y de una persona
susceptible se dirá que «tiene una reacción epidérmica» o que
algo «le pone los pelos de punta».

La piel es *frontera*, *barrera*, define un *límite*. Hasta aquí soy yo, más allá es el otro. A través de ese límite podemos expresar la sensación de vernos agredidos, como «invadidos». Algunas personas no soportan las agujas, no por el dolor que provocan sino porque tienen la impresión de que se les toca en su ser, de que pierden su integridad. Una aguja de acupuntura, que penetra en la piel apenas dos o tres milímetros, puede hacerles perder el conocimiento; no es grave, pero ocurre que su consciencia, la imagen que tienen de sí mismos, no lo soporta. En la piel expresamos también el miedo a ser abandonados, a perder el contacto. El enfermo no sabe cómo establecer su frontera, cómo encontrar la distancia justa. A través de la piel a menudo se pone de manifiesto una reacción mezcla de ira y miedo que traduce cierta *inseguridad en las relaciones*, como puede observarse en el niño pequeño respecto a su madre.

Maxence, un bebé de seis meses, presentaba un **eccema generalizado** que había comenzado alrededor del cuello cuando tenía él dos meses y después se había extendido por el tórax y, finalmente, por todo el cuerpo. Traumatizada por el nacimiento de su hijo mayor, que estuvo a punto de perder, su mamá pasó todo el embarazo temiendo el momento de dar a luz. Y, como por casualidad, el parto de Maxence fue también difícil; además, al nacer, el cordón umbilical le daba dos vueltas alrededor del cuello... ¡y fue en el cuello donde empezó el eccema! Maxence había captado el miedo de su madre a perderlo, pero no podía ponerle palabras. La **flor de Hipérico**, un remedio para situaciones en las que el niño no puede «razonar» su miedo, lo curó al cabo de tres semanas.

Relaciones difíciles

Así pues, las lesiones y problemas de la piel nos protegen de las *dificultades* que tenemos en algunas *relaciones*, algo que sugieren expresiones como: «Tener buenos contactos» o «Sacarle a alguien la piel a tiras». Los ojos, para ver, han de poner distancia pero, para la piel, entrar en contacto equivale precisamente a eliminar la distancia, pues el contacto supone una inmediata reciprocidad. Decir «póngase en contacto conmigo» o «puede contactarme por teléfono esta tarde a tal hora», es una manera cordial de facilitar una relación y reducir la distancia. En una relación es importante la primera «toma de contacto» con la otra persona, y hay que procurar «no acariciarla a contrapelo», por no hablar de lo importante que es «tener tacto», lo que implica receptividad, finura y sensibilidad para con el otro.

La permeabilidad se convierte también en *frontera* entre el Yo y el no-Yo; por eso la piel está a menudo implicada en reacciones *alérgicas*, urticaria, eccema, etc. Un fenómeno semejante se produce en el **asma**, cuando uno se asfixia porque le falta espacio vital ante el otro; existe un estrecho vínculo entre el asma y el **eccema**; con frecuencia aparecen alternativamente. Al igual que los pulmones, la piel realiza una función de intercambio, de protección y delimitación del *espacio* físico y afectivo, por eso expresamos dificultades análogas mediante ambas enfermedades.

La calidad de la piel puede describir también la naturaleza de nuestros contactos, los cuales dependen de la consciencia que tenemos de nosotros mismos. Una piel suave evoca el deseo de ser amable, mientras que una piel rugosa traduce la rugosidad del contacto con los otros, es como si uno dijera: «Tómame como soy». La piel seca traduce reserva, la persona retiene la emoción en sí misma y es reservada en el contacto con los demás debido a un carácter poco extrovertido, mientras que la piel trasudada traduce —o más bien traiciona— la emoción «a flor de piel». Una piel grasienta es como un deseo de no ser tocado. El olor fétido de la piel, persistente después de la ducha, es como esa emoción contenida que, a pesar de todo, transpira. El olor ácido es, como su nombre indica, ácido, crítico.

Ambivalencia y control

En el fondo de muchas dermatosis se encuentra cierta ambivalencia respecto a una relación y el deseo de controlarla. Para comprender el anverso y el reverso de las emociones que se expresan a través de la piel no debemos olvidar que ésta, a la vez que nos protege, nos abre al contacto. Por ejemplo, detrás de la turbación que uno siente al mostrar sus lesiones puede ocultarse el deseo secreto de mostrar el propio sufrimiento. Podemos encontrar esta ambivalencia localizada en otros órganos, en otras enfermedades, pero en ningún caso es tan manifiesto como en la piel.

La **psoriasis** es como una coraza seca, áspera y de aspecto desagradable que enmascara un deseo secreto de ser amado y acariciado. Sobreviene casi siempre después de un fuerte impacto moral, y suele verse en personas que tienen la sensibilidad «a flor de piel», que temen ser heridas y se protegen de modo excesivo. La piel de esos pacientes es muy seca, guardan en sí mismos sus emociones. Como en el eccema, el enfermo puede meter hacia dentro el agua de su cuerpo hasta el punto de resquebrajarse, de ahí las grietas.

En este caso, la localización tampoco es indiferente. La psoriasis en los codos o en las rodillas puede significar que el enfermo tiene cierta *dificultad* para «doblegarse» (la psoriasis es exterior, no está en el pliegue), dificultad que el **reumatismo psoriásico** vendrá a confirmar. La psoriasis, el eccema o la caspa localizadas en la cabeza pueden traducir contrariedades respecto a la capacidad de ser «jefes», de asumir la vida de manera autónoma, de dar testimonio de la capacidad de decisión o de hacer que las ideas de uno sean reconocidas y aceptadas.

La psoriasis se ve casi siempre en personas sensibles e introvertidas, que necesitan muchísimo el amor de los demás al mismo tiempo que, paradójicamente, sienten miedo ante un contacto del que se defienden. No hablan de sí mismas con facilidad. Pero, para ser amado, hay que abrirse al exterior; la protección aísla y no hace más que contribuir a que esa falta de amor perdure. Para recibir la dulzura del contacto tiene uno que atreverse a correr el riesgo de ser herido. Como la piel simboliza el contacto afectivo y sexual, encontramos aquí una especie de ambivalencia entre deseo y miedo.

Bernardette, una joven de 27 años, tenía 13 cuando apareció su psoriasis. En lugar de contar su historia, le doy a ella la palabra:
«Mi madre echó a mi padre de casa, y yo no volví a verlo hasta poco antes de su muerte, cuando ya tenía 21 años. Durante toda mi infancia, ella no dejó ni un momento de decirme que él era un sinvergüenza. Cuando tenía 12 años, mi hermano abusó de mí. Mi madre lo sabía, pero cerró los ojos; me sentí traicionada. Sentía más cólera hacia mi madre que hacia mi hermano, era como si ella me hubiera quitado el poder de decir que no. A mi madre le tengo miedo. Cuando le digo que la quiero, se lo toma a broma y se burla de mis sentimientos. Mis relaciones con los hombres son difíciles, me cuesta confiar en ellos. Cuando lloro, se me reduce la psoriasis. No sé decir que no, necesito que me quieran. ¿Cómo puede uno defenderse de los demás sin hacerles daño?».
¿Cómo puede uno ser amado si se protege tanto? Las palabras de Bernardette explican tan bien ese dolor que se expresa en la piel que no puede decirse mejor.

En el terreno de las relaciones, la piel manifiesta a la vez el deseo y el miedo del otro, de su contacto; esa ambivalencia, que a uno lo desazona y a veces lo desgarra por medio de **fisuras** y **grietas**, lo hace sufrir. Tiene uno miedo de que lo toquen, pero al mismo tiempo lo desea con intensidad; necesita las caricias, pero las teme. El bebé cubierto de eccema se aísla del contacto al mismo tiempo que tiene miedo de perderlo, de ser abandonado. A través de la piel tratamos de *controlar* el contacto con los demás y el amor que el contacto nos transmite.

Deseo y placer

La piel es el principal agente de regulación térmica; gracias a ella eliminamos calorías. Es «fuego», y puede expresar una forma de impaciencia que a uno le quema, como en el **eccema**. Si está localizado, el eccema admite interpretaciones distintas que dependen del lugar donde aparezca. En las manos, puede significar impaciencia frente a dificultades para actuar. En los codos y las rodillas, al situarse en la parte interior de los repliegues —a diferencia de la psoriasis, que aparece en el exterior—, pone de manifiesto que el origen de la contrariedad es el repliegue sobre uno mismo.

Pero ese «fuego» simboliza también el *calor del contacto*. La piel es sensualidad, erotismo, placer. Con ella entramos en relación con el otro, como dos enamorados que, a través del tacto, entran en mutua sintonía, se acarician durante mucho tiempo a fin de aprehender al otro y la llama de su deseo. Del ser amado uno dice: «Lo llevo en mi piel».

Los anuncios publicitarios relativos a perfumes, jabones, etc., ponen ampliamente de manifiesto el carácter *erótico* de la piel, tanto si se trata de autoerotismo como si se pretende seducir al otro. En el mismo orden de ideas, el naturismo es como una relación sensual con la Naturaleza. La piel es un lugar de *voluptuosidad*, de placer, tanto como los orificios, que son puntos de contacto entre el exterior y el interior.

La palabra eccema significa «que arde». El eccematoso arde, algo le desazona, le pica. ¿Qué es lo que le pica? El **prurito** es una irritación que aflora a la conciencia; pero prurito significa tanto irritación como deseo. En latín, *prurigo* también quiere decir «exuberancia o ansia».

El prurito, la comezón es como un deseo que se convierte en irritación e *impaciencia*. La inflamación, la irritación de la piel es ira ante un fracaso, ira que revela *dificultad de contacto*; entonces dirige uno ambas cosas, el deseo y la ira, contra uno mismo. El picor, voluptuoso al principio, como en un contacto afectuoso intenso, acaba por irritar porque expresa una *insatisfacción*, y es interminable. Rascarse es un placer que se transforma en dolor. Pero, ¿por qué?

Édouard, que estaba cubierto de **eccema generalizado** desde su infancia, se irritaba por la menor bagatela. De aspecto dulce y tranquilo de cara al exterior, en familia, en cambio —según decía su mujer— se encolerizaba por cualquier contrariedad, lo que él reconocía abiertamente sin poder —ni querer— cambiar. «Tengo la impresión de que me hierve la sangre», decía. Era inteligente y capaz de analizarse con mucho tino. Me llamó la atención la ambigua voluptuosidad que vivía por medio de su enfermedad, voluptuosidad que se materializaba en una comezón que iba haciéndose más y más irresistible hasta terminar en efusión de sangre. Él comparaba esta efusión con «miniorgasmos», porque el placer, aunque doloroso, era intenso, y también porque le calmaba instantáneamente su «fuego interior». Cuando le pregunté respecto a la calidad de sus relaciones íntimas, me dio una respuesta extraña: «Cuando hago el amor, no sé muy bien si lo hago con mi mujer o conmigo mismo». Y, casualmente, al igual que muchos pacientes que tienen eccema, el mal se *agravaba* cuando él tenía relaciones sexuales. Vivía una parte de su sexualidad como una relación *consigo mismo*, como si la relación con el otro fuera difícil, una mezcla de miedo e ira. No había más que ver las largas horas que pasaba *cuidando* su piel, lo cual, por otra parte, no cambiaba nada, pero para él era una necesidad más psicológica que física.

Amor

Cuidar. ¿No es la *madre* la que cuida a su bebé, la persona que le cuida la piel, que lo acaricia, lo enjabona? En el lactante, el **eccema** aparece casi siempre entre los dos y los seis meses de edad. Inicialmente confundido con su madre, a esa edad el niño empieza a tomar conciencia de su existencia. Comienza a tocarlo todo; así toma conciencia de sí mismo. En los primeros momentos de su vida, el niño nota el contacto de su madre, pero no se siente distinto de ella; eso viene más tarde, y, cuando empieza a darse cuenta de la separación, a veces siente miedo y rechazo. De hecho, el eccema está a menudo asociado con el miedo, con la sensación de inseguridad o de ansiedad, que puede ser un reflejo de la ansiedad del padre o de la madre. Hay un remedio en homeopatía, la **Magnesium muriaticum**, cuya clave simbólica es el miedo a perder a la madre. Jonathan, un bebé de seis meses, estaba cubierto de eccema de la cabeza a los pies. Cuando le pregunté a su madre por las circunstancias de su embarazo, me dijo que había sido difícil y que había tenido mucho miedo de perder a su hijo. Yo pensé que, probablemente, el temor había sido recíproco; que el niño debe de haber notado el miedo de su madre y también él, a su vez, temió ser abandonado. A los tres días el eccema de Jonathan había desaparecido por completo, lo que no deja de ser bastante excepcional en el tratamiento de los eccemas atípicos en homeopatía. Aunque para él lo fue, no vaya usted a sacar la conclusión de que el *Magnesium muriaticum* es «el» remedio para esa afección.

El *miedo* a verse desamparado se expresa con mucha frecuencia por medio de la barrera del eccema —«con tal de que me ame y no me abandone...»—, que viene precisamente a *justificar* que ese riesgo existe. Ocurre algo análogo en la **eyaculación precoz**: el hombre que la padece tiene miedo de que su compañera lo abandone por ello; el contacto genera miedo, y el miedo le hace perder el control, creando así la situación que teme.

El amor que se expresa por intermedio de la piel es, en general, el que se recibe o el que se acepta recibir; pero, a veces, puede ser el que se da o el que a uno le gustaría dar.

Tras el fallecimiento de su marido, Solange vivía de manera semi independiente junto a su hija y su yerno, en una casa preparada al efecto. Todo iba bien, me dijo, aunque reconoció que su yerno no tenía un carácter fácil. Con su hija y su nieto era una auténtica madraza, pero su actitud, en exceso protectora daba origen a numerosos conflictos con su yerno, como usted se puede imaginar. Un día, el yerno estalló y le dijo a su suegra todo lo que pensaba de ella desde hacía mucho tiempo. Al día siguiente por la mañana, Solange tenía las anginas inflamadas y llenas de pus, así que el yerno le impuso una limitación de visitas. Entonces, le salió una urticaria que le duró varios meses.

Amor... Si hubiera que concretar el tema de la piel en una palabra clave, yo diría ésta. Los cuidados y caricias de una madre para con su hijo son fundamentales; en ellos se apoya la capacidad que más tarde el adulto tendrá para amarse a sí mismo y, si él se ama, sabrá amar a los demás. Casi todos los problemas de la piel, tanto si tienen que ver con nuestra propia imagen como si se trata de problemas de relación, hablan de dificultades de amor. En estos tiempos en los que se ha generalizado la comunicación virtual —por teléfono y, sobre todo, por la pantalla— carecemos singularmente de contacto. Un estudio realizado en Estados Unidos sobre los aficionados a los fórums de Internet muestra que muchos de ellos, la gran mayoría, a pesar de que intercambian mucha comunicación escrita, se sienten muy solos. Sólo el tacto aporta calor e intimidad a una relación. Rara vez un paciente considera cordial a un médico que no lo *toca*, aunque sea muy humano y competente.

Desearía terminar esta reflexión con apenas un consejo. Su presencia y su palabra, amable lector, pueden resultar de gran consuelo junto a la cabecera de un enfermo, pariente o amigo. Pero es posible que la palabra sea inútil porque, a veces, en situaciones de gran aflicción y desesperanza, es mejor no decir nada; las palabras sólo sirven para hincar más el clavo. En ese caso, el silencio no es hipocresía, sino respeto. El enfermo que no hace preguntas se protege de una verdad que no comprende demasiado bien. Pero tal vez la presencia silenciosa puede resultar tan molesta y torpe, como una distancia que uno no es capaz de romper. En esas situaciones, *piense en la piel*, tómele la mano, pose la suya en la frente del enfermo, *tóquelo*. No olvide que el contacto es la primera muestra de amor que recibimos de nuestra madre. El amor pasa por la piel...

La cabeza y el rostro

Razones y sentimientos...

La cabeza

Controlar, dirigir
Mantener el control de las emociones, de la vida
Autonomía, «mantener la cabeza fría»
Lo que no dominamos nos «sube a la cabeza»
Testarudez, obstinación
Afirmación de sí, del Ego
Conflicto entre la razón y el sentimiento
La cabeza está a distancia del cuerpo y de las vivencias,
se protege
Negarse a tomar conciencia de una emoción que «sube»

El corazón nos habla de los sentimientos; la cabeza, de los pensamientos y las ideas. La tradición dice que el hilo de la vida se ancla en el corazón, mientras que el de la consciencia se ancla en la cabeza. De ella parten la dirección, el impulso y el mando.

La cabeza es un conjunto complejo. Antes de estudiar con detalle sus principales componentes vamos a dar una visión global que nos permitirá observar ciertos aspectos comunes a diversos tipos de «dolores de cabeza».

La cabeza está separada del resto del cuerpo por el cuello, que es una encrucijada, como un cruce de caminos: por un lado, el cuerpo y la actividad; por otro, la cabeza y la reflexión. La imagen del cuerpo (y de la vida) se *refleja* en la cabeza, algo así como la realidad exterior se refleja en la retina. Pero no es un reflejo pasivo, sino que precede a la acción; porque la que dirige, en definitiva, es la cabeza. La combinación de ambos elementos, reflexión y acción, es la clave para comprender qué quiere decirnos la cabeza en general y los dolores de cabeza en particular.

Etimológicamente, «cabeza» procede del latín, de *capitia*; «testa», de *testa*, que también significa «cáscara», lo que hace pensar en una protección en el interior de la cual puede germinar un huevo o una idea. Encontramos esa idea de protección en la capacidad que tenemos de utilizar la cabeza para «poner distancia» respecto de las vivencias corporales; esta distancia, respecto de los acontecimientos, nos permite relativizar. Si uno se clava una astilla en el pie, se hace daño, por supuesto, pero tiene la cabeza lo suficientemente alejada de él como para *mantener el control*. De un acontecimiento difícil podemos salir «con la cabeza alta», y cuando una emoción nos embarga tratamos de «mantener la cabeza fría». Pero esta capacidad para poner distancia, para relativizar las cosas, desaparece casi por completo cuando se trata de un dolor de cabeza, de una sinusitis o de un traumatismo craneal.

Cuando perdemos la capacidad de relativizar las situaciones es como si *perdiéramos el sentido de la realidad y de sus proporciones*, como cuando uno «anda de cabeza», o «tiene la cabeza llena de pájaros», o «tiene la cabeza en las nubes», «¿dónde tendría yo la cabeza?...». Pero también es «perder la cabeza», como cuando «algo le da a uno muchas vueltas en la cabeza» y acaba actuando como «un cabeza de chorlito». El dolor de cabeza viene así a significar que hemos perdido el sentido del humor y la distancia frente a lo que vivimos, y dice que «algo nos trae de cabeza».

Desde el punto de vista histórico, el término «cabeza» ha competido durante mucho tiempo con «jefe» (del latín *caput*).

El que manda el barco es el «capitán», el *jefe*, que debe mantener la cabeza fría en cualquier circunstancia. La ciudad desde la que se gobierna un país es su capital. Asimismo, la cabeza es la que dirige y ordena después de haber analizado y sintetizado la información que le proporcionan los sentidos. Y si cuatro de los cinco sentidos que tenemos se encuentran situados en la cabeza, no es por casualidad.

En el intervalo que media entre el acontecimiento observado y la respuesta adecuada, tenemos en cuenta múltiples parámetros. Es una fase de reflexión en la que la memoria desempeña un papel esencial.

Pero puede producirse una especie de *choque frontal* entre la reflexión y la acción, y, sobre todo, *entre la emoción y el pensamiento*. La expresión «mantener la cabeza fría» subraya la importancia de no dejarse embargar por la emoción a fin de mantener el pensamiento completamente lúcido. Decimos de alguien que «tiene muy bien puesta la cabeza» cuando reflexiona y pondera antes de actuar y no sigue los dictados de su corazón. Y a propósito del que se deja llevar por la cólera decimos que «la sangre se le sube a la cabeza», que pierde la razón.

Así pues, lo que se expresa a través de la cabeza es el deseo de controlar y de mantener el mando, o la incapacidad de conseguirlo, en particular cuando la emoción desborda al pensamiento. La cabeza es el símbolo de nuestra *autonomía e individualidad*, es decir, la capacidad de pensar y de decidir por nosotros mismos, aparte de «escarmentar en cabeza ajena» o «no hacer más que lo que a uno se le pase por la cabeza».

Simboliza también nuestra independencia respecto de los acontecimientos, cuando se trata de no dejarnos anonadar y evitar que nos «calienten la cabeza», y *mantener la distancia* frente a lo que nos ocurre para «no perder la cabeza».

Expresiones como «subírsele a uno la sangre a la cabeza» o «ser muy testarudo» hablan de una energía que afluye a la cabeza pero en ella se bloquea, no circula. El dolor de cabeza, o cefalea, que tienen a veces los estudiantes debido a la tensión excesiva que les causa el deseo de comprenderlo todo es un ejemplo de ello.

Con frecuencia la cefalea es el resultado del deseo de controlar mentalmente una emoción que uno no quiere reconocer, o que quiere dominar, y la emoción acaba por «subirse a la cabeza».

La **migraña** (del latín *hemicrania*) es un dolor de cabeza más o menos periódico que afecta a la mitad del cráneo; a menudo la misma; a veces alternando, tan pronto a la izquierda, tan pronto a la derecha. Las migrañas suelen aparecer después de alguna contrariedad o un cambio del ritmo de vida; por ejemplo, sobrevienen en un período de reposo, como el fin de semana, o justo antes de la menstruación. En medicina clásica, las migrañas se describen como «tormentas vasculares», es decir, hablando claro, «la sangre se nos sube a la cabeza»: perdemos el control de una emoción que el cerebro ya no puede mantener a distancia, la emoción remonta e invade la cabeza.

Lo que en realidad da lugar a la migraña es el deseo de controlar la emoción, y suele ser el resultado de un sentimiento mezcla de inseguridad y miedo, sobre todo cuando la migraña se acompaña de dolores cervicales con contractura de los trapecios (se trata de *mantener el tipo*, de *aguantar*). La contractura muscular también puede ser la expresión de un deseo contenido, de un proyecto contrariado o de una emoción retenida, como la cólera, por ejemplo. En las migrañas de origen biliar, física y simbólicamente hablando, el dolor de cabeza puede ir acompañado de trastornos visuales, que traducen la dificultad de ver claro a través de esa emoción. En cuanto a los vómitos, son una manera de rechazar la superabundancia emocional. Volveré a hablar de esto con más precisión al tratar de la vesícula biliar, que muy a menudo suele estar implicada en el inicio de la migraña.[1]

1. Las migrañas con un componente digestivo son muy frecuentes: hay una «participación» de la vesícula biliar, que se bloquea o se inflama y se hace sensible al tacto, al mismo tiempo que la energía se bloquea a la altura de la nuca, lo que traduce un proyecto contrariado. Lo que simboliza la vesícula es el deseo del Yo (en general, un deseo de conquista, de control o de poder frente al entorno familiar o profesional) y la ansiedad («se traga uno la bilis») o la amargura («la hiel tiene un sabor muy amargo») cuando el deseo es contrariado.

Vanessa, una joven de 32 años, padecía de migrañas desde que tenía 13. Casi siempre comenzaban con una tensión muscular en la nuca y acababan fijándose justo encima del ojo derecho. Se agravaban antes de la menstruación y a menudo se desencadenaban después de una emoción —cólera u otra— «retenida». Ella había tenido una infancia difícil. Su madre era una persona inestable y la había confiado a una nodriza; después, su abuela se hizo cargo de ella. A los 13 años, al ir afirmando su personalidad y debido a sus deseos, a sus gustos en la indumentaria y a las personas que frecuentaba, comenzó a rebelarse y a enfrentarse con su abuela. Pero Vanessa era lo suficientemente madura y lúcida como para darse cuenta de que su situación material era en extremo precaria; sabía que tenía que «tragarse» sus deseos, no tenía otra alternativa. Fue entonces cuando comenzaron las migrañas. El dolor de cabeza es como una emoción que tratamos de controlar y que finalmente nos desborda.

Algunos autores opinan que la migraña resulta de una especie de culpabilidad frente al reposo o al placer —por ejemplo, cuando se produce regularmente los fines de semana— y que las migrañas premenstruales expresan un rechazo de la condición femenina. Pero yo creo que se pueden decir las cosas de otra manera. En mi opinión, lo que desencadena ese tipo de migraña periódica es *una pérdida de ritmo*, una pérdida de la facultad de adaptación a la alternancia actividad y reposo, día y noche. Pueden producirse, por ejemplo, cuando nos implicamos demasiado en una actividad y olvidamos «respirar», es decir, descuidamos el descanso, y la actividad acaba por atenazarnos la cabeza. Una vez más, lo que está en juego es el deseo de control. La migraña del fin de semana puede expresar lo mucho que a uno le cuesta «soltar» aquello que le preocupa. En cuanto a «bajar la regla», es otra cuestión que veremos más adelante.

Antes de hablar del cerebro, me gustaría recordar la curiosa analogía que existe entre la cabeza y el bulbo de una planta o de un árbol. Entre el ser humano y el árbol existe una simetría invertida, como la imagen dada por un espejo: la cabeza es como la raíz del árbol, de donde parte el impulso vital. Las ramas del árbol exploran el espacio, que es lo que nosotros hacemos con los miembros. Anclado en sus raíces, el árbol apenas se puede mover; pero el ser humano no se mueve mucho más, pues vive arraigado en una herencia cultural de la que extrae ideas y fuerza para explorar y comprender el mundo, del mismo modo que las ramas del árbol exploran el espacio y la luz.

En la parte superior, donde se encuentra el cerebro, el ser humano se alimenta de su herencia cultural, y también de las ideas y conceptos de su tiempo, es su «tierra». En la parte inferior se encuentran situados los orificios a través de los cuales alimenta la parte material de su ser. No sólo está la boca, por la que ingiere alimento y bebe agua, sino también los orificios por los que respira, la nariz. Y en la parte intermedia se encuentran los otros dos de los cuatro sentidos situados en la cabeza, que lo alimentan de las impresiones exteriores. Receptividad externa, receptividad interna, análisis y respuesta inmediata o diferida, casi todo se concentra ahí como en una imagen de conjunto, es nuestro retrato.

El cerebro

Representación, interconexiones, síntesis y decisión
Controlar, llevar las riendas
La emoción puede más que la razón

El cerebro es un fabuloso instrumento de cuyo funcionamiento apenas conocemos una parte. Es el receptor de la información proveniente del exterior, captada por los cinco sentidos, y de la proveniente del interior, captada por las fibras sensitivas que dan cuenta del estado o función de cada órgano; es también el centro de mando, el que da órdenes a los músculos, a las palabras y a los actos, y es también el que dirige la buena marcha del conjunto de ese mecanismo tan complejo que llamamos cuerpo, aunque muchas de las acciones que realiza se hagan de un modo inconsciente y automático.

No es posible describir aquí, en pocas líneas, un instrumento tan complejo. Recordemos simplemente esto:

Visto de perfil, y haciendo un corte longitudinal, se distinguen tres partes:

El *telencéfalo*, o cerebro evolucionado, muy desarrollado en el hombre, dispuesto en numerosas circunvoluciones bajo la cavidad craneal; cada una de sus partes está especializada en el tratamiento de una función o de una zona del cuerpo. Es el cerebro cortical, el del pensamiento elaborado, el intelecto y la voluntad motriz.

El *diencéfalo* está más hacia el centro, envuelto y recubierto por el telencéfalo. El diencéfalo es, en cierta forma, el «corazón» del cerebro, está en relación directa con las emociones y, por medio de la hipófisis, también lo está con el equilibrio hormonal general. Es el cerebro límbico, relacionado con las emociones. En esa parte central se encuentran también los ventrículos, cavidades por las que circula el líquido cefalorraquídeo. El más importante de ellos es como un lago interior que une dos glándulas primordiales, como veremos más adelante, la pineal y la hipófisis. La presencia de esa estructura vacía en la parte más íntima del cerebro seguramente no es anodina, tal vez es ahí donde tiene lugar una alquimia sutil entre el lado interior de nuestro ser (la glándula pineal) y su expresión exterior (la hipófisis), esa vacuidad tan bien protegida es nuestro «lago interior», que probablemente desempeña un papel fundamental en la percepción espiritual. El tercer ojo, el ojo de la percepción interior, se despierta, según la tradición, cuando se establece un vínculo perfecto entre la glándula pineal y la hipófisis. Precisaré esta idea en el capítulo dedicado a las glándulas endocrinas.

Por último, el *tronco cerebral*, con el *mesencéfalo*, está situado en la parte trasera. Es el cerebro «reptiliano», el de los automatismos neurovegetativos, la sede de las reacciones inconscientes y automáticas que nos permiten realizar todas las funciones que desarrollamos sin intervención de la consciencia, por ejemplo, la respiración.

Visto de frente, el cerebro es como una nuez,[2] con dos hemisferios, derecho e izquierdo, unidos por una especie de puente llamado cuerpo calloso.

El cerebro derecho sería el lado intuitivo y el izquierdo el racional; unidos por el cuerpo calloso, parecen llamados a funcionar conjuntamente. Ésta es una cuestión que tiene que ver con la simetría del organismo y la complementariedad de los dos aspectos de la naturaleza humana; el médico, sin ir más lejos, cuando procura a diario que tanto el diagnóstico como el remedio que elige estén a medio camino entre la razón y la intuición, establece un diálogo sutil entre sus dos hemisferios, un diálogo interior que no podría ser sustituido ni por el más potente programa informático ni por la más florida secuencia de razonamientos. Encontramos de nuevo la complementariedad en la paradoja de las lateralidades, pues el cerebro derecho, intuitivo, femenino, gobierna la parte izquierda del cuerpo, relacionada con el elemento masculino, como hemos visto.

Como la piel, el cerebro proviene del ectodermo. La piel simboliza la envoltura, la protección, pero también la receptividad, el contacto. Sin embargo, el tejido cerebral, a diferencia de la piel, está protegido del mundo exterior por un grueso caparazón y un colchón líquido que amortigua los golpes. Si la piel se ha especializado en la receptividad exterior, el cerebro lo ha hecho en la interior: receptividad a los estímulos sensitivos, aunque también, ¿por qué no?, a las ideas. ¿No han com-

---

2. Edward Bach proponía la **flor de nogal** a los enfermos demasiado influenciables y receptivos para ayudarles a «tomar de nuevo las riendas» de su propia vida en circunstancias exteriores turbulentas o en cambios de vida con pérdida de puntos de referencia, etc. Curiosamente, esta flor resulta interesante en los traumatismos craneales, cuando el enfermo tiene la sensación de no ser él mismo, de «no encontrarse bien dentro de su cabeza»... como ocurre con la piel, cuando ha perdido el sentimiento de estar protegido y tiene vértigos y otras sensaciones extrañas que le inquietan profundamente.

parado algunos autores el cerebro con una estación emisora-receptora? ¿Cómo se forman el pensamiento y las emociones? ¿Mediante qué mecanismo? Es un misterio. La relación del cerebro con el cuerpo es la misma que la que tienen los símbolos y el lenguaje con la realidad: es una *representación*. El poder del ser humano sobre la materia estriba en su capacidad para tratar los problemas que encuentra en la realidad *transponiéndolos a un lenguaje*, ya sea matemático o de otro tipo.

En cuanto a las emociones, aunque hoy en día se ha podido identificar «la» molécula de la agresividad, nadie puede decir cómo se forma, ni si es ella la causa de la agresividad o un simple soporte físico, material, de una emoción inmaterial.

En mi opinión no hay separación entre el plano físico —celular, molecular— y los planos sutiles de la emoción y del pensamiento. Ambos reaccionan de forma sincronizada, como un fenómeno de resonancia en el que todos los planos se ven implicados *al mismo tiempo*. Y cuando los biólogos identifican la molécula de la agresividad, nada nos dice que en ella esté su origen; podría ser un simple *testigo* físico, materializado, que se forma mediante un mecanismo análogo al que he mencionado en la introducción al hablar del estafilococo y de la cólera.

A partir de todo esto, ¿qué sentido tienen algunas enfermedades que afectan al cerebro? ¿Cómo podemos comprenderlas?

Casi todo lo que se ha dicho a propósito de la cabeza vamos a encontrarlo aquí de nuevo: el cerebro nos permite *conservar el mando* y mantener la «cabeza fría» en las situaciones que van surgiendo en nuestra vida gracias a que *guardamos las distancias*, lo que nos lleva a relativizar las cosas. Las diversas situaciones se transforman en *información* y se tratan mediante un determinado *lenguaje* que conduce a interpretarlas en función de lo que se recuerda de acontecimientos pasados, es decir, de lo conocido.

El lenguaje es el de nuestros padres, que nos enseñaron a ponerle una palabra a cada cosa y a utilizar muchísimas metáforas.

Por ejemplo, de algo repugnante nos dijeron que era «caca». Desde temprana edad aprendemos a descubrir las cosas y a referirnos a ellas a través de metáforas.

Y la ausencia de lenguaje puede crear un «agujero» problemático.

Kevin tenía dos meses cuando, estando en brazos de su abuela durante una reunión familiar, lo picó una avispa. Los gritos provocados por el intenso dolor dejaron aturdida a toda la familia, que no sabía qué hacer, pues la picadura no se veía y nadie comprendía *ni podía decir qué pasaba*. En el cerebro de Kevin se estableció entonces una relación entre la picadura de una avispa y un dolor insoportable, junto a una angustia intensa frente a ese algo desconocido que inquietaba su entorno familiar y de lo que nadie podía decir nada. Desde entonces padece una grave alergia a tales picaduras, pues cada una de ellas le hace revivir una angustia casi mortal, con una reacción neurovegetativa intensa: palidez, sudores fríos, síncope, etc. Tal vez no le ocurriría nada de eso si, en el momento del accidente, su padre o su madre hubiera visto la picadura y con voz tranquilizadora le hubiera *dicho lo que ocurría*: «No es nada, es sólo una avispa; hace daño pero se te pasará enseguida».

Cuando se dice que hay que «mantener la cabeza fría», se está expresando con claridad que es necesario distinguir entre la emoción y el pensamiento. Numerosos problemas cerebrales son, de hecho, problemas vasculares, que traducen las interferencias de la vida emocional en la vida mental. El tejido cerebral es un tejido «frío», que apenas se renueva: un nervio dañado tarda muchísimo tiempo en recuperarse. La interferencia del calor emocional en un tejido tan protegido, que se traduce por diversas inflamaciones o lesiones «calientes», es la prueba de que existe un conflicto entre la razón y la emoción, con pérdida de control, es decir, de las riendas. Los delirios provocados por algunas plantas solanáceas tóxicas, como la belladonna, la datura, etc., son un ejemplo de ello.

Según Geerd Hamer,[3] en el cerebro, centro de mando, se reflejan como en un espejo determinadas lesiones orgánicas. Aunque sus ideas originales y tajantes han provocado numerosas polémicas, lo cierto es que este médico ha puesto en evidencia la aparición de edemas muy pequeños —focos claramente visibles en un escáner cerebral— en el caso de tumores malignos que aparecen en el cuerpo, en lugares muy distantes del propio cerebro. Llevar las riendas es también conservar la *autonomía*, mantener el *control sobre la propia vida*. Un enfermo paralizado como consecuencia de un accidente vascular cerebral pierde el control de sus gestos, de su autonomía y de su vida, lo mismo que un epiléptico es incapaz de evitar que sus crisis se repitan una y otra vez.

La **epilepsia** viene a expresar la pérdida de control de los mandos, en particular la epilepsia generalizada, cuando hay convulsiones y pérdida de conocimiento. Existen numerosas formas de epilepsia y no todas dan ese cuadro espectacular convulsivo con pérdida de conocimiento; en muchas de ellas las crisis consisten en unas ausencias de unos pocos segundos, en pequeñas convulsiones locales o en reacciones neurovegetativas. Las crisis generalizadas, que a veces no tienen causa conocida,

3. Geerd Hamer, *La loi d'Airain*, Éd. ASAC. No comparto en absoluto su manera tajante y simplista de ver las cosas relativas al cáncer. Pero, en ciertos casos, he podido comprobar la realidad de la correlación clínica de la que él habla entre la naturaleza del conflicto —el estrés— y su localización en el cuerpo, como también he podido observar la presencia de pequeños edemas cerebrales, testigos de lo que pasa a distancia: un tumor en un pecho produce con frecuencia un edema localizado en el cerebro, detectable al ojo atento; todo eso merecería una verificación más profunda. El problema en la teoría de Geerd Hamer es que, según él, la aparición del edema es la prueba del comienzo de un proceso de «sanación» del conflicto, lo que le lleva a retirarle al paciente todo tipo de tratamiento, aunque resulte evidente el empeoramiento de su situación. ¡La más seductora de las teorías debe tener en cuenta los hechos! Probablemente la presencia de ese edema no significa «sanación», sino «lucha», en la cual el desenlace es incierto.

son con frecuencia la secuela de una encefalitis o de algún traumatismo craneal, y a veces del alcoholismo, lo que origina una *cicatriz* en el tejido nervioso que se «despierta» en ciertas ocasiones, como cuando se roza una cicatriz de la piel.

Cuando la epilepsia es una secuela de este tipo, comprender el sentido de la enfermedad que provocó la cicatriz podría ayudar a conocer la razón por la que se producen las crisis. Si es cierto que las enfermedades graves de la infancia —como los accidentes que provocan un fuerte traumatismo craneal— parecen a veces suicidios inconscientes que ponen en entredicho el *deseo de vivir*, no es menos cierto que la sanación muestra la superación de la prueba: el niño ha elegido vivir. Pero hay que ayudarle, porque el hecho de que las crisis se repitan indica que la cicatriz no está completamente cerrada.

Comprender la cicatriz...

También aquí, para comprender hay que observar lo que ocurre. ¿Qué hace el epiléptico durante las crisis? Se *debate* como si estuviera atrapado entre dos emociones contradictorias. Es como si, por un lado, sintiera angustia y, por otro, una especie de cólera; con frecuencia, la angustia encubre la cólera, una cólera a la que se le da la espalda para no verla. La angustia y la cólera suelen estar ligadas, son como las dos caras de una misma moneda. Le propongo considerarlas una tras otra para comprender mejor el conjunto:

—Con mucha frecuencia las crisis están precedidas por una *angustia* fugaz e intensa, tan intensa que eclipsa la consciencia. La angustia puede ser una reacción normal de temor ante la inminencia de la crisis que se cree percibir, por supuesto, pero es probable que ese temor sea precisamente la *causa* de la crisis. En efecto, las crisis epilépticas se producen en situaciones de miedo y sobrevienen en períodos en los que uno tiene la sensación de *perder el control* de la propia vida. Se ve sobre todo en circunstancias de vida estresantes, con agotamiento por cansancio cerebral excesivo, falta de sueño y temor de no poder con todo, algo que la crisis viene a confirmar. Conocer el diagnóstico no arregla las cosas, pero recuerde que *lo importante no es el nombre de la enfermedad, sino lo que queremos decirnos por medio de ella.* ¿Qué viene a decirnos esa angustia que nos hace perder la consciencia?

Lo que ocurre en el cerebro es algo así como un «crack» bursátil. Cuando un viento de pánico recorre el planeta, los pequeños inversores sienten que pueden *perder el control* de la situación, y todo el mundo trata de vender *al mismo tiempo.* (La humanidad, tanto a título individual como colectivo, debe muchos de sus sufrimientos a sus reacciones de temor.) Con las neuronas ocurre algo así; se descargan todas al mismo tiempo, pero de un modo irregular, lo que da al electroencefalograma el aspecto característico de una descarga simultánea del conjunto de células nerviosas. La epilepsia es como un viento de pánico que arrasa todo a su paso, incluso la consciencia, dejándole a uno completamente derrotado. También encontramos esa respuesta exagerada en otras manifestaciones corporales como en las reacciones alérgicas graves o el impacto del nervio vago. Uno tiene miedo y se protege. Y la protección, en este caso, lleva a perder la consciencia.

Protegerse... En griego, *epilepsia* significa «interceptar, atrapar» y el enfermo, a través de la brecha abierta, es atrapado —*al mismo tiempo que atrapa*— por el vértigo de una realidad que le hace perder el contacto con ella. Lo que el inversor percibe en medio del pánico es que su dinero no vale nada; su valor reposa en una *confianza solidaria*, y la pérdida de confianza entraña el vacío absoluto. Toda nuestra vida social reposa en el respeto a las leyes y a las convenciones, que serían muy frágiles si no se apoyaran en la confianza. Por desgracia, vemos en todo el mundo la locura que puede generar la pérdida de confianza; después viene la desconfianza, preludio del rechazo o el odio... ¿Para qué seguir?

Las dificultades que padece el epiléptico se encuentran precisamente en su relación con los demás, en su vida social. Y, para comprenderlo, habrá que buscar la clave en la *cicatriz* de la que he hablado. Para entender el proceso, recordemos que el tejido nervioso y la piel tienen el mismo origen embrionario. Pues bien, la piel es *a la vez protección y relación*; la mayor parte de los enfermos que tienen problemas en la piel padecen dificultades de contacto y cierta *ambivalencia* en sus relaciones con los demás. Esa misma ambivalencia en las relaciones aparece en las crisis del epiléptico, cuando se *debate* como si estuviera atrapado entre dos fuerzas, entre dos emociones contradictorias.[4]

—Pero detrás de la angustia puede ocultarse la cólera. No sólo se debate uno entre dos emociones, se debate también porque se considera metido en una trampa. Además de las convulsiones, en las crisis epilépticas aparecen con frecuencia otros dos síntomas. Uno de ellos es la mordedura de la lengua, que hace pensar tanto en la impotencia que uno siente para participar en determinada situación como en el hecho de tener que tragarse las palabras, «morderse la lengua», literalmente. El otro síntoma al que hago referencia es la incontinencia urinaria, que tiene aquí un sentido análogo al de la enuresis: es como un exceso de emoción que desborda. El niño que se orina por la noche suele sentir una mezcla de miedo y rebeldía frente a la autoridad. *Las crisis epilépticas*, vistas bajo el ángulo de la cólera, *podrían considerarse como un acto de rebeldía frente a una contradicción intolerable o frente a una situación que uno no puede controlar y en la que se siente atrapado, prisionero, o en la que no acaba de encontrar su lugar.*

4. Otra imagen de eso mismo es el empeoramiento que con frecuencia sufren los enfermos epilépticos durante la luna llena, fase en la que también las personas con sensibilidad psíquica desarrollada notan que su percepción es mayor. Por un lado está la luna; por otro, el sol, en exacta oposición, como dos «instancias» entre las que uno no sabe dónde situarse. Esto es una imagen, desde luego, pero da idea de *la dificultad* que a menudo tienen esos enfermos *para situarse, para encontrar su lugar.* Cuando se escucha a un epiléptico, tiene uno la sensación de que «no está en sí mismo», como si no hubiera encontrado su sitio, ni en su cuerpo, ni en su familia, lo que podría considerarse como resultado de la enfermedad... a menos que fuera la causa.

Marcelle, una maestra de 47 años, padecía crisis epilépticas desde hacía algunos años; se producían sólo por la noche, mientras ella dormía. La tarde que precedía a una crisis, sentía cierta crispación en la mandíbula (como ganas de morder) y calambres en los dedos de los pies (los dedos de los pies nos sirven para avanzar por el mundo «social» con flexibilidad y adaptación, y hablan asimismo de las convicciones respecto a las que uno puede crisparse). Sus crisis habían estado precedidas de sonambulismo e iban acompañadas de trastornos digestivos (las cosas que se digieren mal). Según su marido —único testigo de las crisis puesto que sólo se producían durante el sueño—, antes de que se desencadenara cualquiera de ellas, Marcelle parecía vivir una pesadilla y a menudo hablaba mientras dormía, y, aunque lo hacía de modo ininteligible, era «como si arreglara las cuentas del día».

Cuando le pedí que me hablara de lo que soñaba, me dijo: «Sueño que no llego a realizar algo; son pequeñas cosas cotidianas, y lucho, me debato por conseguirlo. Yo soy perfeccionista, me gusta mi profesión y el contacto con los niños, pero las condiciones de trabajo son cada vez peores; es la incoherencia más absoluta, me pregunto adónde iremos a parar».

Marcelle había tenido una infancia difícil, muy dolorosa, y realizaba su trabajo como maestra con mucha convicción, era para ella una vocación profunda. Haciendo sin duda referencia a su propia infancia, ella decía: «Hay que darles una oportunidad a esos niños», y después, tras un silencio, añadía: «Son nuestra oportunidad». Marcelle era una mujer perfeccionista y con gran tendencia a controlar su vida. Respecto a su marco de trabajo, agregó: «Me siento por completo prisionera del sistema, no veo salida. Mi marido me dice que, durante las crisis, avanzo los brazos como para rechazar alguna cosa. Sí, es eso, rechazo algo».

Sus crisis aparecieron por primera vez al llegar la menopausia, que es una fase de la vida en la que se hace una «pausa», precisamente, un momento en el que se hace balance...

Aunque las crisis se parecen, cada enfermo tiene su particular manera de «hacer» su crisis, sea en la crisis misma o en las manifestaciones que la preceden. Hay que observar todos los detalles para entender lo que ocurre en realidad, pues son indicios que ayudan al enfermo a comprender lo que trata de decirse a través de su enfermedad. Aparte de las «llaves maestras», cada uno tiene su propia «llave personal».

Los temas que se plantea el enfermo epiléptico son cuestiones esenciales; pocas enfermedades afectan de modo tan intenso a la profunda dualidad del ser humano. Las crisis epilépticas resultan a veces de un sentimiento mezcla de amor y odio, como cuando uno se siente dependiente de una relación pero rechaza ese sentimiento con todas sus fuerzas, intenta controlarlo y se debate frente a él porque en el mal está implicada su identidad. El enfermo epiléptico no tiene que luchar contra sí mismo; lo que ha de hacer es descubrirse, aceptarse y, una vez hallada la *verdad* de su ser, tratar de *encontrar su lugar* en la relación.

La médula, los nervios

Los **nervios motores**, encaminándose desde el cerebro hasta los músculos a lo largo de la médula espinal, traducen los pensamientos a la realidad; así **nos permiten dirigir las situaciones y responder a ellas**

«¿Qué es lo que me paraliza?» Es una pregunta que uno podría hacerse cuando se ve afectado por una parálisis, como en el caso de la **mielitis** o de la **esclerosis en placas**. Es cierto que hay una lesión de los nervios que, por desgracia, no es una realidad psicológica sino palpable. Pero no nos dejemos desorientar por esa realidad y tratemos de comprender lo que ocurre. La mayor parte de los accesos de la esclerosis en placas se producen tras un período de estrés, y tal vez no sea por casualidad. Es posible incluso que, a pesar de la realidad física de la enfermedad, de la lesión de los nervios, el psiquismo tenga mucho que ver en todo esto.

Muchas de las personas que padecen esta enfermedad tienen la sensación de estar acorraladas, no por la enfermedad en sí, lo que sería lógico, sino por el entorno familiar o por las circunstancias de su vida, y la tortura o la parálisis no hacen sino *plasmar* la realidad de esa sensación. Se tiene la impresión de que no es posible avanzar más, de que no se pueden tomar decisiones respecto de la propia vida porque las circunstancias se imponen; esto genera un sentimiento de impotencia y, al mismo tiempo, de cólera hacia la vida, cólera que se vuelve contra uno mismo y destruye a la persona. De modo análogo, el hecho de que se vean afectados los nervios sensitivos hace pensar en que hay algo que se logra experimentar de manera adecuada.

Mariette vivió esa cólera furiosa contra su hermano un día en que se reunieron para hacer el inventario de la herencia. Ella padecía esclerosis en placas desde hacía un año y, aunque la enfermedad parecía haberse estabilizado, con motivo de aquel encuentro, del que paso a relatar los detalles, sufrió una recaída. Su madre, una señora de edad avanzada y ciega, vivía sola en una gran propiedad que albergaba muchos tesoros de familia y deseaba terminar allí sus días. Pero los hijos —uno de ellos, Mariette— acordaron ingresarla en un centro en el que pudiera recibir asistencia médica porque ellos vivían muy lejos y no hubieran podido intervenir en caso de necesitar una hospitalización urgente. Pese a las reticencias iniciales de la madre, todo quedó acordado al encontrar un comprador para la casa familiar. Antes de firmar la escritura, los hijos organizaron una reunión de familia en la propiedad para verse, porque hacía mucho tiempo que no se reunían y, además, para evaluar todos aquellos tesoros cargados de historia y estudiar qué hacer con ellos, con toda la ambigüedad que comportaba semejante situación. «Yo esperaba al hijo de mi madre —me dijo Mariette refiriéndose a su hermano— y no a un empresario que viniera con su secretaria, encargada de hacer el inventario y de evaluar cada objeto. Él nunca se ocupó de mi madre, ella se ha pasado la vida esperándolo en vano. Se desentendió de todo. Y aquel día estalló el conflicto. Yo me puse furiosa, era mucho más que cólera, era auténtica *furia*. Nos enfadamos definitivamente, *no lo puedo ver* y desde luego *no seré yo quien dé el primer paso*.»

Al día siguiente había perdido la visión de un ojo y se había quedado paralítica...

A propósito de la esclerosis en placas quisiera hacer una observación dirigida en particular a mis colegas médicos. Tradicionalmente se oponen las enfermedades funcionales, sin soporte físico, a las enfermedades llamadas orgánicas, es decir, aquéllas en las que hay una lesión. Pero a mí no me parece justificada esa oposición, pues muchos de mis pacientes que padecen esclerosis en placas tuvieron en el pasado una espasmofilia probada, y el paso de una a otra se hizo paulatinamente, sin frontera bien definida. Creo que *no hay oposición* en la manera en que nos decimos las cosas por medio del cuerpo, *sino transición*.

Los cabellos

Vitalidad (Sansón y Dalila), **fuerza**
Seducción, apariencia, encanto y belleza
Personalidad, identidad-imagen, pertenencia a un grupo
Persuasión, capacidad para hacer valer las propias ideas (cabeza)
Preocupación, ansiedad (encanecer)

El pelo simboliza vitalidad, fuerza física y virilidad en el hombre; seducción y poder de atracción en la mujer. Si a una persona le cortan el pelo al cero, es posible que lo viva como una castración simbólica (por ejemplo, los jóvenes reclutas...). En los mitos, la calvicie completa evoca la improductividad de la materia cuando carece del poder generador divino.

A menudo se utiliza la cabellera como signo de pertenencia

a un grupo (como los adolescentes con el pelo teñido de colores fluorescentes). El modo de peinarse es una forma de identificarse, y es también un elemento de la *persona* que refleja la actitud del individuo frente a su imagen y a su poder de seducción. Por ejemplo, una mujer puritana peinará de preferencia sus cabellos hacia atrás, tirantes y bien sujetos, lo que refleja la actitud que tiene frente a sus instintos, ¡pero no saque conclusiones apresuradas! Los cabellos y el vello simbolizan nuestra naturaleza animal.

El temor a perder ese símbolo de vida y de seducción durante un tratamiento de quimioterapia es la principal causa de ansiedad y de rechazo del tratamiento por parte de muchos pacientes.

Claudia Rainville dice que los cabellos representan a la vez la belleza, la fuerza y el poder de decisión y de persuasión. Y añade: «En general, cuanta más vitalidad tiene una persona, tanto más abundantes son sus cabellos y más rápidamente le crecen». La pérdida del cabello puede estar ligada a fuertes tensiones emocionales acompañadas de ansiedad, cuando uno tiene motivos para «arrancarse los pelos».

En cuanto al cabello graso y la caspa, resultarían del sentimiento de que nadie tiene en cuenta nuestras ideas. El pelo graso se ve a menudo en personas que reflexionan mucho, como los estudiantes o los que rumian sus ideas.

La **psoriasis**, el **eccema** y la **caspa**, cuando conciernen al «jefe», es decir, a la cabeza, suelen expresar la contrariedad que uno vive al ver cuestionada su capacidad de mando, o al no ver reconocidas y aceptadas sus ideas, y eso pica.

La **calvicie** en el hombre podría interpretarse como una manera franca y decidida de optar por su propio sexo, de marcar su sexualidad por una clara virilidad que da la espalda a la belleza y a la emoción de una cabellera femenina. Aporta al conjunto un aspecto «testarudo», decidido, «cabezón», como una bola. Aunque, a veces, también puede aparecer de pronto como consecuencia de un miedo profundo, como en la **alope-**

cia total. Una alopecia que nos deja calvos por completo es como si nos dejara desnudos, transparentes, y traduce a menudo un sentimiento de profunda inseguridad y de pérdida de protección.

Damien, un joven de 34 años, se había quedado completamente calvo cuando tenía 9 o 10. En aquella época vivió hundido en un miedo profundo y sin ningún apoyo durante mucho tiempo. Todos sus compañeros de clase le habían tomado tirria, y el maestro también. Cuando volvía a casa con castigos y malas notas, su padre le pegaba y le reñía con aspereza a la menor ocasión. Un día fue acusado en la escuela de un robo que no había cometido, y no se atrevía a volver a casa. Poco tiempo después perdió todo el sistema piloso: el cabello, las cejas y todo el vello. Ante tantas agresiones, acabó sintiéndose entregado a la vergüenza pública sin ninguna protección, es decir, *à poil!*.[5] El cabello, el sistema piloso en general, no sólo sirve de adorno sino también de protección. En acupuntura china, donde se considera que existe un vínculo entre el pelo y los riñones, este hecho se interpretaría en el sentido de que los riñones habían sido profundamente dañados a causa del miedo. El camino de la comprensión es diferente, pero las conclusiones son las mismas.

EL ROSTRO

La relación con el mundo

La imagen de uno mismo en la relación con los demás (lo que se deja ver o lo que no se puede esconder: en el rostro, a partir de sus asimetrías, aparecen combinadas la imagen personal y la identidad, la apariencia y la realidad).

5. Literalmente: «A pelo». Significa: «En cueros». *(N. de la t.)*

En el rostro se encuentran reunidas multitud de percepciones y funciones; el rostro es también la «máscara», la imagen personal, la apariencia, la identidad.

Cuatro de los cinco sentidos se encuentran exclusivamente en la cara: la vista, el olfato, el gusto y el oído. Una parte del quinto sentido también se encuentra en ella, pues el tacto está tan desarrollado en las mejillas que incluso se ha podido desarrollar con éxito una técnica de percepción de las temperaturas aplicable a personas ciegas. Así que debemos subrayar que el rostro es el lugar de casi todas nuestras percepciones del mundo exterior.

Sin contar con que es también la zona de mayor receptividad, pues no olvidemos que es el lugar del cuerpo por el que *absorbemos* la energía (el aire, el alimento y la bebida).

El rostro no sólo recibe, también expresa multitud de sentimientos: con finura y delicadeza a través de la mirada y de los gestos (basta recordar aquí la interpretación de los actores) y, además, con la palabra y el aliento.

Existe una ciencia, la morfopsicología, que se ocupa de describir la relación que existe entre el psiquismo y los rasgos de la cara. Haré una breve alusión a ello más adelante.

El rostro es pues el lugar más importante en lo que concierne a nuestra relación con el mundo exterior: lo que recibimos, lo que emitimos o expresamos y la imagen de nosotros mismos que dejamos ver: todo ello aparece en el semblante. En una palabra, el rostro es nuestro «carné de identidad».

La imagen personal. La propia identidad

Así pues, la cara representa la «máscara», la imagen personal, la apariencia, lo que uno presenta de sí mismo al mundo, así como representa la imagen que el mundo nos devuelve de nosotros a través del espejo, aunque invertida. Las afecciones del rostro, como el **acné**, el eccema, etc., hablan de las dificultades o incertidumbres que tiene una persona respecto de su *identidad.* No es por casualidad si el acné se manifiesta en la pubertad, haciéndonos entrar en la edad adulta con la necesidad de afirmar nuestra personalidad.

La asimetría del rostro habla de toda esa complejidad del juego del espejo, de la complejidad de nuestros «complejos» en las relaciones con los demás, de ese juego entre lo que creemos ser, lo que dejamos ver y la imagen que los demás nos devuelven de nosotros mismos. Se puede estudiar y analizar la asimetría del rostro a través de la simbología de las lateralidades y definir así las polaridades masculina/femenina, receptiva/expresiva, pasada/futura, etc., pero no insistiré en ello porque mi objetivo ahora no es hablar de morfopsicología sino de lo que significan para nosotros las enfermedades que afectan a la cara. Resumiendo, el rostro presenta una *síntesis* de nuestra personalidad, es nuestro retrato.

Para Annick de Souzenelle el rostro simboliza la unión de la polaridad masculina/femenina: el conjunto formado por las orejas, el maxilar inferior y la boca evocaría los ovarios, las trompas y el útero, mientras que el conjunto ojos/nariz evocaría los testículos y el pene. Por otra parte, son numerosos los autores que opinan que existe cierta relación entre la nariz y la sexualidad. Annick de Souzenelle habla también de la correspondencia que existe entre los órganos y otras zonas del cuerpo con las diversas partes de la cara: la columna vertebral con la nariz, la pelvis con el cráneo, los riñones con las orejas, etc. De hecho, una de las asombrosas particularidades del cuerpo humano, es que en cada órgano podrían encontrarse las huellas de todo el conjunto.

Por ejemplo, en el iris se encuentra reflejado todo el cuerpo humano, de manera que realizando un análisis atento y minucioso del iris con una lupa apropiada se puede detectar si hay algún órgano afectado, como describe la ciencia llamada iridología. El cuerpo también se encuentra reflejado en la oreja, lo que ha dado origen a la auriculoterapia, ciencia que permite no sólo diagnosticar sino tratar, en cierta medida, el órgano representado en la oreja. También se encuentra reflejado en el pie. Etc.

En realidad, los órganos y las células funcionan como la familia humana. Cada uno tiene su especialidad, su trabajo que hacer, pero todos están al corriente de lo que pasa en el otro extremo del planeta, y lo que afecta a uno de ellos afecta sutilmente al conjunto.

Este hecho comienza a ser conocido por la medicina a medida que vamos siendo conscientes, cada vez más, de lo que ocurre en la vida colectiva a escala planetaria. Es decir, que a través de los mecanismos económicos y ecológicos empezamos a darnos cuenta de que la solidaridad no es una idea sentimental respecto a la que podemos tener una actitud de participación o de rechazo, sino una *realidad física concreta* que podríamos llamar «interdependencia». Lo mismo ocurre en el cuerpo humano: cada célula lleva a cabo su trabajo, pero es *posible* que sea sutilmente informada de lo que pasa en el otro extremo del cuerpo a través de mecanismos humorales (es decir, de los líquidos del cuerpo) o químicos, o también vibratorios, no reconocidos todavía.

He insistido en este punto por dos razones:

En primer lugar, porque parece existir *simultaneidad* entre el momento en que un órgano resulta dañado y la modificación del iris, del campo eléctrico del pabellón auricular y el de la planta del pie.

En segundo lugar, porque esta observación permite comprender que las cosas pueden «decirse» tanto a través del representante del órgano como del órgano mismo. El lugar donde aparece una lesión en la piel no es indiferente, y el conocer los meridianos de acupuntura resulta de gran ayuda para establecer esas relaciones sutiles. Sin duda no es el único medio del que disponemos, pero en el momento actual es el más preciso. Algunos terapeutas son auténticos expertos en el arte de establecer estas relaciones sutiles y dar un diagnóstico global.

Las expresiones populares traen a la mente diversos aspectos del rostro:

—Como lugar de identidad, como digo, es nuestro «carné de identidad», y de defensa a la vez, como cuando uno se siente incómodo porque «alguien ha clavado en él su mirada» o cuando se cubre el rostro al salir de un juzgado...

—Como lugar o sede de la voluntad: «dar la cara», «hacer frente», etc.

—Como lugar de expresión: «poner buena cara», «tener cara de palo», «estar con la sonrisa en los labios», etc.

Es lo que se quiere mostrar y ocultar a la vez, como cuando, por ejemplo, uno enrojece de emoción. Es un lugar que intentamos dominar, controlar, como en una pose de foto. Es también lo que se deja ver, a través de la morfopsicología.

Numerosas obras tratan de esta cuestión, de la que no doy aquí más que una visión de conjunto muy superficial.

El rostro se compone de tres pisos: la *frente* representa la naturaleza intelectual, la *zona media* (entre los ojos y la boca) evoca la naturaleza emocional, y *las mandíbulas y el mentón* muestran la voluntad, la decisión o incluso la obstinación.

El predominio de la región frontal indica que se trata de un ser intelectual, más bien un visionario, conceptual, pero que puede carecer de voluntad para concretar sus ideas. La morfología de la frente manifiesta también la manera de utilizar el pensamiento que uno tiene. Como recuerda Claudia Rainville, una frente cuadrada denotará un espíritu lógico, una frente redonda evocará una persona intuitiva, imaginativa, y una frente ligeramente oblicua sugiere audacia e ideas originales.

El predominio de la zona media indica que se trata de una persona sentimental, sensible al sufrimiento de sus semejantes, y también que posee cualidades artísticas.

Por último, cuando predominan el *mentón* o las mandíbulas, se trata de personas de fuerte voluntad, prácticas, cartesianas, que avanzan por la vida con determinación, algo así como una excavadora incluso «apretando los dientes».

Según Ohashi,[6] las **arrugas** reflejan la manera en que uno invierte su energía psíquica. Una sola arruga ininterrumpida traduce unidad de pensamiento y de objetivo, así como buena energía y buena salud. Varias arrugas ininterrumpidas evocarían diversidad de intereses y una salud más bien débil. En cuanto a las arrugas fragmentadas, traducen falta de constancia, dispersión de energía y, por lo mismo, una salud variable. Ohashi va más lejos al analizar lo que él llama las «tres arrugas arquetípicas» de la frente: la superior, en relación con el pensamiento y la espiritualidad; la intermedia, que representa al ego, la personalidad; y la inferior, que representa la tierra, la relación con la materia y el aspecto práctico de la vida. Para él, la interrupción de una de esas líneas indica que el individuo vive una dificultad en el plano correspondiente. Por último, dos arrugas verticales acentuadas entre los ojos traducen una tensión excesiva, tendencia a la cólera, a la impaciencia y a los problemas de hígado (esta descripción corresponde en homeopatía a **Nux Vomica**); tres arrugas verticales en ese mismo lugar indican en el sujeto cólera excesiva y agresividad, con tendencia a las imprudencias y a los accidentes.

Las cejas, cuando están muy próximas hasta casi estar unidas en el entrecejo, hablan de una personalidad que tiene determinación y fuerza de voluntad. Por el contrario, las cejas separadas hablan de personas sensibles, más bien inestables, sobre todo en sus relaciones afectivas, que poseen imaginación y un sentido artístico bastante desarrollado. Unas cejas espesas reflejan un ser de fuerte constitución. Etc.

Menciono estas observaciones sólo a título de ejemplo para subrayar los diversos análisis que pueden hacerse del semblante y que permiten desvelar una parte de nuestra personalidad.

6. Ohashi, Wataru, *Comprendre le langage du corps*. Éd. Trédaniel, París, 1997.

La relación

El rostro es también el *punto de contacto con el mundo exterior* gracias a las numerosas percepciones y funciones que tienen lugar en él. En él se encuentran los cinco sentidos y por él absorbemos la energía del mundo exterior.

La cabeza nos relaciona con las ideas; la cara expresa esta relación con los otros y con la imagen de nosotros mismos que nos devuelve el espejo; los pies nos relacionan con el suelo, con el mundo exterior. La relación establecida «a través de los pies» se inscribe en una dinámica hacia los demás, hacia el mundo exterior; en cambio, la relación establecida «a través de la cara» se inscribe más bien en un juego complejo de identificaciones y posicionamientos frente a los demás y a la propia imagen.

Cuando uno queda en entredicho en una relación conflictiva, cuando ve que su imagen —o más bien la imagen que tiene y que da de sí mismo— es puesta en tela de juicio, recibe un «latigazo en plena cara». Las alteraciones del rostro, lo mismo que las lesiones de la piel, pueden traducir el sentimiento de haber sido herido en la propia imagen.

Los **accidentes** de circulación con lesiones en la cara son como un profundo cuestionamiento de nuestra imagen personal y de la manera de entregarnos a la vida; también puede ser la ocasión de centrar la vida en las relaciones esenciales. A pesar de la dificultad moral de asumir semejante situación, el desapego de la propia imagen que de ello resulta confiere a veces una gran fuerza interior y la oportunidad de orientar la vida de manera más positiva.

Estoy pensando ahora en una amiga, a la que tengo en gran estima, que fue víctima de un grave accidente de coche que le causó múltiples lesiones en el rostro. Su «imagen personal», la que hasta entonces había tenido, quedó seriamente dañada; pero ella supo aceptarlo y remontó la prueba con mucho valor; después, en el trabajo, vio cómo se le confiaba un puesto de alta responsabilidad que vino a coronar las convicciones de toda una vida. Hasta cierto punto, el ser humano tiene la maravillosa capacidad de sacar algo positivo de las situaciones más difíciles; cito las palabras de mi amiga como una esperanza y una fuerza de vivir para todos aquéllos a quienes un accidente ha dado un vuelco a su vida: «Me dieron de lleno en la cara, en sentido literal y figurado. Antes, yo era muy impaciente y crítica cuando las personas que me rodeaban tardaban en comprender (trabajaba a menudo con personas físicamente disminuidas); pero después del accidente yo no podía expresarme, y comprendí lo que es tener la palabra encerrada en el interior de uno mismo. En el momento del accidente estuve entre la vida y la muerte; duró una media hora, estuve dudando de veras, tenía demasiados dolores y quería dejarme llevar, quería que todo terminara. Pero luego pensé en mi familia, en mis hijos, en mis padres, y no quería abandonarlos. Y me dije que, si volvía a la vida, estaría disponible para todo cuanto aconteciera. Estuve muy bien atendida, día y noche, y eso cuenta muchísimo, cuando se puede hablar, cuando hay alguien que te escucha. Ahora, mi vida es diferente por completo, todo es diferente. Cada mañana, cuando me despierto, me digo que estoy viva, me siento feliz simplemente por lo que será».

Cuando le pregunté cuál era su estado de ánimo antes del accidente, me respondió: «Estaba bien, era un período feliz de mi vida, me sentía querida. No comprendo la razón del accidente, ¿por qué me prohibí ser feliz? Sinceramente, no lo sé. Todo iba bien, no entiendo». Al escucharla, al considerar todo el camino que había recorrido desde entonces, pensé que tal vez para ella el accidente no había sido la «causa» —no todo lo que nos ocurre tiene necesariamente un sentido— sino que, al hacer añicos una parte de su imagen personal y social, le había dado la *ocasión* de gozar de una sutil libertad de conciencia, de una lúcida libertad de ser que las palabras no pueden definir.

La frente

La manera de afrontar, de hacer frente. Afirmación de sí

«Hacer frente», «afrontar», «verse confrontado», etc. Tenemos ahí una personalidad que se afirma. Es cierto que en morfopsicología la frente es la sede de la inteligencia, pero refleja más que eso: concentra a la vez la inteligencia, la visión y la voluntad. Para los orientales, la frente es la sede del centro *ajna*, la sede de la personalidad, que actúa como un todo integrado. Las personas que tienen muy marcadas las protuberancias de la frente o de las cejas suelen tener voluntad firme.

Anatómicamente, la frente protege la hipófisis, que es como el jefe de orquesta de las glándulas endocrinas; actúa como centro integrador y está en relación con los humores y las emociones a través del diencéfalo, situado justo encima.

La **sinusitis** puede resultar de la dificultad para «hacer frente» a algo en una situación concreta, como se ha detallado a propósito de la nariz.

Los ojos

Los ojos son **la mirada que posamos sobre las cosas**
Todas las enfermedades de los ojos ponen en tela de juicio nuestro punto de vista, nuestra manera de ver las cosas y las situaciones

Las enfermedades agudas en los ojos o los párpados (**blefaritis, conjuntivitis, queratitis**, etc.) hablan con frecuencia de una cólera que enmascara la realidad y nubla la visión de los diversos aspectos de una situación determinada: nos bloqueamos respecto de algo que no queremos ver (y que a menudo pone en entredicho nuestra autoridad, por ejemplo, cuando los demás discuten nuestro punto de vista). Los ojos hablan también de lucidez, de objetividad o de ilusión, de la capacidad que uno tiene para ver la vida y, en consecuencia, hablan también de deseos y fracasos.

Las enfermedades crónicas de los ojos nos hablan de nuestra manera de ver la vida y, a través de ello, de nuestros deseos y fracasos.

Los ojos representan la capacidad que uno tiene para enfocar la vida y ver a los demás. De hecho, las inflamaciones oculares están relacionadas con mucha frecuencia con la cólera que resulta de la dificultad que uno tiene para ver con objetividad todos los aspectos de una situación.

Las expresiones populares relacionadas con los ojos son numerosas. Veamos algunas, clasificadas por temas:

Objetividad: de una persona viva y astuta, a la que nada se le escapa, se dice que «tiene mucho ojo»; de algo que es evidente decimos que «salta a la vista». «Lo vi con mis propios ojos», etc.

Distanciamiento: no hay que seguir «a ciegas» ninguna indicación. Si se está demasiado cerca de algo, no se ve. La posición del que mira desde fuera de la escena o del microbiólogo que examina la bacteria sin tocarla nos remite a ese distanciamiento fruto del deseo de observar algo con objetividad.

Ilusión: creemos que la vista es objetiva, racional. «Si no lo veo no lo creo», aunque uno corre el riesgo de dejarse engañar por una «ilusión óptica», según la «perspectiva» en la que se coloque, y puede hacerse la ilusión de que algo que le molesta no existe: «ojos que no ven, corazón que no siente».

Autoridad: para inducirnos a obrar bien se nos dice que «Dios nos ve en todas partes» y, en el pasado de la URSS, al hacer referencia a la vigilancia oculta, se hablaba del «ojo de Moscú». Se dice de algún dictador que es un «iluminado», y que debemos «tener una visión clara de las cosas». Una «mirada intensa» penetra con autoridad. Es tal vez la autoridad la que confiere algo de visión y de conocimiento, cuando «en el país de los ciegos, el tuerto es el rey».

Dominación: a veces nos sentimos «fascinados por una mirada». Algunos animales, como la serpiente o el gato, «clavan su mirada» en la presa, y no digamos el águila, que lo domina todo con su mirada. El parpadeo frecuente en una persona traiciona su posición de debilidad. Más vale «ser todo ojos», «mirar al adversario de frente» y no «dejarse sacar los ojos». La mirada es un instrumento de dominación, de ascendencia.

Deseo: «comer con los ojos», «desnudar a alguien con la mirada», «alzar los ojos al cielo» implorando un favor, etc. El ojo es un instrumento de dualidad entre la persona y el mundo a través del distanciamiento, y también de la percepción del exterior como exterior precisamente. De esa dualidad nace el deseo, como cuando, por ejemplo, una silueta nos atrae, algo que la publicidad utiliza profusamente.

«¿Qué es lo que no quiero ver?» Una pregunta sencilla de hacer ¡pero muy difícil de responder! En el aspecto fisiológico, sabemos que hay un punto en la retina en el que no se ve nada, es justo el punto en el que incide el nervio óptico. En la vida ordinaria, lo compensamos sin darnos cuenta utilizando los dos ojos. En el aspecto psicológico, todos tenemos en la vida algún punto ciego; todos, sin excepción. Es un punto en el que no tenemos una visión objetiva, y a veces ni siquiera visión alguna. Es un punto ciego que nos lleva a tropezar no sólo con el marco de la puerta sino con nuestro entorno familiar o profesional, o con las circunstancias de la vida. Pero, paradójicamente, esa idea contiene una esperanza de curación, pues la presencia de los dos ojos nos recuerda que existen dos formas de contemplar las situaciones, aunque predomine una de ellas (tenemos un ojo director). Es lo de la moneda que he mencionado en el preámbulo. A veces, para ver con claridad una situación dolorosa, hay que cambiar de punto de vista y mirar las cosas de otra manera. Si no tuviéramos esas ocasiones de tropezar con la realidad, ¿qué nos empujaría a contemplarlas con una mirada diferente? La distancia que separa los dos ojos es apenas de unos centímetros, es decir, prácticamente el mismo punto de vista. Sin embargo, los datos que da cada ojo son analizados separadamente por cada uno de los hemisferios cerebrales. Es el mismo punto de vista, pero captado de manera diferente. He ahí el secreto de muchos sufrimientos, y de otras tantas soluciones.

Dejo ya estas consideraciones filosóficas, ampliamente evocadas en el preámbulo, para examinar ahora de manera más práctica los problemas oculares:

La visión se compone de tres elementos:

—El color, que está en relación con el sentimiento.

—La manera en que vemos las cosas, que puede ser objetiva o deformada.

—Y, por último, el relieve, que nos permite apreciar la posición de lo que vemos en el espacio, así como nuestra propia posición, nuestra distancia frente a lo observado.

1. El color, el sentimiento

El rojo nos tonifica, es el color de la pasión, de la sangre, el que hace que deseemos encarnarnos. El amarillo nos calienta, es el color solar; nos tonifica, como el rojo, pero de manera menos agresiva, más equilibrada y profunda. El verde nos apacigua, es el color de la Naturaleza. El azul nos da esperanza, es el color del cielo. Cada uno de ellos corresponde a una emoción, a un sentimiento. Todo el mundo tiene sus colores favoritos. Por mediación de los colores y las lágrimas, los ojos hablan de los sentimientos.

A Agnès, una joven de 22 años, le aparecía en el ojo derecho una **blefaroconjuntivitis** con cierta regularidad. Pareció mejorar al abandonar el domicilio familiar, pero recayó cuando, al quedarse sin trabajo, se vio obligada a volver a casa de sus padres. Era una joven de aspecto discreto y reservado, pero cuando le pregunté por las relaciones con su madre —el ojo derecho evoca un conflicto con un elemento femenino— su mirada se inflamó, literalmente, y me respondió con espontaneidad y sin reflexionar en el sentido de sus palabras: «¡No la puedo *ver*, su presencia me hace daño a la vista!». Yo repetí lo que acababa de decirme con una amplia sonrisa: «¿Su presencia le hace daño a la vista?...». Agnès me miró sorprendida, y después empezó a reír. Nunca había establecido la relación entre ambas cosas; como se tomaba a sí misma con bastante sentido del humor, siguió riendo con una risa nerviosa, después se puso a llorar, y luego a reír otra vez, como cuando se dice de alguien «que se ríe hasta las lágrimas»... En realidad, detrás de su cólera ocultaba la pena de no conseguir llevarse bien con su madre, la pena de no sentirse con ella «en su casa», aceptada y amada. Todo eso salió durante unos minutos y, al cabo de unos días, sin tratamiento, la inflamación remitió y no volvió a aparecer.

Hay una enfermedad llamada «**síndrome seco**» que hace pensar en lágrimas retenidas. Es una sequedad de las glándulas lacrimales que suele ser un síntoma aislado de una enfermedad de mayor trascendencia de naturaleza autoinmune. En esa clase de enfermedades, los anticuerpos se vuelven contra nosotros mismos y producen una reacción inflamatoria, es como si la cólera se volviera contra nosotros mismos. El síndrome seco está diciendo que uno no tiene lágrimas, tal vez porque se niega a llorar, negándose así a manifestar su emoción.

Las **inflamaciones, conjuntivitis, queratitis**, etc., pueden expresar cólera o un conflicto interno; ambas cosas vienen acompañadas de la negativa al perdón o, para decirlo con más precisión, acompañadas de la negativa a aceptar el punto de vista del otro. El perdón al que hago referencia aquí no es sólo el que procede de la magnanimidad de un alma grande; es, sencillamente, la capacidad de ponernos en el lugar del otro, de captar la realidad de su punto de vista y de comprender mejor los resortes íntimos de sus actos. Este perdón supone aceptar, al menos en parte, que se ponga en entredicho la justeza de nuestra posición.

También podría hablarse de retención de una emoción semejante a propósito del **glaucoma**. Con el fin de mantener la forma esférica del ojo, el líquido contenido en el globo ocular está sometido a una ligera presión. Si ésta aumenta, hay riesgo de glaucoma, lo que, a la larga, puede dañar la retina y el nervio óptico. Aunque no concierne de un modo directo a las glándulas lacrimales, algunos autores hablan poéticamente del glaucoma como la presión emocional «de todas las lágrimas que no se han derramado», pero yo creo que en esto hay una mayor implicación de la cólera que de la pena.

2. La forma, la deformación

La dificultad que a veces tenemos para ver con claridad una cuestión en el plano afectivo suele deberse al sentimiento de injusticia o de cólera que lo acompaña. Yo he observado que, con mucha frecuencia, existe relación entre una **inflamación ocular** y un problema de vesícula biliar, esa vesícula que habla de nuestra «amargura» (la bilis) y cuyo remedio homeopático típico, la **Celidonia**, también es llamada «la grande éclaire»,[7] porque su aplicación trata de hacer perder el apego al propio punto de vista para permitir una visión más amplia y objetiva de las cosas o del conflicto en el que está uno implicado.

Marguerite, una señora de 52 años, tenía un hijo único al que adoraba; él estaba relacionado con una joven brasileña. Tras haberse opuesto durante mucho tiempo a ese noviazgo debido a la diferencia de culturas y de nivel social, ella acabó por resignarse y transigir con la que iba a convertirse en su nuera. La joven pareja tuvo dos hijos, a los que Marguerite cuidaba en numerosas ocasiones. Un día, su hijo le pidió ayuda económi-

---

7. Es otro nombre dado en algunas regiones de Francia a la celidonia debido a que de esa planta se extrae un colirio; y también por analogía con el verbo *éclairer*, que significa «iluminar, aclarar, esclarecer». *(N. de la t.)*

ca para comprar una casa en Brasil, no para ellos, sino para la familia de su mujer. Aunque la suma solicitada no era grande en proporción a los recursos de Marguerite, ésta, aferrándose a sus principios, respondió con una categórica negativa. A partir de entonces la nuera dejó de dirigirle la palabra. Durante algún tiempo, el hijo trató en vano de suavizar la situación invitando a su madre a comer con ellos los fines de semana, en un ambiente extraño pues las dos mujeres seguían sin hablarse. Al recordarlo, Marguerite añadió: «No la puedo *ver*, no quiero *verla* más...». Obligado a elegir entre las dos mujeres, el hijo optó por su esposa, y la desavenencia llegó a un punto sin retorno. «Lo más duro de todo esto», me dijo, «ha sido darme cuenta de que *no volveré a ver nunca* a mis nietos». Había en todo ello una mezcla de cólera, de pesadumbre, de frustración —por no ver colmado el deseo de poseer al hijo— y tal vez, quién sabe, de culpabilidad por haberse negado a socorrer a su familia política. En los meses que siguieron a la ruptura, Marguerite comenzó a perder progresivamente la vista; le diagnosticaron una **retinitis degenerativa** que, por fortuna, se estabilizó gracias al extracto de **Ginkgo biloba**, a unas vitaminas y al selenio.

Existen diferentes tipos de retinitis, algunas de las cuales son consecuencia de enfermedades más serias, como la diabetes, por ejemplo. La mayoría resultan de un sentimiento de cólera o de abandono, como en el caso de Marguerite; su retinitis hablaba de la ira que sentía hacia su nuera, del pesar de haber sido abandonada por su hijo y de verse privada de la compañía de sus nietos.

3. La posición espacial

Los ojos nos relacionan con el mundo exterior e indican la manera como nos movemos por el espacio. «¿Cuál es mi lugar?», es una pregunta en la que están implicados los ojos, aunque puede indicar la existencia de ciertos trastornos visuales. Pero en esta pregunta también está implicada la mirada con la que observamos el mundo, lo que miramos y la posición que tomamos frente a lo que vemos: «es una manera de ver las cosas». Numerosos autores se han inspirado en esa idea y han analizado los trastornos de la visión como otras tantas maneras deformadas de ver las cosas y de situarnos frente a ellas. Podríamos resumir aquí las principales conclusiones:

La **miopía** resulta de un alargamiento del globo ocular, de modo que el haz luminoso se cruza por delante de la retina. La miopía sería como un retroceso respecto a lo que está delante de nosotros. Frecuente en la infancia y en la adolescencia, en período de crecimiento la miopía podría ser la manifestación de una ansiedad, del miedo a un porvenir que uno no ve claro; quizá sea también una forma de amplificar los problemas y de exagerar las dificultades.

La **hipermetropía** es el fenómeno inverso, el globo ocular se contrae y el haz luminoso se cruza por detrás de la retina. Según Claudia Rainville, podría interpretarse como miedo al presente, un miedo que nos empuja a una huida hacia delante.

La **presbicia**, enfermedad de la edad madura, resulta de la pérdida de elasticidad del cristalino, y habla de la persona que está envejeciendo. La pérdida de elasticidad física hace pensar en la pérdida de flexibilidad en nuestra manera de ver las cosas. La presbicia refleja a menudo el miedo a envejecer, con dificultades para entregarse plenamente al presente o a un futuro próximo. No vemos con claridad lo que tenemos ante los ojos porque nos preocupa más lo que está lejos. Podría interpretarse como una pérdida de entusiasmo por el presente.

Las **cataratas**, frecuentes en las personas de edad avanzada, resultan de la opacidad del cristalino, que es la «lentilla» del ojo.

Podrían resultar de considerar que el porvenir está velado y sombrío; pierde uno la «lectura» de las cosas. Y, en las personas de edad, puede reflejar cierta amargura en relación a la vida pasada. Lo mismo que ocurre en otros muchos problemas oculares, las cataratas se producen a menudo como consecuencia de una antigua cólera no resuelta y por no haber sabido poner en tela de juicio la propia posición. Cuando uno considera inamovible su punto de vista, cuando se petrifica en él, en cierta forma los ojos se petrifican también y acaban por perder la capacidad de ver con «limpidez y claridad». La **flor de sauce** puede atenuar el sentimiento de amargura, y aunque no pueda mejorar una catarata muy avanzada, al menos proporciona un bienestar moral nada despreciable.

Los párpados

«Lo que sale por los ojos»
Dificultad para «cerrar los ojos» (ante algo, ante una situación)

Los párpados son como una cortina que se cierra para descansar o para no ver. A propósito del descanso, Claudia Rainville cita el caso de una mujer que padecía blefaritis (inflamación de los párpados) debido a su irritación por no poder descansar ni siquiera el domingo, pues su marido se marchaba de casa y la dejaba sola al cuidado de los niños.

La **blefaroconjuntivitis** procede a menudo de una cólera que sale de algún modo. «Eso me daña la vista.» Los orzuelos (o *chalazions*) son como pequeñas «bolas de pesadumbre» o de cólera ante lo que se ve.

La **ptosis palpebral** (caída de los párpados) es como una tristeza... como cuando se baja el telón. En la mujer no es infrecuente; suele aparecer en el ojo izquierdo, y a menudo quien la padece habla de la sensación que tiene de encontrarse en un callejón sin salida en sus relaciones conyugales, al haber elegido un marido que la decepciona; y, aunque lo acepta, no es sin tristeza. En homeopatía, un remedio para ese síntoma es la **Sepia**, que también es un buen remedio para la tristeza, para la indiferencia fruto de la apatía y para la aversión hacia las relaciones sexuales.

Por último, la **hinchazón palpebral** habla de las lágrimas que uno ha retenido...

Me gustaría acabar este apartado sobre los ojos proponiéndole una pequeña reflexión. A menudo se describe el ojo como un instrumento pasivo, que no hace más que registrar las imágenes del mundo exterior. En el estado actual de la fisiología no se reconoce que exista reciprocidad. Sin embargo... La mirada no sólo capta, también emite, proyecta algo del pensamiento y de la voluntad, es expresión. En la mirada se pueden leer los pensamientos, la aprobación o reprobación, la voluntad, y también el deseo. No es una comunicación verbal, sino sutil, directa. Cuando dos animales se encuentran frente a frente, se calibran con la mirada, y resulta muy curioso constatar hasta qué punto es instintivo el vínculo que se establece entre ambos, de modo que uno de ellos adivina, como si lo viera en un espejo, que el otro está viendo en él un suculento desayuno... Mi gato comprende mis intenciones según la mirada que le dirijo, sobre todo cuando acaba de hacer alguna trastada. La mirada es un instrumento de comunicación universal mediante el cual se intercambian intenciones, voluntades, deseos, seducción, etc. Los ojos observan; pero, a través de la mirada, también expresan algo de la intención que uno tiene, de su voluntad y de su manera de ver las cosas.

En una palabra, los ojos son como una lupa que concentra el pensamiento y la intención. Pero no hay que olvidar, sobre todo, que *nos dirigimos hacia donde hemos posado nuestra mirada*. Esa evidencia tiene su contrapartida filosófica: si nuestra mirada sólo ve lo negativo, vamos hacia lo negativo, y un buen día nos encontramos inmersos de lleno en la negatividad. Si, por el contrario, *dirigimos una mirada positiva hacia las cosas, esa actitud no puede por menos de traer cosas positivas a nuestra vida*.

El armazón: huesos, articulaciones, esqueleto

Encarnarse en el movimiento de la vida...

Los huesos

Los huesos y el esqueleto forman el armazón
sobre el que reposa todo
Representan la estructura, las bases sobre las
que nos apoyamos para hacer frente a la vida
Hablan de fuerza de convicción y de confianza
en uno mismo
A través de los huesos expresamos nuestra *densidad*,
nuestra capacidad para encarnarnos, el peso que tenemos
en la vida
Por último, ejercen una función protectora

Los huesos son protectores por más de una razón. En primer
lugar, en la cavidad craneal protegen el cerebro, origen del pensamiento; en segundo lugar, en el tórax, protegen el corazón y
los pulmones; por último, protegen los elementos nobles de la
sangre —los glóbulos rojos y blancos—, fuente de vida, que
son fabricados en el cascarón protector de los huesos, en el interior de la médula espinal, antes de pasar a la circulación general. Nacidos en lo más íntimo de nuestra estructura y marca-

dos por ella,[1] los glóbulos blancos tienen por misión reconocer los elementos extraños y defendernos de ellos.

Los huesos tienen algo que ver con la manera con la que nos «densificamos» para hacer frente al mundo exterior y a las circunstancias de la vida. Están implicados en la creación de nuestra identidad, del sentimiento del yo profundo sobre el que nos apoyamos para actuar o para reaccionar. Podemos considerar la psique como un conjunto de convicciones, creencias o sentimientos del Yo, más o menos rígidos, que se forjan —como los huesos— a medida que vamos creciendo y que, poco a poco, van tomando peso y rigidez a la par. Las articulaciones proporcionan a ese conjunto capacidad de adaptación y flexibilidad respecto del mundo exterior, pero con límites bien definidos. La rodilla, por ejemplo, permite doblar la pierna hacia atrás, pero no hacia delante. Desde ese punto de vista, el ser humano está más cerca del roble que de la caña, aunque mantiene cierta flexibilidad.

La **osteoporosis** traduce una *pérdida de densidad*, tenemos la sensación de no pesar mucho en la vida. Puede reflejar desánimo, es decir, el sentimiento de no poder cambiar gran cosa y tener que soportar la vida tal como viene. Los huesos ya no tienen fuerza para sostener el deseo de la persona, el deseo de avanzar, de realizar; tampoco tienen fuerza para oponerse, y eso se manifiesta en las fracturas. Frecuente después de la menopausia, la osteoporosis en la mujer puede manifestar el sentimiento de haber perdido su identidad femenina.

La **fractura** resulta de un movimiento contrario a nuestra estructura. Se produce cuando nos vemos embarcados en un movimiento opuesto a nuestra forma de ser o a la posición que hemos adoptado. Es como un conflicto abierto, como una rebelión contra una situación que nos es impuesta, una rebeldía,

---

1. La realidad es algo más compleja. Algunos glóbulos blancos seguirán una enseñanza especializada en el timo, activo sobre todo en la infancia, antes de entrar de nuevo en la circulación general para hacer de policía entre el Yo y el no-Yo.

una insurrección contra la autoridad. O se cede, o hay ruptura. La fractura resulta de una intensa relación de fuerzas en la que nos implicamos obstinadamente desde nuestras creencias más recónditas (los huesos). La expresión «desear romperle a alguien los huesos» traduce asimismo esa relación de fuerzas mediante la que se pretende destruir al adversario en sus fundamentos más profundos.

La fractura, como cualquier afección ósea, admite diversas interpretaciones que dependen del lugar donde esté localizada; pero el hecho de tratarse de algo en los huesos señala la existencia de un problema profundo, vinculado a la estructura de la persona y a sus fundamentos íntimos, a todo lo que constituye su armazón psicológico.

El **cáncer de huesos** habla a menudo de un sentimiento de desvalorización, de impotencia. No es una casualidad que la metástasis ósea suela ir a la par del cáncer de mama o de próstata. El cáncer de mama indica a menudo que la identidad femenina y maternal de la mujer se ha visto afectada; a propósito de la próstata, veremos más adelante que en el hombre está implicado un sentimiento de impotencia ante una situación determinada, a menudo ligada a la pérdida de posición social (la jubilación, por ejemplo). En ambos casos, la persona se siente desvalorizada, herida en lo más profundo de sí misma, lo que viene a confirmar la metástasis de los huesos.

Lo que refleja la **osteomielitis**, por su parte, es cólera contra la autoridad. Ira, porque el dolor es intenso, con una fuerte reacción inflamatoria e infección por un estafilococo, un germen que casi siempre habla de cólera retenida.

En el niño, los huesos —como base, como estructura— evocan la relación del pequeño con la autoridad a través de sus padres, de sus maestros y de todos aquellos que constituyen sus «puntos de referencia». Para el niño, el hecho de *crecer* es también una manera de adoptar una posición diferente respecto de la autoridad. No es raro que el joven cambie la actitud hacia su madre, si ésta es autoritaria, cuando alcanza su misma estatura. Pero, antes de llegar a eso, los **dolores de crecimiento** hablan de la ambivalencia del niño frente a su cambio de estatus. El principal remedio en homeopatía para esos dolores, la **Calcarea phosphorica**, es también un remedio para la ambivalencia frente a los cambios, los vínculos afectivos y la novedad.

Las articulaciones

Las articulaciones representan nuestra capacidad para cambiar de dirección en la vida, para adaptarnos a circunstancias nuevas

Toda la estructura ósea que nos permite mantenernos en pie no nos sería de ninguna utilidad si no tuviéramos las articulaciones que nos facilitan movilidad y adaptación a las circunstancias que nos rodean.

La rigidez articular habla de falta de flexibilidad. Las personas que padecen ese problema suelen ser muy exigentes consigo mismas y con los que les rodean, acostumbran a tener espíritu crítico y, a veces, intolerante. Edward Bach[2] menciona los resultados obtenidos con la **flor de la verbena** en las tendinitis y contracturas periarticulares de personas activas y comprometidas, a las que mueve una profunda convicción interior y que cambian rara vez de principios, llegando a adoptar posiciones rígidas, incluso sectarias. Su rigidez moral y mental, por correcta o acertada que sea objetivamente, deja poco sitio al punto de vista del otro, de donde resulta falta de flexibilidad, crispación, rigidez mental y, a la larga, contractura física. Esto nos puede ocurrir a todos en un aspecto u otro de la vida; por eso la rigidez no se localiza en un sitio cualquiera, sino precisamente donde más daño hace.

La **artrosis** es una deformación ósea con desgaste de los cartílagos situados en las articulaciones, de ahí la rigidez y el

---

2. Médico homeópata inglés de los años treinta a quien debemos el descubrimiento de los elixires florales.

dolor. Es como una rigidez psicológica prolongada, endurecimiento, amargura. La medicina clásica considera que la artrosis resulta del desgaste de los cartílagos, pero pueden verse las cosas de otra manera: La articulación trabaja bajo la presión de contracturas musculares prolongadas, de modo que el cartílago acaba por desgastarse y el hueso por deformarse. Y si no somos conscientes de ello es porque las contracturas datan de mucho tiempo atrás. No es raro, por ejemplo, que un enfermo acuda a la consulta con una tendinitis localizada en la cadera sin que se vea lesión alguna en la radiografía, y que unos años más tarde aparezca artrosis en la cadera, esta vez claramente visible en la radiografía. El mismo proceso se ve con frecuencia en las vértebras cervicales en personas que tienen una contractura permanente en los trapecios. Basta verlas para saber que se les está formando una artrosis cervical. Y cuando esos enfermos necesitan el remedio homeopático llamado **Causticum**, aplicable a las personas cuyo rasgo psicológico es el espíritu crítico —se atrevería uno a decir «cáustico»— es frecuente ver desaparecer el dolor a los pocos días, prueba de que lo doloroso no es el desgaste, sino más bien la contractura que lo provoca.

Las calcificaciones periarticulares, frecuentes en las periartritis, hablan de cristalización, de endurecimiento frente a la necesidad de doblarse, de adaptarse. No son la causa de la periartritis, sino su consecuencia, aunque su presencia no arregla las cosas.

La **poliartritis reumatoide** podría reflejar una mezcla de cólera —es una inflamación— y de culpabilidad existencial —es una enfermedad autoinmune, es decir, dirigida contra uno mismo—. Puede afectar a todas las articulaciones, pero aparece sobre todo en las manos; afecta pues «al hacer», a la capacidad de actuar.

La **espondiloartritis anquilosante** es una enfermedad autoinmune, como la poliartritis, pero se localiza principalmente en la columna vertebral, en particular en la zona lumbar y sacra. Claudia Rainville cita el caso de una mujer que asumía sus responsabilidades sintiéndose sola y sin ayuda, de lo que resultaba una gran cólera retenida y un fuerte espíritu crítico: su carga era demasiado pesada. Existe una anomalía genética que predispone a esa enfermedad, lo mismo que ocurre con otras, y subrayar su dimensión psicológica abriría un amplio debate. Aunque algunas personas son portadoras de un gen anormal (llamado HLA B27), la enfermedad no aparece en ellos por casualidad; hay otros muchos sujetos portadores del mismo gen que permanecen sanos, es decir, que no se ven condicionados por su *predisposición* genética. Todos tenemos zonas débiles, heredadas de la imperfección de los cuerpos que nos han engendrado. Por ejemplo, yo he conocido a pacientes portadores de una herencia cancerosa manifiesta que, sin embargo, han vivido sin tropiezos hasta edad muy avanzada.

La **gota** está provocada por una acumulación de ácido úrico en las articulaciones; la consecuencia es una reacción inflamatoria dolorosa. El exceso de ácido úrico procede, en general, de un mal funcionamiento del hígado, que representa el Yo y sus posesiones. A menudo localizada en el dedo gordo del pie, que representa la personalidad, la crisis de gota puede denotar una actitud demasiado dominante, un conflicto entre el mundo exterior y las propias convicciones.

Los músculos

Los músculos representan el motor, la motivación, el deseo, la voluntad física, la fuerza, la energía de realización
Representan el esfuerzo, transforman el pensamiento en acción

Las miopatías adquiridas hablan de falta de motivación; las mialgias, de crispación. Las **contracturas musculares**, responsables en un primer momento de tendinitis y después de artrosis, como numerosos dolores dorsales, evocan una situación en la que nos *crispamos*: vemos contrariado nuestro deseo, bloqueada nuestra voluntad de actuar, y la crispación se instala en los músculos sin que nos demos cuenta, de forma casi imperceptible pero permanente. Los músculos, así tensos, contienen una *emoción* cuyo origen a menudo hemos olvidado, pero que puede perdurar durante años, instalada en particular en los músculos de la espalda. La crispación puede resultar de emociones como la ira o el miedo, miedo al esfuerzo que hay que realizar para zanjar un asunto, para afirmar el propio punto de vista o para hacer lo que uno cree que debe hacer. En muchas ocasiones, cuando uno no sabe «colocarse en su lugar» o tiene miedo de avanzar, consideramos a los demás responsables de nuestros bloqueos. En numerosos problemas de espalda, incluso cuando están afectados algunos órganos, todo ocurre como si la emoción no expresada se transfiriera a los músculos, donde se bloquea.

La espalda

Armazón: mantenerse en pie, hacer frente a la adversidad
Coraza: curtirse, endurecerse, «cubrirse las espaldas»
Traición: «volverle a uno la espalda», «apuñalar por la espalda»

La columna vertebral es el elemento clave del armazón, el pilar que lo sostiene; a través de la médula espinal, es el punto de encuentro, la confluencia entre el cerebro, que manda y decide, y los ejecutantes.

La espalda armazón

La espalda es lo que nos permite mantenernos en pie, llevar a hombros nuestra carga, hacer frente a las circunstancias de la vida, a nuestra condición humana, a la adversidad.

Vista de perfil, la parte dorsal de la columna vertebral está orientada hacia delante, es ahí donde asumimos la responsabilidad de nuestras cargas; la parte lumbar está orientada hacia atrás, es por ella que nos mantenemos en pie frente a la vida («tener unos riñones sólidos»).

La espalda está implicada en el **crecimiento** (epifisitis, escoliosis, etc.). El ser humano se mantiene erguido gracias a la columna vertebral; salvo raras excepciones, la posición erguida distingue al hombre del animal. La espalda es también *lugar de dignidad*: «Ponte derecho», «enderézate», «hay que mantenerse erguido», etc. Dignidad, pero también rigidez... incluso orgullo que se transforma en humillación cuando hay que «doblar el espinazo». Ser algo cargado de espaldas, o una clara cifosis —algo frecuente en el adolescente que ha crecido con demasiada rapidez y tarda en «consolidarse» tanto física como psicológicamente— refleja falta de confianza en uno mismo. La espalda es la raíz del «hacer»; ser cargado de espaldas indica cierto miedo a actuar, dobla uno la espalda en señal de sumisión. Miedo a actuar, a ampliar el campo de acción, a ocupar el sitio que corresponde en la vida, a librarse de la autoridad paterna en el momento de la pubertad.

Para Michel Odoul,[3] la escoliosis resulta de un desajuste entre el crecimiento continuo de las piernas a partir de la pelvis y el tope establecido por los hombros, resultado del miedo a entregarse a la vida y a la acción (la mano actúa): la pelvis (yin), que representa a la madre, continúa creciendo normalmente, mientras que el eje de los hombros, que representa al padre (yang, la acción), pone un tope, un límite. Si se niega a crecer, a comprometerse en la vida, el niño está poniendo un techo, un límite, y su columna, entre ambos puntos de referencia, sufre una escoliosis. La asimetría en el crecimiento de los miembros inferiores podría interpretarse de forma semejante, es decir,

---

3. Michel Odoul, *Dis moi où tu as mal et je te dirai pourquoi*, Éd. Dervy, París, 1994. [Hay versión española: *Dime qué te duele y te diré por qué*, Ed. Robinbook S.L., Barcelona, 2000.]

como una distorsión entre los aspectos masculino y femenino del ser (lado derecho, lado izquierdo).

La espalda coraza

«Llevo mucha carga sobre mis espaldas» dice aquél al que le pesan demasiado las responsabilidades que tiene que asumir. La tensión en la espalda se presenta a menudo como el arquetipo de las tensiones orgánicas. Como los nervios que transmiten las órdenes pasan por la columna vertebral, la tensión entre el centro de mandos (el cerebro) y la función (el órgano), si existe, se «anuda» en la espalda. En ella se encuentran unos puntos especiales que se reconocen en acupuntura por tener una sensibilidad particular y en los que se puede detectar la inminencia de los trastornos de algún órgano. Así que, cuando uno dice, ante un dolor muscular: «siento cargada la espalda», con mucha frecuencia, tras esa expresión breve pero elocuente, se enmascara lo que querría enseñarle la ubicación concreta del dolor o de la contractura.

A Paul le aparecía dolor de espalda, exactamente debajo del omoplato derecho, cada vez que se sentía contrariado. Pues bien, esa zona está en relación directa con la vesícula biliar, y Paul tenía todas las características de un temperamento bilioso, y al mismo tiempo ansioso, autoritario e impaciente, y no soportaba la contradicción. Su tendencia autoritaria no aguantaba la inquietud que le causaba verse contrariado, y derivaba su desazón hacia la vesícula biliar, con un reflejo en la espalda.

Según Wilhem Reich,[4] los primeros músculos que se ven afectados por la formación de la «coraza que se forma como

---

4. Wilhem Reich, *La biopathie du cancer*, Éd. Payot (agotado). Reich, psicoanalista, al principio discípulo de Freud y después disidente, consideraba que nuestros bloqueos emocionales se petrifican en el cascarón muscular, el cual favorece un bloqueo energético y la aparición de enfermedades como el cáncer, etc.

reacción» ante un conflicto entre las instancias sociales y el individuo son los paravertebrales: doblegarse, adaptarse o envararse. La espalda rígida habla de falta de adaptación, de un conflicto —general o localizado— entre el Yo y lo social.

¿Se puede hacer alguna distinción entre la tensión de la espalda y la que aparece en los miembros? La espalda refleja nuestra posición estática, nuestra manera de estar en pie para hacer frente a la vida, a las situaciones, mientras que los miembros evocan más bien el movimiento, la relación o la acción. La espalda es más «interior», está situada en la confluencia entre la idea (el cerebro, la médula espinal) y la realización (los nervios distales, los miembros). El bloqueo de la espalda tiene lugar más bien hacia el origen (aguas arriba), está más interiorizado, más cerca de la idea inicial, antes incluso de que se haya esbozado la realización.

En la práctica, con mucha frecuencia la espalda se ve afectada al mismo tiempo que los órganos o los miembros, simplemente porque sirve de punto de apoyo. La neuralgia cervicobraquial y la ciática traducen bloqueos centrales y periféricos a la vez (psicológicamente hablando) ante obstáculos que, aunque se consideran procedentes del exterior, van acompañados de un replanteamiento interior.

La espalda traición

Se ha sentido uno «apuñalado por la espalda».

Es más fácil atacarnos a traición, dándonos por la espalda. «Hablan a mis espaldas», «le han vuelto la espalda», «actúan a sus espaldas», «le han medido las espaldas», etc., expresiones que sugieren hostilidad, desconfianza, agresión, miedo y, como punto común, la sensación de verse traicionado, de ser atrapado por detrás. Yo he constatado a menudo, en muchos de mis pacientes, que la sensación de haber sido traicionado va acompañada de dolor de espalda, en particular a la altura de las vértebras lumbares, que precisamente simbolizan el apoyo del que, en estos casos, uno cree carecer.

La nuca y los trapecios

Es una zona muy importante que está implicada en numerosos bloqueos energéticos, pues simboliza el encuentro entre las exigencias del mundo exterior y la capacidad de hacer frente a él.

En efecto, la parte cervical de la columna evoca:

—La idea que emerge y enlaza con el deseo de actuar, con la consiguiente concreción y percepción de los obstáculos correspondientes.

—Saber mirar hacia, contemplar todos los aspectos de una situación.

—Saber decir que no, o adaptarse, «doblar el espinazo».

—El temor a una calamidad... (la espada de Damocles).

La idea que ha nacido en el cerebro desciende hacia el cuello (la nuca), donde se encuentra con la energía del tórax (el soplo de vida). Idea y deseo se combinan en la nuca antes de exteriorizarse por los hombros y concretarse en acto mediante los brazos y, después, las manos.

El deseo y la voluntad están a punto de emerger. El cuello es el lugar donde el concepto surgido del cerebro comienza a proyectarse hacia la realidad: *la nuca es la emergencia de una idea que trata de precisarse. Por medio de los dolores de nuca expresamos los bloqueos, la dificultad que tenemos para concretar,* es como un deseo contrariado. Es algo análogo al dolor de espalda, con la diferencia de que lo que se refleja en la nuca es la *sensación que uno tiene de su propia incapacidad,* mientras que en la espalda se refleja más bien la sensación de tropezar con obstáculos «exteriores», con falta de apoyo. El bloqueo en la espalda se vive como algo exterior: o bien porque uno siente que le bloquean los demás, o bien porque no nota el «respaldo» que necesita de su entorno familiar.

El cuello y la nuca, representan el lugar de paso de las ideas, y también la capacidad de contemplar todos los aspectos de una situación, de adaptarse o de dar muestras de humildad («doblar el espinazo»).

La **tortícolis** podría evocar el rechazo a hacer frente a una situación. Como hace observar Michel Odoul, «no se puede decir que no» (girando la cabeza a derecha e izquierda). Pero también, según el lado al que afecte, hace pensar en *cierta dificultad para mirar hacia...*

Otra imagen que nos viene a la mente a propósito de la nuca es la de la *espada de Damocles*, el miedo a que nos caiga encima una teja, como un miedo suspendido encima de la cabeza.

Muchas personas están casi siempre con la nuca hundida entre los hombros, con los trapecios contraídos, como si les fuera a caer el cielo sobre la cabeza, como si arquearan el «lomo». «¿Qué es lo que le causa a usted inseguridad?», les pregunta Claudia Rainville a esos pacientes.

Situados entre la nuca y los hombros, los trapecios vinculan el deseo (la nuca) con su exteriorización (los hombros). El dolor de esos músculos puede traducir el miedo a exteriorizar los deseos por temor al otro y a sus reacciones, lo que conduce a que uno tenga que «cargar solo con su fardo». Es un bloqueo que traduce el miedo a vivir según los propios deseos, la dificultad para comunicar las propias necesidades a los demás por temor a sus reacciones, por lo que no se comparten las tareas y pasa uno la vida sin manifestar sus necesidades y temiendo que «le caiga encima la teja».

La ligera cifosis que tienen algunas personas se debe a la contractura crónica de los trapecios, que hace que la séptima vértebra acabe sobresaliendo como una joroba. Lo más frecuente es que uno no sea consciente de ello, pues la contractura suele ser antigua y crónica; resulta de la costumbre, que por lo general data de mucho tiempo atrás, de reaccionar ante los acontecimientos de la vida «arqueando el lomo» y acaba por convertirse en artrosis o periartritis del hombro, pues éste depende energéticamente de la nuca y de los trapecios.

Las contracturas cervicales son asimismo responsables de otros problemas de diversa índole, principalmente vértigos, dolores de cabeza y, algunas veces, sinusitis. Es un error subestimar el papel de la nuca en la génesis de esas enfermedades. Las contracturas son como un bloqueo entre el concebir y el actuar; a veces, cuando actuar es demasiado duro, demasiado difícil de asumir, la dificultad se manifiesta mediante un dolor agudo.

Roger, un ejecutivo de 42 años, había tenido que abandonar su actividad profesional durante largos meses porque padecía **vértigos de Ménière**. Los vértigos le sobrevenían de pronto; la habitación parecía girar con tanta rapidez que tenía que sentarse y estar así durante largos minutos, y eso le ocurría varias veces al día. Los trastornos aparecieron poco después de una promoción profesional que llevaba consigo una carga de responsabilidades que Roger creía no poder asumir. Cuando me habló de la aprensión que sentía ante sus nuevas responsabilidades, de su temor de no estar a la altura de las circunstancias, me dijo, espontáneamente y sin reflexionar: «¡Me da auténtico *vértigo*!». El empleo de esa palabra no era simple coincidencia. Yo me limité a mirarlo en silencio; fue entonces, sólo entonces, cuando él estableció la relación. El mismo término describía su sentimiento y su sensación física... vértigo psicológico ante la amplitud de su nueva tarea, vértigo físico como resultado de ese sentimiento. Al hablarme, tomó conciencia de ello, no antes. Numerosos enfermos no establecen la relación entre sus problemas físicos y psíquicos más que cuando tratan de escuchar los síntomas de otra manera, cuando intentan escuchar lo que el síntoma oculta tras la apariencia. Así funciona la metáfora: nos dice las cosas de un modo sencillo; pero, al mismo tiempo, a veces nos hace perder el sentido de lo que quiere expresar.

Las vértebras dorsales

Vista de perfil, la columna vertebral tiene tres curvas. La parte cervical y la lumbar están curvadas hacia atrás. Una y otra tienen por función «mantenernos derechos»: la nuca mantiene derecha la cabeza, y las vértebras lumbares, el cuerpo.

La parte dorsal de la columna está curvada hacia delante. Gracias a ella podemos asumir cargas y llevarlas, prolongando así la acción de los trapecios y de los hombros que se «asientan» en las vértebras dorsales. «El saco a la espalda» se coloca justo en ese lugar; de modo que las heridas dorsales pueden ser testimonio de la ira causada por la sensación de que se asumen demasiadas tareas, de que no se recibe ayuda.

Hay que matizar, sin embargo, que la carga de las acciones o de los deseos no realizados se expresa a través de los hombros, mientras que lo que se expresa mediante la columna dorsal está relacionado con el conjunto corazón-pulmones-digestión, es decir, es más bien de orden afectivo.

Claudia Rainville[5] da aquí algunas precisiones que yo sólo he podido verificar en la práctica de un modo incompleto. Son las siguientes:

—La localización de un dolor hacia la cuarta vértebra dorsal evocaría un sentimiento de culpabilidad o de responsabilidad hacia el sufrimiento de otra persona o de un ser querido.

—Entre los omoplatos (quinta y sexta vértebras dorsales), sería el testimonio de que a esa persona le cuesta mucho disfrutar de la vida y aceptar el placer, y tiende a entregarse al trabajo de un modo excesivo; tiene dificultad para relajarse, incluso en las vacaciones.

—Si el dolor estuviera localizado hacia la séptima vértebra dorsal, indicaría que esa persona tiene dificultad para comunicar sus sentimientos, que se siente sola o hastiada, que tiene miedo de ser abandonada y necesita saberse reconocida, que necesita que la escuchen y que la traten con ternura, pero no se atreve a decirlo.

5. Claudia Rainville, *Métamédecine, la guérison à votre portée*, Éd. FRJ, 1995.

El tronco, las costillas

Las costillas son una protección.

El tronco del ser humano es como el tronco de un árbol: en él se apoyan los miembros, y en su interior encuentra abrigo la intendencia. Las costillas se articulan sobre la columna vertebral y participan en el movimiento respiratorio. Debido a esa participación, les concierne todo lo que tiene relación con nuestro espacio vital, como la vejiga, con la diferencia de que las costillas están relacionadas simbólicamente con «el aire», con la palabra que nos hiere, mientras que la inflamación de la vejiga traduce la sensación de que han «invadido» nuestro territorio.

El zóster o **zona intercostal**,[6] puede traducir la sensación de que hemos sido perjudicados en nuestro espacio vital o en nuestro «espacio de palabra». Un ardor intenso en esa región puede resultar también de una situación poco clara en la que nos han pillado «de costado», no hemos podido «hacer frente» y tenemos la sensación de haber perdido lo que nos protegía.

Las costillas, en efecto, ejercen en un papel protector de la caja torácica. La palabra tórax viene del griego *thôrakos*, que significa «coraza». Las costillas son nuestra cota de malla, como la que llevaban los caballeros para protegerse en el combate. Y cuando uno se aventura en un asunto con imprudencia, «presenta un flanco a la crítica», que es una manera de decir que nuestros flancos —nuestras costillas— quedan expuestos y son, por lo tanto, vulnerables.

La **neuralgia intercostal** podría entenderse como un ataque a esa protección, con la sensación, a veces, de haber sido traicionado («herido por la espalda») y cuyo efecto es bloquear la inspiración, «algo nos corta el aliento». El aire es el símbolo del intercambio, del espíritu; ese bloqueo, aun limitado y sin gravedad, puede resultar momentáneamente intenso y doloroso.

---

6. Zona: enfermedad eruptiva e infecciosa de origen vírico, caracterizada por la inflamación de ciertos ganglios nerviosos; produce fiebre y dolor intenso. (*N. de la t.*)

La región lumbar

La parte lumbar de la columna vertebral es un lugar de soporte, de «riñones sólidos». Se ve implicada a menudo en las pérdidas de apoyo, en las traiciones «bajas», rastreras, y en cuestiones de mayor amplitud que afectan a los riñones y a su simbolismo (véase el capítulo relativo a los riñones).

La zona lumbar de la columna es realmente la que «soporta», la que nos permite mantenernos en pie, «hacer frente». «Tener unos sólidos riñones», «trabajar hasta desriñonarse», etc., son expresiones que evocan la imagen del roble asociada al hombre que se mantiene en pie, erguido, «gracias a la fuerza de sus riñones».

Los problemas en la zona lumbar hablan de la capacidad —o, más bien de la incapacidad— de hacer frente a la vida y a sus situaciones, de la capacidad —o incapacidad— de asumir la dimensión material de la existencia (finanzas, trabajo, responsabilidades, etc.). Ante esos problemas, que no son sólo materiales sino también afectivos, puede haber una reacción de miedo con dificultad de adaptación, de donde resulta una falta de flexibilidad que se traduce en rigidez física.

La confusión de lenguaje entre los riñones y la zona lumbar no es fortuita. Algunas personas dicen: «Me duelen los riñones» o «tengo dolor de cintura», cuando en realidad padecen de la columna. Tanto en el aspecto simbólico como en el psicológico, los dos órganos, tal vez debido a su vecindad, tienen significaciones próximas: ambos nos ayudan a mantenernos en pie y a hacer frente.

Desde el punto de vista de la acupuntura china, los riñones se ven afectados por el miedo. La relación es clarísima, puesto que se trata de hacer frente, de tenerse de pie y afrontar una situación tratando de mantener el equilibrio entre la posición del roble («hacer frente» y asumir responsabilidades, «tener unos sólidos riñones») y la de la caña (esquivar con flexibilidad). La zona lumbar de la columna no tiene, sin embargo, mucha capacidad de adaptación —apenas puede doblarse hacia atrás—

lo que la obliga a «estar al frente» (el frente sugiere aquí la idea de centro director de una personalidad que moviliza sus energías con firmeza).

La unión lumbo-sacra

Ése es el lugar de la famosa **hernia discal** que, si sólo vemos la dimensión mecánica del problema, sería debida a la hernia del disco que separa las vértebras lumbo-sacras y que vendría a comprimir el nervio ciático. Pero la hernia no sólo resulta de una debilidad mecánica fortuita; con mucha frecuencia se produce debido a tensiones musculares excesivas, a través de un proceso análogo al que he mencionado para la artrosis. La tensión muscular hace trabajar el disco de modo violento, provoca en él una presión excesiva, y de ahí la hernia. Muchos pacientes se asombran al verse aliviados por la acupuntura, pues están convencidos de que su problema es puramente mecánico, por lo que no comprenden cómo unas pequeñas agujas colocadas superficialmente en determinados puntos pueden ser tan eficaces. Pero eso es olvidar la dimensión muscular y, por lo tanto, psicológica del problema, ya que en esos músculos se expresa cierta tensión emocional.

Pues bien, ¿qué representan la espalda y las piernas? El ejemplo de Annick citado en la introducción aclara esto: la espalda, en particular la zona lumbar, nos permite hacer frente a las situaciones, pero es también por la espalda por donde somos traicionados. En cuanto a las piernas, son nuestro punto de apoyo. La ciática puede resultar de la pérdida de un amigo querido o de un pariente que nos servía de apoyo, al sentir la pérdida, si no como una traición, sí como un abandono.

Paul, un hombre de 50 años, acababa de perder a su mujer. Después se encariñó con la que había sido durante mucho tiempo su fiel colaboradora; ambos unieron sus vidas en un proyecto común de amor y entrega mutua. Él tenía, muy a su pesar, la sensación de *traicionar* a su primera esposa, una sensación que no podía expresar porque *no había nada malo* en su nuevo proyecto de vida. La pérdida de apoyo y la traición que se reprochaba a sí mismo en realidad estaban relacionadas con problemas de su infancia y de su educación; pero todo ello se concretó en una ciática que lo dejó inválido.

He resumido este ejemplo, lo mismo que otros, de forma muy simple porque la falta de espacio no me permite exponer aquí todos los matices. Pero lo que quiero resaltar es que, si bien la ciática está relacionada con la pérdida de apoyo y la idea de traición, puede entenderse en dos sentidos, lo mismo que otras ideas que aparecen en este libro: «Me siento traicionado», pero también «yo traiciono...». A través de la ciática puede uno expresar su sensación de haber sido un hipócrita cuando su acción supone una traición a un tercero, sea familiar o amigo. La pierna habla de *relación*, y un dolor en ella puede expresar cierta forma de culpabilidad.

Claudia Rainville propone otra manera de interpretar ese tipo de problema, esa dificultad para «hacer frente» a determinadas situaciones. La menciono aquí porque en algunos enfermos me ha parecido acertada. Es ésta: puesto que el disco quiere «salir», ¡es que se siente «prisionero»! Y la pregunta que ha de hacerse el enfermo es saber qué le hace sentirse prisionero, en qué situación se siente «atrapado». Es decir, que la hernia discal podría también expresar el deseo de «romper» con una regla o de rebelarse contra una estructura, o el anhelo de salir de una situación de la que no se ve salida.

Las vértebras sacras

La región sacra protege la pelvis y la reproducción. Es una zona de fuerte concentración energética. Su ubicación, tan próxima a la zona genital, no puede por menos que indicar su vinculación con la sexualidad pero, sobre todo, con las relaciones paterno-filiales. Un bloqueo energético en la región sacra puede reflejar cólera u odio hacia los padres, hacia la madre en particular.

Solange tenía desde hacía mucho tiempo dolor en el hueso sacro, que se reavivaba cada vez que estaba agobiada de trabajo y cansada, y también cuando el tiempo era frío y húmedo. La primera crisis dolorosa apareció como consecuencia de una caída sobre las posaderas cuando, para gastarle una «broma» en una reunión de familia, su hermana mayor le retiró la silla en el momento en que iba a sentarse. Solange recordó el incidente durante una sesión de fisioterapia —muy específica— que actuó sobre las tensiones musculares locales: le apareció claramente la relación entre las crisis dolorosas y las visitas a su madre.

Ese tipo de reacción es frecuente tanto en osteopatía como en fisioterapia energética. El hecho de movilizar la zona dolorosa despierta la emoción ligada a la contractura muscular, y el enfermo recuerda el incidente que generó la emoción. Recuerdo a un muchacho que tenía dolor en una vértebra lumbar y, cuando lo examiné, el simple hecho de rozarle provocó en él una intensa reacción del nervio vago, palidez y sudores fríos. Apenas lo había tocado, pero la emoción que despertó el roce fue al parecer demasiado intensa para la consciencia, de ahí la reacción del nervio vago, con lipotimia, que es una reacción de huida.

El coxis

El animal necesita la cola para orientarse en el espacio. A los peces les sirve para avanzar. Según la teoría de la evolución de las especies, en el hombre esta función se ha ido atrofiando y se ha convertido en el coxis.

El coxis es pues el vestigio de nuestra *parte animal*; en ese sentido *representa las necesidades básicas y el instinto de super-*

vivencia. Una herida en esta zona refleja una gran inquietud respecto de las necesidades vitales o la supervivencia. Los dos remedios principales utilizados en homeopatía para las caídas sobre el coxis y el dolor persistente, son **Hipérico** y Sílice. Hipérico es también el remedio para los miedos profundos o muy antiguos, de los que uno no llega a ser plenamente consciente, y su elixir floral resulta muy efectivo para aliviar las pesadillas de los niños. En cuanto a la sílice, es lo que da rigidez al tallo de la **cola de caballo,** lo que le permite mantenerse derecho.

El coxis se atrofió debido a que nuestro antepasado prehistórico adoptó la posición erguida. Por eso, caer sobre el coxis es como poner en entredicho nuestra posición vertical. El dolor que provoca puede ser también una manera de expresar *el conflicto que uno tiene entre su parte animal (horizontal) y su parte humana (vertical).*

Los miembros

**Sin los miembros no seríamos más que espectadores
Los miembros superiores nos permiten actuar;
los inferiores, movernos, relacionarnos**

Como Michel Odoul, yo opino que *los miembros superiores permiten la acción, y los inferiores, la relación* (ir hacia). No crea que es una distinción arbitraria, la práctica diaria lo confirma. Pero hay que considerar esto en sentido amplio: los miembros inferiores, por ejemplo, hablan de la relación con el otro, pero también de la relación con el porvenir.

Miembros superiores

Símbolos de la acción, del control, del poder o de la posesión, en los miembros superiores se ubican las tensiones causadas por la voluntad de actuar en el mundo (exterior o interior).

Los miembros superiores nos permiten actuar, tocar, asir, tomar. Y también rechazar, apretar, agarrar, ahogar; además, juzgar, zanjar (el brazo secular), elegir... y, por último, proteger algo o a nosotros mismos.

A través de los hombros, los brazos y las manos, nuestro ser se expresa en la acción, en «el actuar», en «el hacer». Los problemas que aparecen en ellos hablan de la dificultad que uno tiene para actuar en relación con alguien, o para dominar o controlar una situación; también ponen de manifiesto la dificultad para concretar las propias ideas, las elecciones personales. Por último, también hablan de la incapacidad que uno tiene para «soltar» una posesión, un proyecto, etc.

Los hombros

Situación en la que se quiere actuar y se siente uno bloqueado, sea por una oposición exterior que obstaculiza, sea porque no se siente respaldado. La carga que pesa sobre los hombros es demasiado pesada.

La idea, concebida en el cerebro, «desciende» hacia la nuca, donde capta la energía del «aliento» y el anclaje de la espalda necesario para su realización, exteriorizándose al fin por un lado y otro de la columna a través de los hombros.

Los hombros son la base de la acción, la voluntad de dominio. En ellos emerge el deseo como «orientado hacia el exterior», es la puerta de la acción. Es una voluntad preconsciente, una intención, un prejuicio, un deseo profundo de actuar sobre una situación.

Por medio de los dolores en los hombros expresamos nuestras dificultades para actuar, como si sintiéramos un freno a nuestro deseo debido a obstáculos «exteriores», a la falta de medios o de apoyos. Nos sentimos «impedidos», pero no por incapacidad personal sino por falta de ayuda o por oposición exterior. Los problemas en los hombros hacen pensar en una situación en la que uno quiere actuar pero se siente bloqueado.

Los hombros representan también nuestra capacidad para llevar y soportar las cargas («arrimar el hombro»). En una situación en la que uno tiene mucho que aguantar, el dolor en el hombro dice que uno carece de ayuda, que nadie le apoya («los demás se encogen de hombros»).

La periartritis escapulohumeral puede resultar también del sentimiento de tener que asumir una situación de la que uno está harto, o del deseo de pasar a otra cosa sin atreverse a hacerlo.

La falta de ayuda o el obstáculo (externo) a la acción

Así pues, los problemas en los hombros hablan de que uno siente la dificultad para actuar como exterior a sí mismo —debido en general al entorno familiar— que pone un freno a sus deseos, o que no le ayuda. También puede deberse a un obstáculo exterior material, como la falta de medios económicos, etc. Los dolores en los hombros suelen aparecer junto con cierto bloqueo en la nuca o una contractura en los trapecios, lo que no es de extrañar, pues se trata de un mismo conjunto energético.

Sandra, una especialista en dietética que trabajaba en un hospital, quería tomarse tiempo para establecer una relación más humana con los enfermos, pero la supervisora del servicio se lo impedía aduciendo como motivo que la rentabilidad a la que estaban obligados hacía incompatible dedicar un tiempo excesivo a escuchar a los pacientes; que no era lo que se esperaba de ella, como no se esperaba del cocinero del hospital que se ocupara de cada caso particular. Esta sutileza de la institución hospitalaria indignaba a nuestra especialista en dietética, que veía que se le impedía trabajar según sus ideales. Al día siguiente de una agitada discusión con la supervisora, en la que Sandra no consiguió hacer valer su punto de vista, empezó a tener dolor en el hombro derecho (el lado que está en relación con un elemento femenino).

Las responsabilidades, el hecho de asumir demasiado

«Llevar la carga sobre los hombros» hace pensar en asumir responsabilidades. «Tener la cabeza sobre los hombros», «arrimar el hombro», «apoyar la cabeza en su hombro», «llevar sobre los hombros todo el peso del mundo», etc. En los hombros se expresa también que nuestro fardo es pesado, o al menos que así lo sentimos.

Adèle, una mujer de 54 años, sufría desde hacía seis meses dolor en el hombro izquierdo, con contractura de los trapecios. Los ingresos de la pareja eran modestos, y Adèle aseguraba su parte proporcional limpiando por las mañanas y, por las tardes, cuidando en su casa a algunos niños. Cuando su marido se jubiló, «metió para siempre los pies en las zapatillas»: no quería salir los fines de semana, y Adèle se encontró sola para atender las tareas cotidianas sin la compensación de las salidas semanales. Llevaba una gran carga sobre los hombros, pero, sobre todo, tenía la sensación de no ser respaldada, de que todo recaía sobre sus hombros. El hombro izquierdo suele hablar de alguna dificultad con un elemento masculino...

La clavícula

Situación en la que uno se siente bloqueado para actuar; algo análogo a lo que ocurre con los hombros, con la diferencia de que aquí hay un componente de «palabra tragada». No podemos actuar ni expresarnos.

La clavícula es el hueso por el cual el acto nos libera de la palabra «no dicha». Claudia Rainville formula esto de otra manera. Sugiere que los problemas en la clavícula aparecen cuando a uno le imponen decisiones a las que ha de someterse y le impiden expresar sus necesidades y sentimientos.

Clavícula procede del latín *clavicula*, «llave pequeña». Vincula el hombro con el centro faríngeo —la expresión de sí—, que es una manera de vincular la expresión verbal con la expresión mediante la acción, de la que el hombro es la puerta. Es una manera de unir el gesto con la palabra, y a la inversa. Manteniendo los hombros separados permite la independencia entre la palabra (el aliento del tórax) y la acción (a través de los hombros y las manos). Los problemas de clavícula hablan a la vez de dificultad para expresarse y de fracaso para transferir la palabra al «hacer». Las fracturas de clavícula suelen ser el resultado de una rebeldía no manifestada, de unas palabras no dichas; la persona intenta sublimar las palabras que ha tenido que tragarse desviándolas hacia la acción. «Nada de palabras. ¡Actos!», una máxima a la que se adheriría gustosamente.

Béatrice, una pianista de 37 años, tenía inflamada la articulación situada entre la clavícula y el esternón del lado izquierdo. Desde la infancia, siempre había tenido la sensación de no tener derecho a la palabra: se sentía asfixiada por una hermana mayor que ocupaba todo su espacio vital. La práctica del piano fue para ella un medio de desviar su expresión, de trasladarla de la laringe a los dedos. Más tarde se casó con un hombre taciturno, muy racional, poco sensible, que no comprendía sus dificultades con la música, y que, por lo tanto, reproducía en parte la situación de su infancia. Afortunadamente para ella trabajaba entonces con un profesor que la comprendía, le aconsejaba, la animaba... Pero, un buen día, aquel señor se marchó a una ciudad lejana, dejándola sola frente a la oposición del marido respecto de su medio de expresión (la laringe) a través de la música (los miembros superiores y las manos). Poco tiempo después le apareció el dolor en la articulación situada entre la clavícula y el esternón (cerca de la laringe, centro de expresión).

Los brazos

Poder y autoridad
Dificultades para actuar y realizar, fracasos personales, miedos
Fracaso para tomar, para «abrazar» (un ser, una situación), para acoger.

Los brazos nos permiten proyectar el deseo en la acción, de donde resulta una dolorosa toma de conciencia de nuestros límites.

Dificultades para actuar
Los problemas en los brazos evocan las dificultades que una persona tiene para actuar y ve obstaculizada su capacidad de acción. Pueden proceder de heridas antiguas y profundas, relacionadas, por ejemplo, con juicios y prohibiciones de sus padres; todo eso afecta a la estructura, a los huesos. Los dolores o fracturas en los brazos pueden hablar de un fracaso personal mal aceptado, de la imposibilidad de realizarse plenamente (bien en el aspecto profesional, bien en el familiar) o del temor que uno siente ante una acción que podría llevar a cabo. Por medio de los brazos podemos expresar la confianza —o la falta de confianza— que tenemos en nosotros mismos al actuar.

Poder y autoridad
Numerosas expresiones evocan el brazo como símbolo de poder y de autoridad: levantar un negocio «a fuerza de brazos», «el brazo secular», etc. O, por el contrario: «bajar los brazos», «quedarse de brazos cruzados». El brazo es también el que ejecuta: «es su brazo derecho».

Acoger con los brazos abiertos
Por último, algunos autores norteamericanos mencionan a propósito de los brazos la capacidad de aceptar las experiencias de la vida «con los brazos abiertos», igual que uno «acoge en sus brazos» al ser amado.

El codo

El codo es a la acción lo que la rodilla a la relación, una articulación importante entre el deseo y su realización.
El codo puede evocar un proyecto diferido («mettre sous

le coude»),[7] así como la necesidad de *doblegarse a la acción*, de adaptarse al obstáculo o a otras personas, como cuando hay que trabajar «codo a codo». Evoca también la *posesión*, pues permite «tomar en los brazos». Además, recuerda el lugar que cada uno tiene en la acción, es decir, su ambición («abrirse camino a codazos»), y su opuesto, la pereza («l'huile de coude»).[8] Es también protección del propio espacio cuando, en medio de la muchedumbre, tiene uno que avanzar «a codazos». Es, por último, *indignación*, cuando nos sentimos impotentes para actuar en una determinada situación.

Doblegarse a la acción

En las acciones, en general, con frecuencia hemos de doblegarnos para adaptar nuestros deseos a la realidad. La capacidad que uno tiene para doblegarse, para ceder cuando actúa, se expresa a través de los codos; también se expresa mediante ellos lo mucho que a uno le cuesta soltar algo en una acción demasiado rígida. Aquí se trata de aceptar, y el codo habla de la dificultad que uno tiene para aceptar lo que obstaculiza su acción o sus proyectos, cuando se siente obligado a hacer lo que no querría.

Los problemas del codo hablan de las dificultades que uno tiene para realizar un proyecto o para aceptar que se *difiera*. Las personas que padecen sinovitis del codo (*codo de tenista*) suelen poner toda su energía en lo que hacen... como cuando juegan a tenis.

Poseer, protegerse

Cuando una persona dobla el codo, «acerca algo hacia sí», en un acto de posesión, de afecto, o de protección (cuando es agredida). La expresión «abrirse paso a codazos» habla con claridad de esa manera de abrirse camino al mismo tiempo que uno se protege.

7. Literalmente: «Poner bajo el codo». Significa: «A la espera». (*N. de la t.*)
8. Literalmente: «El aceite del codo». Significa: «La energía con la que se hace o se deja de hacer algo». (*N. de la t.*)

Indignarse

Los problemas en el codo pueden deberse también a la indignación o a la cólera ante la manera que los demás hacen las cosas. Una persona siente que su acción está siendo bloqueada, pero no sabe qué hacer ni cómo reaccionar; querría actuar, pero no puede.

El antebrazo

Dificultad para elegir los medios que permiten llevar a cabo la acción, o para aceptar las acciones que nos vemos obligados a hacer por imposición exterior.

El antebrazo es como un intermediario entre la aceptación del codo y la implicación de la muñeca (en el sentido de optar por una acción u otra) cuando el deseo comienza a llevarse a la práctica.

La muñeca

Voluntad, energía, vigor. Actuar con autoridad y flexibilidad.

La muñeca puede verse bajo dos aspectos complementarios: voluntad y flexibilidad. La dificultad estriba aquí, con frecuencia, en establecer el equilibrio entre esas dos cualidades opuestas pero complementarias.

La voluntad, el deseo de actuar

La firmeza y voluntad, es «s'élever à la force du poignet».[9] La fuerza de la muñeca habla de la firme voluntad puesta en la acción, de *la energía con la que uno se implica* en ella. De un hombre de voluntad firme que lleva sus actos hasta el final se dice que es un «homme de poigne».[10] Una tensión justa en la

9. Literalmente: «Alzarse con la fuerza de la muñeca». Equivale a la expresión: «Alzarse a fuerza de puños». (N. de la t.)

muñeca proporciona habilidad a la mano y destreza a los dedos. En la acción de escribir, la muñeca es el «soporte» sobre el que reposa la mano, como un apoyo energético, como un nudo de voluntad sobre el que se articula la delicadeza del gesto.

El **calambre del escritor** puede resultar de un conflicto entre el deseo de escribir y cierta sensación de incapacidad, de falta de confianza en sí mismo.

Olivier, un ejecutivo de 47 años, que trabajaba en el departamento comercial de una empresa, se quejaba de una molestia que sentía a la hora de escribir. La molestia apareció precisamente cuando la empresa se informatizó, cuestión ésta que le hizo pasar muchas noches en blanco. Olivier era un perfeccionista, no soportaba los reproches y se exasperaba ante cualquier obstáculo. Escribir bajo la mirada de alguien le bloqueaba por completo, y, como entre sus múltiples quehaceres cotidianos tenía que rellenar algunos cheques, siempre que sabía el montante lo hacía con antelación. Su padre había sido un hombre autoritario y durante la infancia le hizo sufrir mucho, lo humillaba continuamente y lo trataba de incapaz. La molestia en la muñeca no hacía sino subrayar su sensación de no poder actuar, de no poder escribir, una sensación hundida en el fondo del inconsciente que había despertado al descubrir sus limitaciones cuando se informatizó la empresa.

Soltura, habilidad

Esta articulación entra en juego en infinidad de ocasiones. En música, en deporte y en cualquier circunstancia que requiera habilidad, la muñeca debe mantener cierta soltura. La muñeca habla de la necesaria unión entre energía y flexibilidad en la realización de la acción. Es la base de la habilidad manual, a veces firme, a veces suave, tanto en la manipulación de las cosas como de las personas.

10. Significa: «Hombre enérgico o de autoridad férrea». *Poigne* es «energía, vigor». *Poignet*, «muñeca». *(N. de la t.)*

El dolor en la muñeca podría expresar, por lo tanto, cierta rigidez en la acción, falta de flexibilidad; manifiesta la actitud del que cree poder someter la realidad a su voluntad, el deseo de «pasar a la fuerza», de marcar directrices con exceso, cierta crispación... o, al contrario, falta de firmeza, de determinación. Tenemos tendencia a crisparnos cuando hay conflicto entre la intención de hacer algo y el temor de no conseguirlo.

El ritmo

¿Por qué evocar el ritmo a propósito de la muñeca? Es cierto que el director de orquesta dirige el ritmo que impone a ésta con la muñeca, y también que el bateador se sirve de la muñeca para golpear la pelota. Pero hay algo más, pues existe una relación energética entre los miembros superiores, en particular las muñecas y las manos, con la respiración. Las personas que tienen una enfermedad pulmonar crónica sufren más problemas en los antebrazos, muñecas y manos que las demás.

Pues bien, lo que caracteriza la función respiratoria es, por una parte, el intercambio —como la mano— y, por otra, el ritmo, esencial en el arte de escribir. No hay escritura manuscrita que no sea rítmica, aunque sólo sea en la alternancia entre tensión y relajación muscular. Incluso lo que se escribe respira, en cierta manera, como la pausa que separa dos párrafos, dos ideas, que son como los movimientos respiratorios, siguen una cadencia: primero, una inspiración ilumina el pensamiento; después, una espiración lo expresa. ¿No se dice de un texto bien escrito que «tiene ritmo»?

Los dolores de muñeca pueden resultar de una carencia de ritmo, de una dificultad para respirar, simbólicamente hablando, y de una tendencia a la crispación ante lo que uno tiene que hacer, cuando no se es capaz de concederse una pausa ni de ver las cosas con perspectiva.

Las manos

Acción, realización, habilidad, destreza
Expresión, comunicación, conocimiento
Intercambio, don, posesión
Poder, autoridad, dominio

La mano para actuar
La mano simboliza la realización del acto, con la finura de un buen acabado. Insertándose en la voluntad flexible de la muñeca, la mano introduce habilidad, y los dedos, destreza.

La mano es característica del ser humano... en este mismo momento en el que escribo, mi gato, subido a la mesa en la que estoy trabajando, juega con un pequeño elástico. Con una torpeza desesperante, intenta atraparlo entre sus garras; verlo tan desmañado me hace entrever lo que seríamos si no tuviéramos manos. Sin manos, la Humanidad, tal como la conocemos, no existiría; como tampoco ninguno de los elementos que nos rodean, que nos resultan tan familiares y que constituyen nuestro marco de vida.

Las manos son también un medio de expresión, a través de ellas nos «manifestamos», «hablamos con las manos», nos expresamos «por gestos», «unimos el gesto a la palabra». Nos comunicamos, damos, recibimos con las manos. «Hablar con el corazón en la mano», «tenderle a uno la mano», «echarle una mano», una cadena de amistad o de fraternidad en la que unos a otros se dan la mano...

Como prolongación de la muñeca, la mano expresa también una relación de fuerzas, un poder perceptible y una manera de afirmar la autoridad que uno tiene en el apretón de manos. La forma en que me dan la mano los pacientes cuando entran en la consulta me da una primera información sobre su temperamento, al menos sobre lo que ellos dejan ver en sus relaciones con los demás.

El dolor puede ser un signo de posesión, del deseo de dominar o del miedo a perder; es señal de que se aprieta demasiado, de que se posee, de que se aferra con avidez. La mano pacífica es abierta, la mano agresiva es cerrada.

La **poliartritis reumatoide** es una enfermedad autoinmune (es decir, que uno vuelve la cólera contra sí mismo, de ahí la inflamación) que puede resultar de un conflicto de poder en alguien que, sin darse cuenta, tiene tendencia a dirigir a las personas de su entorno, a veces incluso bajo una apariencia solícita y complaciente.

Para Nadia Julien, en su *Dictionnaire des symboles*,[11] la mano es símbolo de comunicación y de actividad. En otros tiempos, la mano era considerada como el símbolo de Dios Padre, representaba su autoridad y los Diez Mandamientos (los diez dedos). Por otra parte, para los chinos, los dedos de la mano representan los cinco elementos de la naturaleza, o los cinco sentidos. En algunas iconografías de la Edad Media aparece un sexto dedo en las personas que se suponía tenían un sexto sentido. Para los musulmanes, la mano es también el símbolo de la providencia.

La mano está también vinculada al *conocimiento*. Es un conocimiento *concreto, por el tacto*. El niño empieza a conocer el mundo que le rodea tocándolo todo; no le basta ver, necesita tocar, apropiarse. Utilizando los ojos, no es más que espectador; pero, al emplear las manos, aun siendo niño, se convierte en actor, ¡incluso si eso supone empezar con inocentes travesuras! A este propósito, Annick de Souzenelle nos recuerda que, en hebreo, la raíz de «mano» es muy parecida a la de «ojo», pues la mano está dotada simbólicamente de visión. Para los ciegos, las manos son sus ojos, se dice que «ven con las manos». La visión y el tacto llevan al conocimiento liberador, dice Annick de Souzenelle, y yo añado que el verdadero conocimiento resulta del doble papel de espectador y actor, ambos son necesarios para comprender realmente.

Por último, un remedio utilizado en homeopatía tanto para el conocimiento como para las relaciones (¡los conocidos!),

---

11. Nadia Julien, *Grand dictionnaire des symboles*, Éd. Marabout, 1997.

el **Phosphorus**, es adecuado para las personas que tienen las manos cálidas y la comunicación cordial, personas abiertas, extravertidas y sensibles a las necesidades de los que las rodean.

Las expresiones populares se relacionan fundamentalmente con tres temas:

La actividad, la tarea: «ponerse manos a la obra», «traerse algo entre manos», «estar mano sobre mano», etc.

La autoridad, la habilidad: «soltar uno la mano» (adquirir agilidad en un oficio), «ser un manazas», «tener mano de hierro en guante de terciopelo», «tener buenas manos», «tener mano izquierda», etc. La autoridad se encuentra representada en el cetro.

La ejecución: «actuar con mano dura», «meter mano en un asunto», «pillar a alguien con las manos en la masa», «la mano del verdugo», etc.

Por último, hay muchas palabras que, desde el punto de vista etimológico, derivan de mano, confirmando ampliamente los aspectos que he mencionado: «encomendar» es confiar una misión, «mandar» es ordenar con autoridad, «emancipar» es liberarse de la autoridad paternal, la «mansedumbre» habla de benevolencia, y no digamos «manejar», «maniobrar», etc.

Mano izquierda y mano derecha

La mano derecha es símbolo de poder, de voluntad, de afirmación. Se alza en señal de mando. Se apunta con el índice para marcar un punto o indicar una dirección.

La mano alzada con los dedos juntos está diciendo «pare», o que se quiere intervenir; con los dedos separados, es señal de don, de bendición.

La mano izquierda es la del corazón. Es la mano en la que se lleva el anillo, el vínculo. Es la mano pasiva, la que capta y percibe.

En quiromancia se considera que en la mano izquierda está escrita la predestinación, el pasado, las predisposiciones personales. La mano derecha corresponde, en cambio, a lo adquirido, al activo de cada persona, al resultado de su voluntad y de sus actos. Para los orientales, el sendero espiritual es el de la mano derecha; el material, el de la mano izquierda; son dos maneras de volver hacia la Fuente. Las manos juntas simbolizan la reconciliación entre los opuestos, la concordia; orar con las manos juntas es una manera de aspirar a la propia unidad. Y resulta asombroso observar que, *en cualquier parte del planeta, en cualquier cultura y religión*, se lleva a cabo el mismo gesto para simbolizar el recogimiento, la aspiración espiritual.

Como la mano es también símbolo de *dominación*, saludar con las manos juntas es una manera de hacer saber que no se utilizarán de forma hostil. En Egipto y en la antigua Roma, la mano simbolizaba la fuerza, la autoridad, el poder, el vigor.

Tal vez parezca que algunas observaciones respecto de la mano derecha y la izquierda están en contradicción con la idea de la lateralidad que he desarrollado más arriba, en el sentido de que el lado derecho sugería una dificultad con un elemento femenino y el izquierdo con un elemento masculino. La contradicción es sólo aparente. Recuerdo aquí lo que he mencionado a propósito de la lateralidad: lo que nos plantea el problema no es la parte visible, sino la sombra. Nuestras dificultades proceden de ese aspecto oculto que la consciencia no domina, de ahí una inversión paradójica. La mano derecha, conscientemente activa, masculina, se verá afectada en cuestiones femeninas o en relación con una mujer, y a la inversa. De la misma forma, el poder parece estar del lado masculino, pero todos sabemos que las decisiones de un hombre suelen estar inspiradas por una mujer. Esta cuestión de la lateralidad es como un «juego de go»,[12] que no se comprende más que mirando las dos partes al mismo tiempo, los dos lados de la situación.

12. Juego de estrategia de origen chino en el que dos jugadores colocan peones (go-ishi) negros y blancos en las intersecciones de las 19 líneas verticales con otras tantas horizontales dibujadas en un tablero (go-ban). Gana el que sitúa sus peones de forma que delimita un territorio más amplio que el de su adversario. *(N. de la t.)*

Destreza, habilidad, detalle de la acción (Pequeñas impaciencias en nuestras acciones cotidianas) Conocimiento («palpar con los dedos», el sentir)

Los dedos permiten el detalle en la acción, cuando *la habilidad se convierte en destreza.* ¿No se dice de algunas personas que «tienen dedos de hada»? Al igual que la mano, los dedos hablan de *conocimiento:* «tocar con los dedos», «saber un tema por la punta de los dedos», «saberse la lección al dedillo», «no chuparse el dedo», «poner el dedo en la llaga», «no tener dos dedos de frente», etc., con los consiguientes riesgos de error cuando uno no «ha hecho dedos» (para adquirir agilidad en el piano) y puede «pillarse los dedos», o siente arrepentimiento por «no haber movido un dedo» para ayudar a alguien y acaba «mordiéndose los nudillos» tal vez de rabia, etc. Los accidentes y pequeños traumatismos en los dedos pueden ser una manera de expresar todo eso. Las heridas en los dedos son otros tantos actos fallidos en los pormenores de lo cotidiano. Hablan de nuestras pequeñas impaciencias en el detalle de la acción. Como hace observar Claudia Rainville, las personas que se hieren los dedos con más frecuencia son las perfeccionistas: se aferran al detalle. Los pequeños traumatismos, como cortes o heridas, pueden reflejar culpabilidad o impaciencia por cosas insignificantes. Las nudosidades y rigidez pueden traducir cierta «crispación», una especie de inflexibilidad ante los detalles de la vida cotidiana, un rasgo del carácter que puede agravarse a medida que avanzamos en edad.

Abordemos ahora cada dedo en particular.

El dedo pulgar

Toma de contacto con las cosas, con los acontecimientos Fuerza, presión

Tener, poseer, o ceder, perder el control
Triunfar o fracasar (el pulgar es un símbolo fálico, nos permite tener un asidero en las situaciones)
Proteger o condenar (el pulgar hacia arriba o hacia abajo)

El pulgar evoca en primer lugar nuestra capacidad para *tomar, para tener una asidero en las situaciones, en los acontecimientos de nuestra vida*. Sin el pulgar la mano no podría asir nada. Una herida en el pulgar puede traducir el sentimiento de que uno ha perdido el control de los acontecimientos, ha perdido algo que esperaba *tener y poseer*. Los problemas del pulgar nos obligan a «soltar prenda» o desprenderse a ceder, y a través del dolor en el pulgar expresamos el dolor de *no poder actuar ni tomar el control de una situación*.

En los juegos circenses de Roma, el pulgar hacia abajo significaba dejar al hombre frente a la bestia salvaje sin protección ni defensa, es decir, condenarlo. El bebé se chupa el pulgar para tranquilizarse; y el niño, cuando el juego va demasiado lejos y se encuentra sin defensa, es decir, cuando la situación se le escapa y ha perdido asidero, grita: «Pouce, j'arrête!».[13] También es del pulgar de donde parte el meridiano de los pulmones, que hacen pensar en el espacio y también en la protección. El pulgar puede traducir un sentimiento de debilidad con *necesidad de protección*, sobre todo cuando, además, va acompañado de fracaso o tristeza.

El pulgar es un símbolo fálico que evoca nuestro *poder*. Comparte con el índice cierta forma de autoridad. Ese poder que en la Roma antigua era el de la vida o la muerte se convierte en nuestros días en un juicio de valor: el pulgar hacia arriba para decir «¡Bravo!», o hacia abajo para mostrar nuestra desaprobación.

«¡Bravo!», pero también «Chapeau!»,[14] pues, como hace observar Annick de Souzenelle, el pulgar está en relación sim-

13. Literalmente: «¡Pulgar! ¡Me paro!». Equivale a la expresión: «¡Vale! ¡Me rindo!». (*N. de la t.*)

14. Literalmente: «¡Sombrero!». Expresión equivalente a: «¡Bravo! ¡Hay que descubrirse!». (*N. de la t.*)

bólica con la cabeza. El pulgar controla y la cabeza dirige. Esta autora añade que la historia de Pulgarcito resume la evolución humana, desde su alienante relación parental hasta su liberación total, fuera del condicionamiento espacio-temporal, cuando se calza las botas de siete leguas.

El dedo índice

El que muestra autoridad, el que ordena y dirige
El índice apunta y discierne, muestra «que sabe»
Capacidad para afirmar el propio punto de vista
Sentido crítico

Índice, indicar, indicación, indicio... Etimológicamente, índice significa «el que muestra», palabra que deriva de «decir», de mostrar (*deik*, «mostrar»). El dedo índice es como una manera de decir las cosas enfocando la atención; nos servimos de él como de una palabra. «Mira», dice el niño pequeño cuando no encuentra la palabra para describir lo que ve y apunta con el dedo hacia un objeto o situación. Señalar hacia lo alto, hacia el mundo de las ideas, es un gesto habitual en los alumnos cuando están en clase para decir «Yo lo sé», o, por el contrario, para pedir una precisión sobre la idea expuesta, porque el índice es preciso, apunta con exactitud. Y la precisión sobre una idea, sobre unos términos, la encontramos en el índice al final de un libro.

La palabra griega *diké* significa también «el derecho, la regla, la justicia, lo que sanciona un veredicto», y esto nos va a permitir matizar lo que precede. *Juzgamos mediante el índice, señalando algo con el dedo*; «ponemos en el índice» lo que no queremos.

Juzgar es también afirmar la propia autoridad. El índice ordena, dirige, marca la dirección a seguir, y el que «dicta» afirma su autoridad. Apuntar con el índice cuando uno habla es una manera de afirmar su determinación, incluso de amenazar, de acusar. El dedo índice nos sirve para señalar, para emitir una crítica. Si está medio flexionado hacia arriba, pide; si está extendido, afirma. Y, cuando señala algo, es para «poner el dedo» con determinación en un punto capital. Con el índice se enfatiza el propio punto de vista o la eventual oposición.

Es el dedo de nuestro «Ego», de nuestro punto de vista, de nuestras convicciones: *los dolores en el índice podrían expresar la dificultad que uno tiene para decir las cosas, para afirmar sus convicciones, para emitir una crítica, o bien para reflejar el temor a ser criticado o juzgado* por falta de confianza en uno mismo, por timidez, por miedo al otro o al «qué dirán» (el niño que no se atreve a levantar el dedo). También pueden hablar de una *tendencia autoritaria contrariada*.

Por último, es el dedo de la idea y del conocimiento, pues es sobre todo con él con el que «tocamos» las cosas y las ideas. Es el dedo de la revelación, que encontramos en el fresco de la creación del mundo, de Miguel Ángel, en la capilla Sixtina del Vaticano.

Para Annick de Souzenelle, el índice (en correlación con Júpiter) representa el discernimiento, el hecho de ver las cosas claras, tanto por fuera como por dentro. Se pregunta uno de alguien si no está loco girando el índice apoyado en la sien. El mismo gesto, con el dedo apoyado en la sien pero sin moverlo, indica que la mente se está iluminando con una idea.

El dedo corazón

Fuerza y posesión
Eros y Tánatos, el amor y la muerte (sexualidad, creatividad)
Insatisfacciones

El dedo medio también es el más grande[15] y el más fuerte de los dedos. Esta particularidad le permite dar la réplica al pulgar,

15. En francés, este dedo se llama *le majeur*, es decir, «el mayor». *(N. de la t.)*

al que completa en su acción de tomar. La fuerza de las manos se manifiesta fundamentalmente mediante este dedo y el pulgar. Una antigua tradición lo relaciona con la sexualidad, con el poder sobre el otro, con el placer y la satisfacción de poseer al otro. El dolor en el dedo del corazón podría hablar de la insatisfacción que uno siente por la manera en que ocurren las cosas a ese nivel. Al igual que el pulgar, también este dedo habla del fracaso en la posesión. Y, de una forma más general, podría reflejar dificultades para asumir la propia sexualidad, un sentimiento de culpabilidad o el miedo a la muerte.

El dedo anular

Anillo, unión, vínculo del corazón. Penas de amor

Es el dedo de la unión (el anillo), del vínculo entre dos personas. Tal vez el de las uniones y las penas. Michel Odoul amplía este sentido llevándolo hasta la asimilación y la cohesión. Un problema en este dedo indicaría cierta dificultad para unir, para crear con coherencia. Annick de Souzenelle, dice a propósito del dedo anular que «es sol, como el oro del que se adorna». Asimismo, lo relaciona con el hígado, que para ella es el órgano luz, la sabiduría, preludio de la capacidad de la vesícula para ver con claridad.

El dedo meñique

Intuición y discernimiento
«Mensajero», finura y sensibilidad
Pretensiones, «parecer», acciones mundanas
Vínculos de familia

Como ya he desarrollado en la introducción, el dedo meñique parece estar relacionado, según la experiencia de cada autor, con la *intuición*, aunque también con las *pretensiones* y con los *vínculos familiares*. Las tres hipótesis no se excluyen unas a otras, aunque puede ser más acertada una u otra según las circunstancias, y no es raro que se den las tres al mismo tiempo.

Las uñas

Defenderse («con uñas y dientes»), protegerse
Estado global de las defensas vitales (morfología, lesiones...)

Las uñas representan la sensación de protección que experimentamos frente a las personas que nos rodean y frente a los diversos acontecimientos de la vida. Protegen las yemas de los dedos, que están en relación directa con la destreza. Proceden de las garras del animal y pueden servir tanto para defenderse como para rascarse, es decir, para ahondar en el detalle (destreza). Morderse las uñas puede denotar un rechazo a crecer y a asumir las propias responsabilidades; también podría expresar la interiorización de un rencor (se muerde uno las propias defensas).

Los miembros inferiores

«Ir hacia», la «relación»
Evocan la capacidad para desplazarse, para avanzar,
para moverse... y para entrar en relación con los demás
y con el mundo

Con las piernas vamos hacia los demás y avanzamos en la vida. Podemos entender una u otra de estas metáforas según las circunstancias.

Las piernas hablan de *relación* social, de las dificultades y tensiones que uno tiene en sus relaciones con los demás, de lo que cuesta avanzar o retroceder en el espacio relacional del momento. Cuanto más lejos esté localizada la tensión, tanto más consciente es, más exterior.

De la misma forma, las piernas nos hacen avanzar en la vida; los dolores o parálisis de las piernas pueden hablar de *miedo al porvenir, de la negativa a moverse.*

La cadera

Abandono, traición
Determinación o indecisión para ir hacia delante

La cadera tiene una doble función:
—Sirve de punto de apoyo, un apoyo físico que tiene a menudo una correlación afectiva.
—Ese punto de apoyo es a su vez el punto de partida del movimiento; desde aquí se mueve el cuerpo hacia delante y se permite la marcha, tanto hacia los demás como hacia el futuro.

Este punto también se encuentra implicado cuando hay una «pérdida de apoyo», afectiva o simbólicamente hablando. Puede ser una situación de *traición* o de *abandono*, sea por culpa del otro, sea por culpa propia (cuando la volvemos contra nosotros mismos). Yo he constatado que el dolor en la zona lumbar o en la cadera con mucha frecuencia va acompañado de un sentimiento de traición. En una mujer, el dolor en la cadera izquierda puede reflejar el abandono conyugal. Michel Odoul cita el caso del duelo por un cónyuge vivido como un abandono (y pérdida de apoyo), con el consiguiente dolor en la cadera.

La cadera simboliza también la base del movimiento, y los dolores de cadera pueden expresar el *temor de ir hacia delante* cuando uno cree que ya no hay lugar hacia el que avanzar (la fractura de cadera en las personas de mucha edad podría indicar esto). También podrían indicar que uno carece de determinación a la hora de tomar decisiones importantes, o que permanece indeciso en cuanto a la orientación que debe tomar.

Claudia Rainville observa que, lo que afecta a la cadera, concierne en general a las decisiones importantes de la vida (mudanzas, etc.).

Las nalgas

**Asentar la propia autoridad
Poder
Energía sexual**

Las nalgas, al igual que los muslos, son músculos muy fuertes en los que se basa el movimiento de las piernas. Simbolizan el poder que uno tiene, el que pone en sus relaciones.

Son al cuerpo lo mismo que el pulgar es a la mano: son una marca de poder. Por un lado, porque son capaces de precisar el movimiento; por otro, y sobre todo, porque simbolizan la *actitud que caracteriza la autoridad*. El rey, el juez, el médico, y todas las personas que ejercen su autoridad, la ejercen sentadas. De ahí la expresión «asentar su autoridad». Asimismo, cuando alguien hace caso omiso de unas normas establecidas, se dice que «se c... en eso», lo que no está lejos, fisiológica y psicológicamente hablando, de un «desprecio anal».

Encontrarse bien «asentado» en una situación, traduce la sensación de estabilidad; o, en caso contrario, la inestabilidad que uno vive en sus relaciones o en su profesión. En este último caso, puede tener la sensación de estar en una «siège éjectable»,[16] o tener que «serrer les fesses»,[17] a no ser que esté «assis entre deux chaises»,[18] que no es una posición cómoda... Expresiones como «no calentar el asiento» prolongan esa no-

16. Literalmente: «Asiento eyectable». Significa: «Encontrarse en situación precaria». *(N. de la t.)*

17. Literalmente: «Apretar las nalgas para no c... de miedo», que es lo que significa. *(N. de la t.)*

18. Literalmente: «Sentado entre dos sillas». Significa: «Encontrarse en una situación incierta, inestable o peligrosa». *(N. de la t.)*

ción de inestabilidad. Así que los problemas de las nalgas pueden hablar también de la dificultad que uno tiene para permanecer sentado, es decir, de la necesidad de moverse, con lo que implica de impaciencia, falta de tiempo, etc.

Por último, esos fuertes músculos que intervienen en las relaciones están implicados en el acto sexual, con un vigor más próximo a una toma de poder que a la ternura.

El muslo

Abandonar o ser abandonado, sin apoyo
Poder, pero también toma de conciencia de los propios límites
Dominio y objetivo. Proyectos

El muslo une la cadera con la rodilla. De la rodilla toma la idea de aceptación y de la cadera el sentimiento de traición, de abandono, bien porque abandonamos nosotros, bien porque somos abandonados (**cruralgia**). Como sugieren varios autores, los dolores del muslo *reflejan una antigua herida inconsciente que remonta a la superficie*, un viejo traumatismo de la infancia, junto a un sentimiento de traición que nos deja «paralizados». La cadera y el muslo están implicados a menudo en situaciones de abandono, al igual que los hombros, pues existe cierta simetría entre lo que evocan los brazos y lo que evocan las piernas. Por arriba (el hombro) no nos sentimos «respaldados», y por abajo (cadera y muslo) perdemos el apoyo.

Françoise, una viuda de 42 años con dos hijos a su cargo, vino a verme por un **edema linfático** en el muslo derecho que le molestaba al andar. Los chequeos realizados no habían encontrado causa orgánica alguna, por lo que el tratamiento que seguía tenía sólo efectos paliativos. Le había aparecido cinco años antes, poco después de la muerte de su madre, con la que se entendía muy bien. En cambio, las relaciones más bien neutras y distantes que hasta entonces había tenido con sus hermanas, se degradaron mucho con motivo del reparto de la herencia. Les reprochaba haber querido desposeer a su padre y haber tenido una actitud muy egoísta. Durante la consulta, sus palabras rezumaban resentimiento, no sólo hacia sus hermanas, sino hacia la vida en general: «Vivo sola con mis hijos y no tengo a nadie que me ayude. Mi padre ya es un anciano, él no se da cuenta de nada, no se lo reprocho. No tengo ninguna ayuda de mi familia. A mis hermanas no les falta nada, pero no me siento *respaldada*. Como madres de familia que son, podrían ponerse en mi lugar. Pero no. Yo vivo sola con mis hijos, es natural, nadie se hace preguntas. A ellas la vida les sonríe, nunca han tenido problemas. Las personas a quienes la vida les sonríe no se dan cuenta de las dificultades que pueden experimentar otros».

Le propuse que tomara **elixir floral de sauce**, remedio apropiado para el resentimiento hacia los demás y para la amargura hacia la vida. Y al cabo de unos meses, poco a poco, el edema linfático incurable empezó a desaparecer, al mismo tiempo que, curiosamente, mejoraban las relaciones con sus hermanas.

El muslo puede igualmente hablar de una *difícil toma de conciencia de nuestros límites*: es posible que uno crea que pierde su poder cuando tiene que ceder en algún proyecto importante y lo acepte sólo de forma intelectual, superficialmente.

También es el músculo más fuerte del cuerpo humano. A imagen del Centauro, animal mítico con cabeza de hombre y cuerpo de caballo, el muslo simboliza esa energía animal que, una vez dominada, nos permite avanzar hacia nuestro objetivo. En algunas tradiciones simboliza la energía sexual, los instintos dominados. Como hace observar Annick de Souzenelle, «¿sobre qué energía se apoya el hombre para avanzar?». Sólo el que consigue domar el caballo salvaje puede aspirar a recorrer grandes espacios y salir del círculo de su vida cotidiana. El muslo simboliza nuestros límites, pero también nuestra necesidad de trascenderlos, de viajar lejos en busca de otros espacios, y sus heridas pueden expresar que ponemos todo eso en entredicho. Así, la **cruralgia** podría asimismo expresar la pérdida de apoyo en una relación que, en consecuencia, limita nuestro campo de acción, nuestros proyectos.

En cuanto a la **ciática**, corresponde, lo mismo que el dolor de muslo, a la sensación de haber perdido apoyo, pero cuando, además, se siente uno traicionado en algo «básico» (el dolor parte de la columna lumbosacra). En general, el dolor expresa cólera; en este caso, además de cólera hay pesadumbre, tristeza y sensación de pérdida.

Claudia Rainville sugiere interpretar esto según la zona donde el dolor es más intenso. Si es en la nalga, sería como el temor a perder el poder que uno tiene; un poder, dice, asociado con frecuencia al prestigio y al dinero (si lo perdemos, sentimos que ya no valemos nada). Si es en el muslo o en la pierna, traduciría un temor a avanzar hacia una situación incierta que nos angustia, como el miedo a una separación, a perder el empleo, etc.

La rodilla

Aceptación/rechazo, humildad/orgullo, «ponerse de rodillas» Doblegarse u obstinarse, «saber doblarse para avanzar» Ambición, terquedad. Reorientar lo que se ambiciona en la vida

Por muchas razones, esta importante articulación evoca la capacidad de *doblarse para avanzar, de aceptar*, de ponerse de rodillas. Habla de *humildad* en las relaciones con los demás, de flexibilidad interior, de fuerza profunda que sabe adaptarse para avanzar. Hace pensar en fidelidad y sumisión: «hincar la rodilla en tierra», «arrodillarse» para implorar, para orar, para pedir perdón por una falta cometida. En la mayoría de las religiones, ponerse de rodillas es un signo de humildad.

La rodilla sólo puede doblarse hacia atrás, lo que nos lleva a aprender a soltar, incluso a ceder o a retroceder para conseguir nuestro objetivo. El dolor de rodilla expresa la dificultad que uno tiene para aceptar una situación, para doblegarse, para adaptarse, sea en una relación, sea frente a las circunstancias de la vida. Los problemas de rodilla hablan de testarudez, del rechazo a doblegarse ante las ideas de los demás. Las rodillas que flaquean, por el contrario, pueden reflejar falta de convicción personal, un carácter influenciable, demasiado flexible. Una herida en la rodilla puede venir a concretar el sentimiento de culpa por querer tener siempre razón, como la artrosis, o puede expresar la cólera que se siente por tener que abdicar ante una persona o una situación. Ser flexible en las relaciones significa también ser abierto y saber comprometerse.

El deportista de alto nivel, el que participa en competiciones, se ve a menudo *obligado* a «hincar en tierra la rodilla», cuando ésta le falla. Lo mismo que el muslo, también la rodilla trae a la mente el necesario reconocimiento de nuestros límites, y dice cuándo ha sido *herida la ambición*, lo que hace pensar en otra cualidad de la rodilla, que es la capacidad para *rebotar*, para aceptar una situación, para inclinarse con el fin de *cambiar la orientación* de la vida y partir de nuevo... con buen pie.

Los dolores en la rótula expresan la dificultad que uno tiene para hincarse, en sentido literal y figurado, es decir, hablan de falta de flexibilidad o de la negativa a ceder ante alguien más fuerte que uno mismo (la ley o la autoridad legalmente establecida).

La pierna

Avanzar sin reparar en obstáculos
Conflicto «de orientación»

Las piernas permiten avanzar, ir hacia delante sin reparar en los obstáculos, ir hacia los demás, hacia el porvenir. La debilidad, la pesadez o la **paresia** de las piernas pueden reflejar la sensación que uno tiene de no poseer los medios necesarios para realizar aquello a lo que aspira, la impresión de estar limitado en la acción y en los proyectos, por sí mismo o por otro.

La **flebitis** puede traducir la sensación de no poder avanzar más, o el deseo de no hacerlo. Tal vez se hace responsable al otro de la falta de alegría que uno tiene para avanzar en la vida. Como veremos más adelante, los problemas en las venas reflejan la falta de reciprocidad del amor que se da, la falta de retorno, cuando la vida o el cónyuge no lo devuelven en la medida en que es ofrecido.

Los músculos de la pierna afianzan el tobillo y orientan el pie; el dolor en ellos revela un problema de la misma índole. Están entre la rodilla que «se dobla y acepta» y el conjunto tobillo-pie que permite orientar y afianzar la posición. Los problemas de las piernas hablan de la dificultad que uno tiene para cambiar de posición, de opinión o de dirección; o bien, por el contrario, de lo que cuesta «afianzar» una posición con la flexibilidad y firmeza requeridas. Los **calambres** y la rigidez en las pantorrillas son un eco de la crispación y rigidez que se sienten por tener que tomar una dirección contraria al propio deseo, como consecuencia de coacciones u obligaciones mal aceptadas. La fractura de la tibia puede reflejar un conflicto agudo, con ruptura, entre nuestra orientación y la situación exterior.

El tobillo

Decisión, dirección a seguir, implicarse (con determinación, pero no sin flexibilidad, como con la muñeca respecto de la acción)

Flexibilidad y firmeza de la muñeca a la hora de actuar, flexibilidad y firmeza del tobillo en la relación, en la *dirección a seguir*. El tobillo evoca la estabilidad y flexibilidad en las relaciones con los demás. A través del tobillo se *implica* uno en la marcha, y el dolor en él habla de un problema de decisión, de *dirección*, de no saber «sur quel pied danser».[19] *¿Qué actitud vamos a adoptar ante una dificultad*, como ante una piedra en el camino? El tobillo significa implicación, decisión, firmeza y flexibilidad a la vez, pero también marca la dirección que se deberá seguir.

El tobillo permite la rotación del pie, y por eso representa la *flexibilidad relativa a un cambio de orientación*. Los trastornos del tobillo pueden resultar de la sensación de estar detenido, de haber tomado una *dirección no deseada*, de no poder avanzar en la dirección que se querría. Una herida en el tobillo puede reflejar culpabilidad hacia la dirección que se ha tomado, o rechazo a la que ha sido impuesta. Por último, el esguince expresa, sobre todo si es repetitivo, falta de firmeza y de convicciones personales en la orientación dada a las acciones o al modo de proceder.

Los pies

Presencia, asentamiento (en las relaciones y en la sociedad)
Posición, convicciones, mantenerse en su sitio, «plantarse»
Arraigo, «saber adónde ir»

Los pies son nuestro asiento en el suelo, nuestro contacto con la tierra, con la vida, con los demás. Marcan nuestra *presencia* (el primer paso del hombre en la luna). Con los pies dejamos nuestra *huella* en el mundo. Mediante el papel social que desempeñamos en la sociedad dejamos nuestra impronta, nuestro sello. La etapa en la que comienza a dar los primeros pasos el niño que ha venido al mundo es acogida por la familia con gran satisfacción; a medida que él explora el espacio, ¡recuerda su presencia continuamente a sus padres! También es el momento de su entrada en la especificidad humana, es decir, empieza a *estar de pie*.

19. Literalmente: «No saber sobre qué pie bailar». Equivale a la expresión: «No saber a qué son bailar» o «No saber con qué carta quedarse». *(N. de la t.)*

181

Los pies simbolizan nuestro *papel oficial, social,* nuestras actitudes, nuestras posiciones firmes y reconocidas y, a través de ellas, los criterios con los que regimos nuestra vida, nuestras convicciones. Las convicciones y los pies hacen que «nos plantemos en nuestras posiciones». Por el contrario, de alguien que teme expresarse y afirmar su lugar en el mundo se dice que «se ve en calzas prietas», o que «no da pie con bola». Cada uno sabe «dónde le aprieta el zapato». Los pies hablan de los *conflictos que cada uno tiene en su posición frente al mundo,* con ese temor, en el fondo, a «dejarse pisotear» cuando tal vez sabe que «no le llega al otro ni a la suela del zapato».

«Tener los pies en el suelo», «haber nacido de pie», «caer siempre de pie, como los gatos», son expresiones que hacen referencia, asimismo, a la capacidad de adaptación al mundo y a la realidad exterior. De la misma manera, los pies indican el arraigo que uno tiene, a partir del cual sabe adónde ir.

En el trabajo, Liliane había encontrado una clara oposición en su superior jerárquico inmediato. Ella es una persona de carácter, de convicciones definidas, que dice lo que piensa; esto le ha granjeado la enemistad de su jefa. Ella sentía que estaba reviviendo un antiguo conflicto con su madre; se daban los mismos choques y el mismo deseo de no dejarse avasallar. Un día tuvo una violenta discusión con la jefa, y por la noche sintió un vivísimo calambre en la planta del pie derecho. ¿Por qué en el pie? Según me explicó, se sentía bloqueada en aquella situación; no sabía cómo salir de ella, pues el mercado de trabajo no le ofrecía otra alternativa que la de soportar lo que le parecía insoportable: no sabía adónde ir.

Un dolor en el pie puede igualmente expresar *la percepción de no avanzar, de estar estancado, de dar vueltas en torno a lo mismo.* Los pies —a través del movimiento— son también símbolo de libertad: a las mujeres chinas se les vendaba los pies... y nuestras mujeres llevan zapatos de tacón... Claudia Rainville añade: «Los pies indican de qué manera avanzamos por la vida;

desde ese punto de vista, la forma de caminar puede ser muy significativa». El pie plano en una persona podría expresar la impresión de no haber tenido nunca apoyo ni ayuda, acompañada de falta de confianza en sí misma y en la vida; el pie con una excesiva bóveda plantar sería como una persona que se acurruca y se repliega sobre sí misma manifestando así su necesidad de seguridad y protección. Caminar con los pies hacia fuera sería signo de apertura, de extroversión; lo contrario indicaría cierta timidez, como un repliegue hacia el interior y miedo a avanzar. Las verrugas plantares estarían asociadas a una pesadumbre, a un pesar.

Claude es profesora de física y química y tiene 50 años. Tres semanas después de un largo conflicto no resuelto con el director del centro en el que trabaja, empezó a notar dolor en la planta del pie izquierdo (enfermedad de Morton). El conflicto estaba originado por la posibilidad de simular las experiencias de química con un programa informático en lugar de hacerlas en el laboratorio, por ser lo primero más económico que lo segundo. Desde un punto de vista pedagógico, Claude consideraba que la manipulación real era irreemplazable, mientras que el director veía sólo el lado financiero del asunto. En nuestra época, cada vez más informatizada y «virtual», estaba *convencida* de la necesidad de preservar el contacto con la realidad en la enseñanza. Para ella era una *convicción fundamental*, por la que tropezaba con un elemento masculino (el director), de ahí su problema en el pie izquierdo.

El pie evoca asimismo el sentido de la realidad, como ponen de manifiesto algunas expresiones populares: «esperar al pie del cañón», «tener un pie metido en un asunto», «entrar con buen pie», «poner en pie un negocio», etc.; aunque también, por oposición a la cabeza, hay ocasiones en que «se hace algo con los pies», o «tiene uno la cabeza en los pies», o hace algo que «no tiene pies ni cabeza».

Por último, numerosas tradiciones evocan el simbolismo

sexual del pie, que hay que tomar en el sentido amplio de un encuentro con la propia alma a través del otro. En la iconografía que representa a Buda, en la bóveda plantar aparece dibujada una flor de loto, símbolo del Sol. En los talones y en los dedos de los pies aparecen representados dos símbolos sexuales que representan las dos fuerzas opuestas y complementarias de la creación que están en el origen del movimiento de la vida. En la antigua China, los pies femeninos se ocultaban a la mirada como una parte íntima y tabú, y sólo se descubrían en los preliminares de la relación sexual. En el cuento de la Cenicienta, el zapato es un símbolo femenino y el pie, un símbolo fálico.

Para Annick de Souzenelle, los pies —que tienen forma de semilla, de judía, como el riñón— contienen el devenir, la totalidad de las energías que hay que llevar a su plena realización. Simbolizan nuestra parte femenina (Alma) y su energía representa el flujo erótico fundamental que encamina a la esposa hacia su esposo. Es por lo que, según dice, el pie es también una fiesta (¿un disfrute?): «prendre son pied», «c'est le pied»,[20] etc. Pero sobreviene Satán, el falso esposo, el drama de la caída y de los pies heridos. La realización de la vocación del hombre, que es la conquista del reino divino en el interior de sí, se traspone en el deseo de conquista del mundo exterior. La energía, en lugar de remontar, fluye hacia los pies y, a través de ellos, se escapa. Y añade: «Toda enfermedad es significativa; las de los pies indican una salida en falso en la carrera hacia el crecimiento personal».

Por último, la iridología enseña que *en los pies hay un reflejo de la cabeza*, y por lo mismo, contienen la totalidad, como el iris.

---

20. En argot antiguo *le pied* era «la parte del botín» (que correspondía a cada uno). En argot moderno ha pasado a ser «placer sexual» y «placer en general». Así, *prendre son pied* significa: «Disfrutar de un placer», del *sexual* en particular. *C'est le pied!* equivale a: «¡Qué gozada!». *(N. de la t.)*

Los dedos de los pies corresponden a la parte cefálica del cuerpo; y el talón, a sus fundamentos.

El talón

Los cimientos, la tradición, el pasado sobre el que uno se apoya

El pie se apoya en el talón y se adapta al suelo con los dedos. Andar sobre los talones podría expresar la afirmación del sí que compensa una timidez encubierta o un espíritu muy tradicional, atado a valores del pasado o a los valores parentales.

Los dedos de los pies

Avanzar, afirmarse adaptándose a la realidad
Flexibilidad y convicciones

Los dedos de los pies son como antenas que nos informan del estado del suelo, del lugar donde ponemos los pies. Afinan lo que dice el pie; constituyen un punto de equilibrio y de percepción del suelo y del mundo. Permiten que nos adaptemos con flexibilidad a la realidad y a las asperezas del terreno (el entorno familiar o profesional, las condiciones exteriores, etc.), al mismo tiempo que afirmamos nuestra determinación de avanzar, de caminar afianzados en nuestras convicciones. Los dedos en forma de martillo traducirían cierta retención en el deseo de avanzar, una actitud de miedo o de control hacia la vida.

El dedo gordo del pie

Es la base del apoyo, del avance. Cuando el corredor se encuentra en posición de partida, se apoya en el dedo gordo del pie, principal punto de contacto con el suelo en ese momento. Se le da el sobrenombre de «fontaine jaillissante».[21]

El pie tiene dos puntos de apoyo principales: el talón, estático, seguro de su apoyo, y los dedos, en particular el dedo gordo, implicados en el movimiento y la *flexibilidad* en su contacto con el suelo, símbolo de la *capacidad de adaptación*, que desaparece con la edad. Las personas con voluntad decidida, cuando caminan, golpean fuerte el suelo con el talón, los demás «andan de puntillas»; en las personas de edad, los dedos se deforman, se doblan sobre sí mismos.

El dedo gordo del pie está en relación con la personalidad, con las convicciones, con el territorio. El **hallus valgus** (deformación del dedo hacia la parte exterior del pie) afecta a las personas que tienen dificultad para «ocupar su lugar» en la vida (cuando, por ejemplo, siempre se creen en la obligación de responder a las expectativas de los demás). La uña encarnada podría reflejar la pesadumbre que uno siente respecto a la orientación tomada en las opciones importantes de la vida.

Alex, un hombre de 43 años, se quejaba de la aparición de un reciente hallus valgus, algo precoz para su edad. Había tenido un padre autoritario que tenía actitudes dictatoriales, de ahí su adolescencia rebelde. Ya adulto, animador en su servicio social, se había opuesto durante mucho tiempo a un director que quería echar abajo su reputación, resistiendo con fuerza «donde otros ya hubieran claudicado». ¿Qué era lo que causaba su pesadumbre? No tanto «haberse dejado pisotear», pues resistía, sino haber aceptado ciertos compromisos. Era un conflicto de convicciones (el pie), en medio del cual no había sabido mantener el rumbo (desviación del dedo gordo) como hubiera deseado. Y, curiosamente, cuando sugerí a Alex el simbolismo del dedo y de la lateralidad izquierda, él mismo descubrió la relación; a partir de entonces, el hallus valgus dejó de dolerle a pesar de que persistió la deformación.

21. Es decir: «Fuente (o manantial) que está brotando». (*N. de la t.*)

En cuanto a los otros dedos del pie, hay varias maneras de enfocar su simbolismo. Puede interpretarse en función del meridiano de acupuntura que tiene origen en cada uno de ellos, o bien por su analogía con los dedos de la mano, es decir:

Segundo dedo (índice):	Autoridad, dirección de la vida.
Tercer dedo (corazón):	Creatividad, sexualidad, placer.
Cuarto dedo (anular):	Vínculos afectivos y uniones varias.
Quinto dedo (meñique):	Escucha interior.

El conjunto nariz, garganta, oído

> Oler, percibir el perfume,
> el sabor y el canto de la vida...

La nariz

El «olfato», la intuición exacta, la anticipación
La personalidad
La imagen que uno muestra de sí mismo
La capacidad o incapacidad para ponerse al frente
(en evidencia) en la vida personal o social
(la nariz es un símbolo fálico)
La retirada, la protección (se nos obstruye la nariz)
La inspiración, la espiritualidad

Por razones prácticas, no he incluido la nariz en el aparato respiratorio del que forma parte; le invito a leer el preámbulo, la parte relativa a la respiración para tener de ella una visión más completa, sobre todo en lo que concierne a catarros, alergias, etc. Sin embargo, este importante atributo de nuestro cuerpo posee otras funciones que justifican el que sea estudiado aparte.

El olfato, *la intuición*

De la misma forma que la boca capta el sabor de los alimentos al masticarlos (y a través de él nos informa respecto a su carácter comestible, aunque a veces resulte engañoso), así también la nariz analiza el aire que inspira y nos informa sobre el carácter grato u hostil del ambiente. Lo que capta la nariz es una emanación sutil de los objetos y de los seres, en una palabra, del ambiente.

Por medio del olfato, la nariz muestra la capacidad que tenemos de sentir y percibir a los seres y las situaciones, y de aprehenderlos con firmeza, con intuición premonitoria. «Tener olfato», «tener nariz de perro perdiguero», es saber captar, presentir, aprehender el ambiente general de una situación, captar todos sus matices sutiles y adivinar su posible evolución. La nariz evoca receptividad, finura, intuición, discernimiento y anticipación.

La *intuición* es también lo que nos permite «tener olfato para los negocios», «oler de lejos un problema», darnos cuenta de que «un asunto huele mal» o que determinada actitud «huele a chamusquina»; aunque también puede ser que uno «no vea más allá de sus narices» y lo dejen «con tres palmos de narices». A menudo, cuando una persona está perpleja, apoya un par de dedos en la nariz, como para ayudarse a la reflexión.

Pero lo que se huele puede conducir al rechazo, a la *antipatía*, a la *aversión*: «No puedo ni olerlo», porque «se ha reído en mis narices» y «estoy hasta las narices» de «ese individuo apestoso», etc.

Es también *curiosidad*, como cuando uno «mete la nariz en los asuntos de otro», o siempre está «asomando la nariz» para ver qué hacen los demás.

Algunas personas recuerdan un período de su vida al captar de pronto un olor con el que lo asocian. Cada casa tiene su olor particular. Para formar el olfato de un especialista en perfumes hacen falta tres años, a lo largo de los cuales vive cada temporada con una sola esencia, a fin de que cada olor quede asociado a un período de su vida, a lo que vivió en él, facilitándole así el reconocimiento posterior.

La obstrucción nasal va acompañada con frecuencia de **pérdida de olfato** (anosmia), que puede convertirse en crónica. La **anosmia** que sobreviene después de un catarro puede ser una manera cómoda de no tener que oler algo que molesta, un ambiente general que disgusta. La anosmia nos protege del olor de una persona, de una situación, o de una intuición que por diversas razones no tenemos ganas de llevar adelante. A veces es preferible no oler nada que oler demasiado, evita tener que irritarse. La anosmia es como un velo que corremos sobre nuestra intuición porque dudamos o tenemos miedo de ella y de lo que podría revelarnos. Pero no oler nada es también no oler el perfume de la vida. Echamos un velo sobre nuestras propias emociones, como si tuviéramos miedo de sentirlas, de vivirlas. La pérdida del olfato puede también ser una manera de ignorar un olor que recuerda un pasado doloroso.

La personalidad

La imagen que uno muestra de sí mismo
En ese rostro que es nuestro retrato, nuestra tarjeta de visita, la nariz es el atributo principal, lo que mostramos, la imagen de la personalidad. Es también lo que se ve en el espejo cuando no acepta su físico, en esa imagen que devuelve el espejo.

Lo que se ve como nariz en medio de la cara es también lo que no se puede esconder. La nariz habla de mentira y de verdad, como en el cuento de Pinocho, y en ocasiones también nos «restriegan por las narices» algo de lo que no querríamos hablar.

La capacidad o incapacidad para «ponerse en evidencia», para ponerse al frente
Esa nariz que apunta en el centro de la cara es también una manera de situarse, de afirmarse. Ponerse en evidencia es una

manera de ocupar su sitio en la sociedad; ése es el aspecto al que hace referencia la nariz como símbolo fálico en algunas tradiciones. Hay autores que relacionan la nariz con la sexualidad; pero no hay que entender esto como una relación directa, sino en sentido amplio: la nariz representa el «falo» en el sentido de «poder social», en esa capacidad de comprometerse que mencionaré a propósito de la próstata y del aparato genital masculino. La nariz se ve afectada a menudo en situaciones en las que uno trata de afirmar su personalidad, sea para afianzar su posición, sea porque tiene algún conflicto con la autoridad.

El dolor que causa la **sinusitis** expresa, en general, *cólera*, a menudo relacionada con la necesidad que uno tiene de afirmar su personalidad, de defender su posición o sus ideas, en una palabra, con el hecho de tener que afrontar algo. Puede resultar asimismo de alguna situación en la que tenemos dificultades para imponer nuestra autoridad o para enfrentarnos a la autoridad de otro.

Los senos son pequeñas cavidades situadas en los huesos de la cara a un lado y otro de las aletas de la nariz —los senos maxilares— o en la raíz de ésta, encima de los ojos —los senos frontales—. Por su carácter hueco y su relación con la nariz, sugieren una dificultad de la personalidad —la frente— respecto al espacio o a los intercambios —el aire—. Cuando tenemos dificultades con la autoridad o estamos en jaque en alguna situación relacionada con ella, es como si la cólera «nos saliera por la nariz»: la emoción, materializada en pus, fluye por las fosas nasales o se queda bloqueada en los senos. El hecho de que afecte al hueso indica que el asunto afecta a nuestra estructura, a nuestros principios básicos. La sinusitis habla de *un bloqueo, acompañado de ira, hacia una situación, hacia una persona, y/o hacia nosotros mismos cuando está en juego la afirmación de nuestra personalidad.*

El **pólipo nasal** es una excrecencia anormal de la mucosa que se desarrolla cuando ésta está inflamada de forma crónica, algo frecuente en los casos de alergia. El pólipo obstruye la cavidad nasal y dificulta la respiración. Puede aparecer cuando uno se siente «acorralado», es decir, cuando se encuentra en una situación de la que no sabe cómo salir, a menudo porque no se atreve a imponerse por temor a disgustar a las personas de su entorno o para no verse metido en algún conflicto. El pólipo nasal resulta de una situación en la que nos sentimos atrapados y con la que no estamos de acuerdo, pero no tenemos otra salida que la de afrontarla, aunque estemos de ella «hasta las narices». La obstrucción nasal causada por el pólipo habla de carencia de libertad: nos gustaría tener más aire para «poder respirar un poco».

Cuando Annie, una señora de 38 años, acudió a mi consulta, tenía un pólipo nasal que la incomodaba desde hacía tres años; tomaba corticoides, pero no le proporcionaban más que un alivio transitorio. Su marido padecía una psicosis maníaco-depresiva y se negaba a someterse a tratamiento. Tres años antes, precisamente, la situación había llegado a ser tan crítica que ella pensó en divorciarse, pero por diversas razones eso no fue posible. En aquel momento le salieron los pólipos; se puede decir, en efecto, que estaba de él «hasta las narices». Pero tenía que resignarse, era su única opción. Aparte de lamentar, por supuesto, «no haber tenido buen olfato» cuando decidió compartir la vida con aquel hombre.

La **hemorragia nasal** (epistaxis), como toda pérdida de sangre, pone de manifiesto la pérdida de alegría en la vida de una persona. Cuando es por la nariz, en particular, puede expresar la percepción de que no es aceptado (por ejemplo, el niño sometido a malos tratos o a críticas permanentes; o que, simplemente, no acaba de encontrar su sitio en el mundo).

La retirada, la protección (se nos obstruye la nariz)
Cuando uno tiene catarro, normalmente se le obstruye la nariz y tiene la misma sensación que cuando se la tapa ante un olor desagradable: la obstrucción nasal es una reacción de protección que, en general, va acompañada de pérdida de olfato. No

«olemos» la situación y por poco que «se nos suba a la cabeza» sentimos cierta confusión y acabamos por no saber ni «dónde tenemos la cabeza». Ese tipo de catarro se produce a menudo cuando un trabajo excesivo lo deja a uno agotado, cuando tiene demasiadas cosas de las que ocuparse o algún problema que «le lleva de cabeza». El catarro nos ofrece la ocasión de tomarnos un descanso, al mismo tiempo que nos protege del olor que reina en el ambiente, es decir, nos permite aislarnos un poco del contacto con los demás.

Esa clase de catarros, más bien de tipo alérgico, es más frecuente de lo que parece. Ya he hablado más arriba de uno de los posibles significados de la rinitis alérgica o polinosis, que es una alergia al polen desencadenada con frecuencia por importantes cambios de circunstancias, o del marco de vida, o por ansiedad respecto del futuro. Una situación análoga es la que viven los niños cuando vuelven al colegio después de las vacaciones; como sabemos, cuando se reanudan las clases hay numerosos casos de catarro, aunque en realidad la temperatura ambiental es todavía suave. Los hermosos y cálidos días que suele regalarnos el mes de octubre no explican la fragilidad del aparato otorrinolaríngeo de los escolares; tampoco la explica la promiscuidad de las aulas, que no tiene nada que envidiar a la de las playas estivales. No niego que exista el contagio, pero me parece que la aparición de tantos casos de catarro en ese período se explica mejor por el factor psicológico. La ruptura del marco habitual, cierta aprensión frente a la novedad y a la relación con el otro, la convivencia con compañeros tal vez simpáticos, tal vez hostiles, unido todo ello al hecho de verse separado de los padres, hace que el niño sienta necesidad de protegerse. Y esto es tanto más cierto cuanto que él aún no ha tomado la medida de la nueva situación, como si todavía no hubiera «captado su olor» más que de un modo imperfecto.

La obstrucción ocasional puede volverse crónica en diversas circunstancias. Entonces tiene un significado parecido al del asma, aunque la manifestación sea menos grave; sin embargo, a diferencia del asma, la obstrucción nasal apenas molesta a la espiración, pero sí, en cambio, a la *inspiración*. Es un rechazo de la inspiración, que puede producirse cuando alguien se obstina en una especie de perfeccionismo que oculta en realidad falta de confianza en uno mismo o miedo a ser rechazado. En cuanto al **estornudo**, frecuente cuando hay un componente alérgico —aunque las pruebas den resultados negativos— es como un violento rechazo de lo que uno experimenta al contacto con un ambiente determinado, con una persona, o con una idea. Y cuando esa idea le hace a uno estornudar porque ya se le «han hinchado las narices», el mensaje no escapa a las personas que le rodean, que le dicen, no sin cierta guasa: «À vos souhaits!».[1]

La inspiración y la espiritualidad

La nariz es nuestro órgano de contacto con el *aire*, y por él se establece el primer contacto con el *aliento*, con la *inspiración*, con el *espíritu*. Los yoguis insisten mucho en la importancia de la higiene nasal cuando se está en la búsqueda espiritual. Es por donde entra la vida. En la Biblia se dice: «Y formó Dios al hombre e insufló en sus narices aliento de vida, de modo que el hombre vino a ser alma viviente».[2]

Con la nariz captamos «la esencia de los seres y de las cosas», el perfume que despierta el espíritu y embriaga el alma y le hace desear «morir en olor de santidad». Expresiones como ésta traducen el carácter espiritual de la nariz y el olfato. También recuerdan los sacrificios rituales de los tiempos antiguos, de los que se esperaba que su olor pluguiese a Dios, como el olor de la mirra y el incienso ofrecido por los Reyes Magos, o el perfume vertido por María Magdalena a los pies de Jesús. La nariz está en relación con la esencia de las cosas y su mensaje sutil.

---

1. *Souhait* significa: «Anhelo, deseo, antojo». *(N. de la t.)*
2. Gen, 2,7. Traducción tomada de la *Sagrada Biblia*, Ed. Prensa Católica, Chicago, 1967. *(N. de la t.)*

La garganta

«Es duro de tragar.» Indignación
Protegerse (del frío o de la hostilidad). El niño inseguro

Separada de la cavidad bucal —la lengua y los dientes— por el velo del paladar, la faringe es una cavidad-encrucijada por la que pasan a la vez los alimentos y el aire. A ambos lados se sitúan las amígdalas, que constituyen un sistema de defensa, como dos guardianes que protegen la entrada. A partir del velo del paladar la deglución escapa al control de la voluntad. Así que la garganta es la última defensa que uno tiene antes de aceptar lo que se «traga», en sentido literal y figurado.

Simboliza *defensa y protección* en un medio hostil. La faringitis, lo mismo que la amigdalitis, es una reacción de defensa que se desarrolla con más facilidad en un contexto alérgico, sobre todo en los niños. Así que la *agresión* y la *protección* se encuentran asociadas a la garganta al igual que lo están con la alergia. «Tápate bien la garganta», le dice la mamá a su hijo con el deseo de protegerlo.

Las cosas «entran» a través de la faringe, y a través de ella «se expresan». En la cólera contenida, ambos aspectos están ligados. La **faringitis**, como cualquier otra inflamación dolorosa, evoca ira. La faringe, que es una encrucijada entre los alimentos y el aire, habla de que nos cuesta «tragar algo», o tal vez de una persona a la que no hemos sabido «responder» y a la que «no tragamos». También habla del placer de «saborear» un discurso en el que uno ha podido «relamerse» de gusto, aunque después se le haya hecho «un nudo en la garganta». Cuando alguien nos cuente alguna habladuría, tal vez lo mandemos amablemente «a hacer gárgaras»; es la vertiente agradable de la indignación.

Las flemas en la garganta, sobre todo las que resultan de una faringitis crónica, podrían hablar de antiguas emociones de cólera o de pena que nunca han sido eliminadas del todo y nos estorban con su mucus pegajoso. Volveré a hablar de ello a propósito del sistema respiratorio. Observemos que las faringitis crónicas están asociadas con frecuencia a trastornos intestinales (del intestino grueso), que no hacen sino traducir la dificultad que tenemos para «eliminar» de nuestro Yo esas experiencias desagradables.

Las amígdalas

**Rebelión contra algún miembro del entorno familiar
o profesional
Defensa, protección** (análoga a una reacción alérgica)

Las amígdalas son los policías que vigilan a las puertas de la garganta; forman parte del sistema linfático y aseguran la defensa inmunitaria.

Las anginas y la amigdalitis están relacionadas a menudo con cierta rebeldía contra un miembro del entorno familiar o profesional a propósito de algo que, por supuesto, nos cuesta tragar, como muestra el caso de Nicolas que he relatado en el preámbulo. Las inflamaciones crónicas o repetitivas de las amígdalas presentan cierta analogía con las reacciones alérgicas, y no es raro que, si se las extirpa —por ejemplo, por crioterapia—, al cabo de algún tiempo aparezca una alergia respiratoria. Prudencia, pues. Desde mi punto de vista, en general es preferible dejarlas que operar a toda costa; de lo contrario, la ira puede manifestarse de otra forma.

Los oídos

**No querer oír, no aceptar; o bien, no ser escuchado
Despertar espiritual, receptividad, capacidad de escucha
Sensatez y obediencia** (a los padres, a lo divino)
Equilibrio (vértigos)

El oído es un órgano complejo que sirve para oír y también para mantener el equilibrio: mediante los canales semicirculares del oído interno. Gracias a un ingenioso mecanismo,[3] el sonido se transforma en una onda líquida que mueve las células ciliadas, las cuales transmiten a su vez la información al nervio auditivo. Los canales semicirculares son aproximadamente perpendiculares entre sí, en la posición de los tres planos del espacio, lo que permite al oído interno evaluar nuestra posición y movimientos en el espacio.

Cuando el niño está en el vientre de su madre, el primer sentido que desarrolla es el oído. Está probado que el feto, en el útero, capta la voz de su madre y los ruidos que atraviesan su vientre. Hace algunos años atendí a un bebé que estaba cubierto por completo de eccema. Como el eccema está ligado a menudo al miedo —en relación con la seguridad o inseguridad del vínculo materno—, para comprender qué le ocurría al pequeño le pregunté a la madre cómo se había desarrollado el embarazo y si había vivido algún acontecimiento difícil. Después de reflexionar un momento, recordó un incidente durante los fuegos artificiales del 14 de julio. Ella estaba muy cerca del lugar donde se encendían los fuegos; cuando menos se lo esperaba, sonaron los tres cañonazos iniciales con una fuerza inaudita. Entonces, sintió una violenta contracción en el vientre, como si su hijo hubiera tenido miedo. El **Acónito**, que es un remedio homeopático para el estado de ánimo consecutivo a un miedo terrible, inesperado, libró al niño del eccema en pocos días.

Que el oído sea el primero de los cinco sentidos en aparecer no es anodino. Mediante los sentidos, primero tomamos conciencia de la existencia del mundo exterior; sólo después, por un efecto reflejo, tomamos conciencia de nuestra propia existencia. El oído es el símbolo de nuestro despertar al mundo.

3. Reconozco que me cuesta mucho aceptar la teoría de Darwin según la cual esa maravillosa mecánica resultaría de una milagrosa conjunción de azares de acertadas mutaciones genéticas. Y cuando escucho a Bach o a Mozart, me resulta todavía más difícil imaginar que no somos más que un amasijo de moléculas.

Según Alfred Tomatis,[4] «los huevos de pájaros cantores incubados por pájaros no cantores dan nacimiento a pájaros no cantores». «Es para tender el oído por lo que el cuerpo se pone vertical», nos dice, comparando la verticalidad humana con la de una antena capaz de captar unas vibraciones a las que no responde el reino animal (horizontal). Según él, el sistema nervioso se estructura en torno al oído, y no al revés: «Todo ocurre como si el desarrollo y la posterior ampliación del sistema nervioso girara alrededor del oído [...]. Se le ha otorgado un importante papel dentro del sistema nervioso con el objetivo de poder introducir la función del lenguaje».

Por otro lado, el psicoanalista Jacques Lacan[5] desarrolla la idea de que el ser humano es ante todo un ser de palabra. Según él, la psicología de cada ser humano se estructura en función de lo que ha oído, de lo que ha oído decir a sus padres durante la infancia en los múltiples pequeños y grandes comentarios de sus innumerables vivencias. Según él, lo que transporta el germen de las dificultades posteriores no son tanto las vivencias como las palabras que las acompañan. Por último, afirma que «el inconsciente está estructurado como un lenguaje».

Vemos aquí, con toda evidencia, la sorprendente relación entre las dos funciones aparentemente distintas del oído: oír y mantener el equilibrio. Jacques Lacan, y con él muchos otros psicoanalistas, opinan que es la palabra la que nos equilibra, como es la palabra la que puede hacernos vacilar y a veces cambiar de vida. Hablamos mucho, y subestimamos el peso de nuestras palabras. Uno de mis pacientes, al que no había visto desde hacía mucho tiempo, me recordó una observación hecha diez años antes que, al parecer, le había causado impacto. Yo no lo recordaba en absoluto porque había sido un simple comentario; pero él conservaba un vivo recuerdo.

4. Alfred Tomatis, *La nuit utérine*, Éd. Stock, 1981. [Hay versión española: *9 meses en el paraíso: historias de la vida prenatal*, Ed. Biblària, S.C.C.L., Barcelona, 1996.]
5. Jacques Lacan, *Les écrits*, Éd. Seuil, 1971.

Los canales semicirculares del oído evocan la relación del hombre con su dimensión vertical, tanto en el plano simbólico —la relación con lo divino— como en el plano fisiológico —el mantenimiento del equilibrio— mientras que la función de los ojos evoca más bien su relación horizontal, su posición en la superficie de la Tierra, en el espacio[6] en que se mueve.

La dimensión vertical del hombre se relaciona con su despertar; es la que construye la percepción que tenemos a lo largo de la vida del «arriba» y el «abajo», sea en la jerarquía, sea en la escala social, sea en las cuestiones de orden moral, ético o religioso. El oído está en relación con lo espiritual y con el despertar de la consciencia a la espiritualidad. La primera condición para meditar y entrar en contacto con lo divino que hay en nosotros es el silencio, no sólo exterior, sino también interior, el de los pensamientos.

Tal vez es la relación del oído con la consciencia y el despertar lo que ha llevado a numerosos autores a afirmar que el oído simboliza la *sabiduría*. Por medio de él captamos la *vibración*, que es la parte más sutil e invisible de la manifestación. Como dijo san Juan: «Al principio era el Verbo», el sonido creador. El oído permite la conexión con lo divino —la relación vertical del hombre—, la escucha de la vía interior y la sabiduría; en relación estrecha con la palabra (el verbo), ayuda al hombre a situarse en la vibración general, lo que significa también entrar en resonancia con el Todo. La obediencia se convierte entonces en una disposición natural, plena de sabiduría, para ponerse en *armonía* con ese Todo en el que estamos inmersos. Esta obediencia puede ser a la palabra de los padres o a la voz interior de la conciencia. Por el contrario, no querer oír es no aceptar, es rechazar la palabra exterior o la voz interior; es como hacer méritos para recibir «un buen tirón de orejas».

6. En realidad, hay que matizar más las cosas: el equilibrio del hombre en el espacio resulta de una percepción interior —realizada por el oído interno— que viene a completar la percepción exterior —realizada por el ojo—. Veremos que hay una polaridad semejante entre la epífisis y la hipófisis: la epífisis invita a «mirar hacia dentro» y la hipófisis a exteriorizar.

«Me cuesta oír», o «nadie me escucha»

Annick de Souzenelle sugiere que la oreja está relacionada con el riñón, que sería como un segundo oído que «escucha» la sabiduría inmemorial. Ambos tienen forma de semilla, una semilla en la que está contenido el cuerpo entero. De esta analogía ha nacido un método terapéutico conocido como auriculoterapia. La oreja está relacionada también con el pie, pues este último «escucha» la tierra, el suelo.

Los chinos hacen una observación semejante cuando afirman que tanto la **pérdida de audición** como los **acúfenos** (zumbidos en los oídos) se deben a que se ha debilitado la energía de los riñones. Pues bien, los riñones simbolizan, entre otras cosas, la relación con nuestros padres, con nuestros antepasados y con la autoridad, pero también con nuestra capacidad de mantenernos de pie y de hacer frente a la vida. Los acúfenos suelen aparecer en personas que asumen responsabilidades difíciles y hacen frente con obstinación a situaciones insatisfactorias. Esas personas toman toda la carga sobre sus hombros, pero se niegan a caer en la depresión. Pues eso es precisamente de lo que se trata: *luchan*, y esto les produce una tensión en las cervicales que implica una irrigación insuficiente del oído interno y, en consecuencia, la molestia (el oído interno es irrigado por la arteria vertebral, que pasa entre las vértebras cervicales). También puede resultar del rechazo a escuchar, o de la obcecación, o de la abundancia de emociones contenidas. Hablaré de esto más adelante a propósito del vértigo de Ménière.

No querer aceptar las palabras de los demás puede acabar conduciendo a la **sordera** que, con frecuencia, va acompañada de cierto repliegue en uno mismo. La audición es un elemento importante en la relación, como cuando uno tiene la sensación de «haber sido escuchado» porque los demás «no hacen oídos sordos a sus consejos». Esas expresiones, a su manera, manifiestan hasta qué punto los problemas de oído nos aíslan del exterior.

La sordera puede resultar de la *negativa a escuchar*: «hacer oídos sordos», «no dar oídos a un rumor», «estar sordo como una tapia», «oír como quien oye llover», etc. Pues bien, si lo contrario de la apertura es el repliegue en uno mismo, lo contrario de la obediencia no es la desobediencia, sino más bien la *obstinación*: el sordo no escucha el consejo de nadie y no hace más que su santa voluntad. En general, los sordos son personas muy obstinadas. Con frecuencia es el caso de las personas mayores que, para adaptarse al entorno familiar, aparentan escuchar los consejos que se les dan, pero en realidad no hacen más que lo que les viene en gana.

No escuchar es también no memorizar, a menudo porque en lo más profundo de nosotros mismos nos va bien así: «Le ha entrado por un oído y le ha salido por el otro», «¿Podría repetírmelo, por favor? Soy algo duro de oído». En cuanto a la expresión: «Me basta con tu palabra», hace pensar que lo que se ha oído sólo una vez se graba en la memoria con la fuerza de un compromiso escrito.

La **otitis** aguda es, a menudo, una expresión de cólera respecto a lo que se oye. En cuanto a la otitis serosa o seromucosa, con pérdida de audición, es como una manera de poner distancia, aunque a veces lo que parece un deseo «inconsciente» de no oír se debe al resentimiento que uno tiene porque no se siente escuchado.

Elsa, una joven de 29 años, tenía algunos problemas con su marido. No se llevaban bien, lo que venía de antiguo; pero, con el tiempo, la relación fue empeorando sin que por eso ella padeciera del oído. Un día, su único hijo, que por aquel entonces tenía 8 años, tuvo que ser ingresado en el hospital aquejado de una meningitis grave, lo que hundió a Elsa en la angustia y en la incertidumbre durante días y noches enteras. Con la esperanza de encontrar una presencia y, sobre todo, un oído atento y consolador, telefoneó a su madre. Por desgracia, ésta era una persona preocupada sobre todo por sí misma; en total desfase con la noticia de la grave situación de su nieto, no atinó a otra cosa que lamentarse de su propio pasado. Pocos días después, Elsa comenzó a sufrir del oído derecho. Le di entonces una dosis de **Natrum muriaticum**, uno de los mejores remedios utilizados en homeopatía para las carencias afectivas en relación con la imagen materna, y el dolor desapareció rápidamente.

Esa *inversión de sentido* es algo frecuente, en esto como en otras cosas. Por ejemplo, los problemas del intestino grueso evocan tanto indignación como culpabilidad («lo que me han hecho es una guarrada», pero también «yo le he hecho una guarrada»). Otro ejemplo: en algunos casos de asma, la persona tiene la sensación de que su entorno la asfixia, cuando resulta que, objetivamente, es ella la que asfixia a los demás. En cuanto al oído, no deja de tener gracia la cosa, pues los dos aspectos están vinculados con mucha frecuencia: *no sólo yo no escucho sino que, encima, tengo la sensación de que los demás no me escuchan.*

Las personas de nuestro entorno nos envían, como reflejadas en un espejo, nuestras propias dificultades. Es un «diálogo de sordos», situación frecuente en los problemas de pareja y, en general, en la mayoría de los conflictos. Los riñones, cuya relación con las orejas acabamos de mencionar, están también implicados en los problemas de relación entre dos personas. Cuando nos veamos implicados en un diálogo de sordos, recordemos que rara vez ocurre sin razón: algo tendremos que comprender a través de esa dificultad, algo tendremos que «escuchar» del punto de vista del otro, y puede que acabe siendo la cara oculta a nuestros ojos de nuestra propia moneda.

Los vértigos

«No podré permanecer de pie; he de procurar no caerme»

Cuando hay que aguantar a pie firme *y hacer frente a una situación difícil* llevando, además, una pesada carga sobre los hombros, el vértigo es a menudo la manifestación de una depresión disfrazada, o de una depresión inminente contra la que se lucha. En ausencia de lesión orgánica, los vértigos están asociados con frecuencia a tensiones cervicales (arquear el «lomo» y aguantar el chaparrón, hundir la cabeza entre los hombros y lanzarse...).

El enfermo siente que *pierde sus puntos de referencia* habituales, no ve claro el porvenir y no sabe dónde posar su mirada. Siente que pierde el apoyo de los pies, apoyo que representa su contacto con el mundo exterior, con sus relaciones, con la sociedad. La sensación de pérdida de puntos de referencia y de apoyo aparece a menudo en situaciones de *cambio*, sobre todo cuando las cosas van demasiado deprisa o el porvenir es incierto. Al verse en medio de circunstancias que no controla, se siente uno como *aspirado*, a su pesar, hacia lo desconocido, hacia el vacío. En esos casos, es importante no dejar que se dispersen los pensamientos, hay que marcarse un rumbo, y seguirlo.

Gilbert trabajaba como ejecutivo en una empresa y estaba muy bien considerado; era un trabajador concienzudo y hacía poco tiempo que lo habían promovido a un puesto de *responsabilidad*. Siempre había ocultado su timidez y la falta de confianza en sí mismo tras una faceta perfeccionista y un trabajo irreprochable. A los quince días de haber sido ascendido al cargo que temía, sufrió vértigos de tal violencia que *no podía tenerse de pie*, y la repetición de las crisis le tuvo tanto tiempo apartado del trabajo que sus superiores jerárquicos reconsideraron la promoción. En un puesto de responsabilidad, ¿no está en juego la capacidad de mantenerse en pie para ejercer el papel de jefe?

El vértigo se manifiesta ante el descubrimiento de una «grieta» subjetiva; un punto débil del que el enfermo es consciente pero mantiene oculto hasta que las circunstancias de la vida la revelan, de pronto la hacen visible. Los vértigos presentan una gran analogía con las crisis de angustia, de las que son una expresión disfrazada, «somatizada». Es a menudo el caso de los vértigos de Ménière, que sobrevienen de repente, en un contexto psicológico análogo al de las crisis de angustia. En general, van acompañados de zumbidos en los oídos (luchar, aguantar) y algunas veces de náuseas (situación que se rechaza).

El vértigo resulta a menudo de la *falta de confianza en uno mismo*, del miedo a no poder «permanecer en pie» en una situación delicada, como a lo largo de un sendero escarpado de montaña.

En el vértigo, uno se siente *atraído* hacia un lado u otro, por lo que también podríamos analizarlo mediante el simbolismo de las lateralidades. El lado hacia el que se siente atraído habla de una *pérdida de apoyo* en las relaciones con otra persona, o la pérdida de equilibrio interior entre la parte masculina y la femenina.

El aparato digestivo

El trabajo sobre la materia
de las experiencias y de la vida.

Cuando una pequeña lombriz recorre su camino subterráneo, avanza tragando tierra, luego la digiere y, por último, expulsa lo que no resulta útil para su vida. *El tubo digestivo del ser humano cuenta una historia semejante, la historia de las experiencias de la vida que asimilamos y que nos hacen avanzar;* esto tiene lugar en un proceso de cuatro etapas:
— **La absorción y transformación de las experiencias de la vida** (el «alimento» de las experiencias de la vida, el hecho de digerirlas, y de asimilarlas o de deshacerse de ellas).
— **El análisis, la «selección»** (que hace el intestino delgado).
— **La asimilación, «hacer suyo»** (lo que realiza el hígado).
— **La eliminación de lo que ya no tiene razón de ser** (función del intestino grueso).
La digestión consiste en absorber, transformar, discernir, asimilar lo asimilable y rechazar lo que no lo es de las experiencias de la vida. Como se trata de materia y de agua, concierne a la asimilación de las experiencias de orden material o emocional, y evoca nuestras dificultades para tragar, para digerir, para asimilar las situaciones que vivimos. De ahí expresiones como: «se le ha quedado en la boca del estómago» o «lo tiene atravesado en la garganta», etc.

Se hace a través de cuatro fases, que podríamos esquematizar así:

—El aporte, mediante los labios, la boca, los dientes, la faringe y el esófago. Por medio de ellos se expresa la apertura, la capacidad de recibir, de morder, de apropiarse, de tomar decisiones, de implicarse, de actuar, etc.

—La transformación, a través del estómago, del duodeno, del par hígado-vesícula biliar y del páncreas, que nos hablan de la capacidad para transformar las experiencias a fin de hacerlas asimilables.

—La asimilación, a través del intestino delgado, la linfa abdominal y la vena porta, donde se trata de analizar, reflexionar y seleccionar entre lo que vamos a retener o a expulsar; esto es, con la ayuda de las enzimas digestivas y la bilis.

—La eliminación, que corresponde al intestino grueso, con dos etapas importantes: la primera, donde el intestino delgado desemboca en el grueso, cerca del apéndice; la segunda, en el sigmoides, el recto y el ano. El colon evoca la capacidad para eliminar lo desechable, sean los miedos materiales que nos impiden avanzar (confluencia ileocecal, entre el intestino delgado y el colon, con frecuente implicación del apéndice) sea la dificultad para pasar página ante un perjuicio evidente que nos cuesta eliminar y que afecta sobre todo al recto. El colon habla a menudo de miedos materiales, de dificultades económicas.

Puesto que se trata de alimentos, o sea, de la Tierra, podría decirse que la digestión está relacionada sobre todo con el aspecto material de la vida. Pero, a través de ese aspecto material, suele manifestarse un componente afectivo que es mucho más importante, pues ambos aspectos están íntimamente ligados desde los primeros días de la vida de cada ser humano.

En el momento del nacimiento, el tubo digestivo es inmaduro, incapaz de realizar el trabajo que he mencionado más arriba, y sólo a partir del destete el niño deja la leche materna para encontrar su alimento en el exterior. Le crecen los dientes, y esa nueva orientación del instinto de la vida tiene lugar no sin dolor... de dientes.

Pero el alimento, como las heces, tiene mucho que ver con las relaciones que mantenemos con los demás, tanto que a lo largo de toda la vida compartimos comidas y banquetes con nuestros seres queridos. ¿Hay algo más grato para una cordial convivencia que compartir una buena comida?

Pero no sólo nos relacionamos con personas. También establecemos cierta relación con situaciones o cosas que no soportamos, o que rechazamos claramente. El rechazo se expresa mediante vómitos o diarrea, que varían según el alimento, el cual, a su vez, puede ser portador de una carga simbólica. Por ejemplo, la leche evoca a la madre y la relación que se ha tenido con ella; la intolerancia a la leche refleja a menudo un conflicto con la imagen de la madre.

Así ocurre que las aversiones o deseos de determinados alimentos expresan muchas veces un rechazo, una afinidad o una necesidad de tipo psicológico o afectivo, como la necesidad de tomar dulces —que podría expresar una necesidad de dulzura y de amor—, o la necesidad de estimulantes, o la, menos frecuente, de cosas amargas, que a veces es como una manera de exorcizar la parte amarga de la vida. (Para los que rumian sus penas, existe un gran remedio en homeopatía, el **Natrum muriaticum**.) A veces deseamos alimentos que no nos convienen, lo que traduce la ambivalencia del sentimiento, como cuando el deseo de leche o de golosinas agrava el mal que lo causa, etc. Para T. Dethlefsen, los que comen soso, sin sal, tienen miedo a lo desconocido. El temor a comer mariscos habla de miedo a los problemas, del miedo a ir al fondo de las cosas, de «romper la cáscara».

Los labios

Los labios expresan:
Deseo, sensualidad, contacto carnal
El placer oral de vivir, de saborear la vida
El hecho de abrirse o de cerrarse

Los labios representan el primer contacto carnal, el del niño con su madre o el de dos enamorados, y la boca, como todos los orificios, manifiesta el *placer* de la vida en la Tierra y de su contacto con ella. Los labios no sirven para tragar, sino para saborear, son el primer contacto *interior* con lo que deseamos hacer nuestro. La piel es también zona de contacto, pero no dice lo mismo, porque en los labios se encuentra el comienzo de una apropiación, de una interiorización, ya que se trata en este caso de una mucosa, y, por lo mismo, interna. El contacto de los labios es un momento de intercambio entre el exterior y el interior, como dos amantes que se entregan el uno al otro, «tú eres yo y yo soy tú». Cuando los enamorados no encuentran palabras bastante dulces o hermosas para expresar lo indecible, entonces sus labios se lo dicen en silencio.

Aunque, sin ir tan lejos, está también el placer de llevarse el vaso a los labios, a unos labios que hablan de deseo —en su componente oral— y también de la dificultad que uno tiene para concederse pequeños placeres, o de la culpabilidad que siente por habérselos concedido.

En la vida de Patrick había dos mujeres. No podía elegir entre una u otra, pero tenía clara conciencia de que les mentía a las dos. Se sentía culpable, no por la dualidad sino por la mentira, y no sabía cómo *decírselo*, ni a una ni a otra. Era como un secreto que llevaba en los labios, un secreto que no podía manifestar ni ocultar. Y, casualmente, le salió un **lupus** alrededor de los labios con aspecto de eccema crónico que en modo alguno resultaba atractivo para los contactos íntimos. Era como si una parte de él mismo se cerrara a esos contactos manteniéndolo alejado, en cierta forma, de una y de otra. Los labios representan también la capacidad que uno tiene para abrirse o cerrarse a los demás, permiten el cuchicheo y la última modulación de la voz.

Los labios simbolizan igualmente la apertura de espíritu, la capacidad para absorber ideas nuevas o, al contrario, la cerrazón, la estrechez de espíritu. Son el punto de contacto y de intercambio primordial con el medio, con la vida, con el alimento y el don. Las erupciones en los labios pueden aparecer en circunstancias distintas de las mencionadas a propósito de Patrick. Existe en homeopatía un remedio adecuado para el eccema que sale alrededor de los labios: es la tinta de sepia, **Sepia**, que ha dado su nombre a ese color marrón de tonalidad tan especial. Suele ser más adecuado para la mujer que para el hombre; conviene a las mujeres tristes que no tienen gran deseo sexual y que sienten una relativa indiferencia hacia las cosas que en otros tiempos les causaban placer. Uno de los signos característicos de la «mujer Sepia» es su tendencia, en el restaurante y, sobre todo, en el autoservicio, a elegir aquello que realmente no le apetece, para lamentarlo cuando está en la mesa. No es tanto que sea ambivalente, sino que se culpabiliza ante la idea de darse un gusto, de la misma forma que se culpabiliza de los buenos tiempos en los que disfrutó de algo. La «señora Sepia» es a menudo activa, hasta el límite de sus fuerzas, «tiene que» hacer esto, aquello, y lo de más allá; en una palabra, todo menos concederse algún placer y saborear los pequeños momentos de la vida.

La **sequedad** de los labios hace pensar en problemas respecto de alguna emoción (el agua), sea una dificultad para comunicarla, sea para tomar contacto con el exterior implicándose en él a partir de la emoción. Puede ser signo de una deshidratación general, por supuesto, pero ese fenómeno no es sólo físico; suele haber una correspondencia psicológica. Los labios secos resultan con frecuencia de una acumulación de fatiga y preocupaciones, junto a un sentimiento de tristeza y soledad: no hay intercambio en la emoción.

Las **grietas** y **fisuras** hablan de algo que nos separa. Se siente uno «partido» precisamente de ese contacto en el que debería leerse la dulzura de vivir. Es frecuente en niños tristes, cuando los padres se separan o se llevan mal. Pero lo que nos separa son también las pequeñas cosas de las que nos sentimos culpables: «no tendría que haberlo dicho...».

La boca

Saborear la vida, el gusto de las cosas
Concederse algún placer, sencillamente

La boca permite saborear antes de tragar o de rechazar.

Tras el primer contacto con los labios, la boca es como un test que nos permite saber si lo que tomamos nos conviene o no. Prepara el tubo digestivo y, a partir de él, prepara a todo el ser para recibir el lado bueno de las cosas. El sibarita, no come con el estómago, sino con la boca, por la boca absorbe el perfume, el lado sutil del alimento. A través de la boca expresamos el placer que le encontramos a la vida.

La boca toma el alimento, y también emite la palabra modulada con los movimientos de la lengua. Como en los labios, también en la boca se manifiesta el goce oral, el placer de la vida en la Tierra y del contacto con ella; o bien la dificultad que uno tiene para concederse placeres, a través de fracasos y heridas o de experiencias desagradables que «no son de nuestro gusto» y que «nos dejan un sabor amargo en la boca».

Monique, una señora de 45 años, tenía que ocuparse de su madre, que estaba enferma y vivía a varios kilómetros de su domicilio; esto creaba tensiones en su pareja debido al tiempo que ella pasaba ausente, incluso algunos fines de semana. Monique deseaba sosegarse, distraerse, pero los buenos momentos que pasaba con su marido eran cada vez menos frecuentes. Cuando se producían, a los breves instantes de calma seguía un sentimiento de culpabilidad por haberse tomado un tiempo para sí misma y haber dejado sola a su madre. En una ocasión, después de pasar un agradable fin de semana con su marido a la orilla del mar, tuvo una inflamación bucal (una **estomatitis**), considerada en principio como una reacción alérgica a los mariscos con los que se había deleitado la víspera. Sin embargo, la inflamación no desapareció, sino que se agravó debido a la ingestión de chocolate, café y miel, alimentos que le encantaban a Monique. Atrapada entre las exigencias de su madre y las de su marido, no encontraba el momento de saborear la vida, y todo ocurría como si, mediante la inflamación bucal, se dijera a sí misma que los pequeños placeres de la vida le estaban prohibidos.

Las glándulas salivales

La saliva es símbolo de dulzura, de amor y de consolación. El animal se sirve de la lengua y de la saliva para prodigar amor. La hembra que lame a su cachorro le manifiesta así su amor, como amor es lo que expresa el perro cuando lame la mano de su amo, amor que se extiende como un consuelo sobre la herida que desinfecta: la saliva tiene poder bactericida. Jesús tomó un poco de tierra y la humedeció con su saliva para hacer un emplasto con el que curó al ciego.

El azúcar se predigiere gracias a la saliva; la saliva permite al organismo asimilar mejor la dulzura de la vida.

Saborear los alimentos es saborear la vida.

La **salivación excesiva** muestra a menudo la necesidad de afecto y ternura (el niño que se chupa el dedo); o también un deseo oral («se me hace la boca agua»); durante el sueño, puede ser la manifestación de una necesidad inconsciente de amor.

Pero también puede ser un veneno, como cuando «se escupe a alguien a la cara».

La **inflamación de las glándulas salivales,** y en particular de las parótidas, puede ser un fenómeno inflamatorio local, a veces de origen vírico, como en las paperas. Con frecuencia aparecen en el niño como una reacción de insatisfacción y de ira hacia el padre o la madre, y no es sorprendente que la enfermedad se «traslade» posteriormente a los testículos o a los ovarios, representantes por antonomasia de los vínculos paternofiliales.

Las **aftas** son a menudo resultado de una cólera rumiada, que roe como las úlceras. Está uno ulcerado en sentido literal y figurado, ulcerado por lo que ha tenido que tragar a su pesar, o por lo que no puede decir y «tiene en la punta de la lengua».

En cuanto al **aliento fétido**, hace pensar en alguna situación mal digerida que altera el gusto de lo que se ha vivido. Es como estar asqueado de la vida o sentir repugnancia de determinada situación, repugnancia que uno exhala sin poder hablar de ella.

Los dolores en los maxilares hablan de que uno tiene ganas de morder y las enmascara bajo una sonrisa; se cree uno en la obligación de sonreír y de contener su irritación, aunque para ello tenga que «apretar los dientes».

La lengua

¿En qué lengua hay que expresarse? Le hago observar aquí con deleite cómo, mediante el juego de la metáfora, una misma palabra puede expresar varias cosas, lo que hace especialmente difíciles las traducciones automatizadas por ordenador. La lengua de un país representa la suma de su pensamiento y de su historia, de donde resulta la finura y sutileza de su expresión.

Algunos científicos sueñan con una lengua universal en la que cada palabra designaría una cosa, sólo una, para que no hubiera ningún equívoco. Cuando exista esa lengua, no habrá ninguna alusión, ningún malentendido, ninguna libertad para interpretar lo que el otro ha querido decir. Ya no habrá equívoco ni ambigüedad frente a lo que el otro nos diga. No podré decirle a mi jefe que «es usted un imbécil» y dejarle la posibilidad de que él entienda sólo lo que quiera entender. El equívoco es necesario para que cada uno mantenga cierta libertad en la interpretación de lo que oye decir.

¿Por qué hago esta observación?
Porque la lengua sirve sobre todo para dos cosas, dos cosas a priori distintas pero que, si las miramos de cerca, no están tan alejadas una de otra como parece. Estas dos cosas son:

Cómo decirlo. El gusto sutil de la vida
La lengua nos facilita el decir las cosas con *delicadeza*, modular la voz y adaptar las palabras a las circunstancias.

También nos permite aguzar el gusto, apreciar el sabor de lo que tragamos, de la experiencia vivida y que nos disponemos a digerir para hacerla «nuestra».

Cómo decirlo
«No tiene pelos en la lengua», «lengua viperina», «se ha ido de la lengua», etc. La lengua está en relación con la palabra.

Puede ser como una palabra que queda detenida cuando estaba a punto de salir. Los problemas de la lengua evocan más bien la dificultad de decir las cosas con la delicadeza requerida que la incapacidad global de expresarlas. Y si el cáncer de lengua aparece casi siempre en el borde, no es por casualidad: el borde de la lengua está en contacto con los dientes, de los que veremos enseguida que están en relación con el deseo de morder, de «hacer pedazos», de triturar una situación que no conseguimos tragar.

Los **dolores** localizados en la lengua están en relación con algo muy concreto que no hemos dicho y que tenemos «en la punta de la lengua». Conocí a un paciente que padecía **glositis** y que sentía dolor en la punta de la lengua cada vez que tenía una contrariedad a la que no podía responder.

Encontramos una vez más la misma evolución. Todo comienza por una emoción interior de la que somos poco conscientes (como la sensación de asfixia en el caso del asma); después reconocemos de modo más claro la emoción que se nos ha quedado atravesada en la garganta; por último, somos perfectamente conscientes de lo que hemos de decir, pero no lo exteriorizamos. Ya hemos visto que la acción se desarrolla de un modo gradual a partir de los hombros, baja luego hacia los codos y las muñecas; por último, se expresa a través de las manos y los dedos. Algo análogo ocurre con la palabra: los dedos representan la destreza en el hacer; la lengua, la destreza en el decir.

Saborear la vida

Algunos autores asocian la lengua con el hecho de saborear los placeres de la vida con amor. El gusto está asociado al alimento, y el alimento al amor: dar el pecho, compartir la comida, «el pan y el vino» bíblicos, el carácter sagrado de la hospitalidad, el ágape de los antiguos, el banquete tras la firma de un contrato, etc. Reunirse alrededor de la mesa, saborear los mismos alimentos, ¿no es una manera cordial de decirse unos a otros que van a intentar hablar la misma lengua?

Cuando uno siente la **lengua pastosa**, tiene dificultades para expresarse. Esa inhibición en la palabra a menudo es el resultado de falta de confianza en uno mismo, de miedo a hacer el ridículo.

Las **fisuras** podrían traducir la sensación de estar dividido entre las ganas de decir lo que uno piensa y el miedo a hacerlo.

Cuando uno se **muerde la lengua** —en sentido literal— es como si se sintiera culpable de haber dicho algo, como si se lo reprochara a uno mismo.

La inflamación de la lengua (**glositis**) puede resultar de no haber expresado la cólera que uno siente y que le quema la lengua, pero con más frecuencia es como si algo le impidiera saborear la vida.

Los dientes

Los problemas en los dientes evocan tres cosas:

—Las ganas de morder: agresividad, rencor, ira contenida.
—Tener que tomar una decisión que cuesta tomar («hincar el diente», como dice el I Ching).[1]
—Adueñarse de la propia vida, vivirla a fondo.

1. Libro de oráculos de la antigua China que propone analizar y representar las situaciones y sus transformaciones por medio de una serie de símbolos dispuestos en hexagramas.

Antes de exhibir su blancura en una amplia sonrisa, los dientes nos sirven para morder; son como una toma de posesión del alimento y de la experiencia de la vida que derrochamos a manos llenas.

Así como cada vértebra, cada zona del iris, de la oreja o del pie está en relación estrecha con un órgano interno, de la misma manera cada diente está relacionado con un órgano. Las partes que componen el ser humano no son independientes unas de otras; cada una está a la escucha de las demás a través de afinidades sutiles, y todas están unidas por unos vínculos que, aunque los constatamos cada día, no podemos explicarlos.

Las expresiones populares a propósito de los dientes aluden a tres temas fundamentales:

La agresividad

«Enseñar los dientes», «armarse hasta los dientes», «tener afilados los colmillos», etc. Todas estas expresiones tienen algo que ver con la agresividad.

Morder es un acto de poder, una toma de posesión, de adhesión a una idea, a una posición en la que «on ne démord pas».[2] Pero la agresividad puede estar interiorizada, contenida, y cuando no es posible «enseñar los dientes» y, a pesar de todo, hay que hacer frente a la situación, tiene uno que «apretar los dientes». Por eso aparece la fase siguiente:

El rencor

«Desear saltarle a uno los dientes», «pegar una dentellada a alguien», «traer a alguien entre dientes», «murmurar entre dientes», etc. ¿No es rencor lo que se expresa mediante las ganas de morder?

A menudo, el rencor es un sentimiento consecuencia de no haber sabido decir a tiempo las palabras que teníamos que decir, de no haber tomado la decisión adecuada en el momento

---

2. El autor utiliza aquí el verbo *démordre* («desistir, desdecirse») por oposición a *mordre* («morder»). *Ne pas en démordre* significa: «No dar su brazo a torcer, mantenerse en sus trece». *(N. de la t.)*

oportuno, lo que ha hecho que la situación se pudriera. El diente, que era blanco, se ha podrido, se ha cariado, se ha ennegrecido. Las caries representan esa situación cariada en la que se desarrolla el rencor, esa especie de fermentación del espíritu que encuentra eco en la fermentación microbiana que penetra gradualmente en las capas dentales, del mismo modo que el rencor roe poco a poco las capas del espíritu hasta llegar al alma... del diente. Cuando la caries llega al alma del diente, la capacidad para morder queda minada, y entonces aparece el dolor para darnos cuenta de la impotencia de nuestra cólera.

Curiosamente, la **Staphisagria**, el principal remedio utilizado en homeopatía para la ira contenida, es también el remedio adecuado para las caries precoces en los niños en los que la necesidad de dulzura afectiva y de golosinas les impide expresar su cólera cuando es necesario. Esa mezcla entre la necesidad de dulzura y de amor —que podríamos llamar «golosinas»— y los gérmenes de la ira crean las condiciones favorables para que aparezcan las caries.

Cuando uno se somete a la autoridad o a la influencia de otro, se evita tener que tomar decisiones por sí mismo, incluso respecto de su propia vida.

La decisión

Ir hacia delante, «hincar el diente», como dicen las imágenes del I Ching, ayuda a eliminar los obstáculos que nos impiden avanzar. Y cuando avanzamos en edad, cuando llega un tiempo en que los demás son los que deciden por nosotros, entonces perdemos los dientes, y con ellos la capacidad de adueñarnos de nuestra vida.

Soñar que se ha perdido un diente es como una advertencia de que hay que tomar una decisión antes de que sea demasiado tarde, una invitación a no dejar que sea la fatalidad la que decida por nosotros, a reaccionar antes de perder otro diente. En general, soñar que se pierden los dientes es sinónimo de que hay una pérdida. Pérdida de energía e impotencia ante una situación, pérdida de la capacidad de morder, de avanzar; una dificultad para adueñarse de la propia vida.

«Romperse los dientes contra algo» expresa que uno se enfrenta a un obstáculo insuperable, por falta de destreza o por obstinación.

Las encías

Las encías vinculan el poder de morder y de decidir que simbolizan los dientes con la estructura ósea, con esta pregunta subyacente: ¿soportará mi estructura las decisiones tomadas? Los problemas en las encías muestran falta de confianza en nosotros mismos, expresan que no tenemos el valor de morder. Las molestias en las encías no son más que un eco de las dudas y del miedo sentido respecto de los resultados de las decisiones que se han de tomar, decisiones representadas por los dientes. Suelen aparecer molestias en las encías cuando se aplazan continuamente las decisiones que se han de tomar; la hemorragia que acompaña con frecuencia a estas molestias manifiesta la tristeza que se siente, la pérdida de la alegría de vivir. El aplazamiento continuado de las decisiones que se deben tomar entraña una sutil desvitalización de la energía y del entusiasmo.

El esófago

Capacidad para acoger, para «tragar la píldora»
Rebeldía pasiva ante una situación que, pese a todo,
hemos tragado

Una vez tomada la decisión de tragar, la digestión escapa a nuestra voluntad; la marcha atrás es imposible, salvo si se emplean métodos coercitivos (vómitos provocados, etc.). Cuando tragamos algo de cuya inocuidad no estamos seguros, no es raro notar que el esófago «se traga la píldora» como a regaña-dientes. Querríamos protegernos, pero es demasiado tarde; es como el pasaje obligado ante una situación que hemos fomen-tado por no reaccionar a tiempo. El esófago es un órgano rela-tivamente pasivo; las molestias en él son el eco de nuestra re-lativa pasividad frente a lo que «ingerimos mal». ¿Qué es lo que no puedo tragar en mi vida? ¿Qué es lo que no acepto?

Si lo que se nos queda atravesado en la garganta es algo que no conseguimos tragar, las molestias en el esófago evocan que hay algo que hemos conseguido ingerir pero a la fuerza, como la-mentándolo. El lugar exacto donde se manifiestan las molestias permite los matices, igual que ocurre con la laringe. Los tras-tornos en el esófago indican que uno vive determinada situa-ción con relativa pasividad. Es como una rebeldía retardada, la rebeldía que se siente por no otorgarse los medios para recha-zar la quina que a uno le hacen tragar.

Alphonse, un señor de 65 años, se quejaba de un **espasmo de esófago** que venía padeciendo desde hacía cinco años y que le causaba una importante molestia en la deglución. El espasmo se manifestó gradualmente a partir del momento de la jubila-ción. Primero sólo en la cena; luego, después de cada comida. No parecía que la jubilación fuera la causa, pues el trabajo que había ejercido hasta entonces como oficinista no le gustaba en absoluto. Llegaba a la consulta acompañado de su mujer; tuve que esperar algún tiempo hasta conseguir que viniera so-lo. Entonces empezó a hablarme de ella, de sus maneras auto-ritarias y de su tendencia a dirigirlo todo. No le dejaba la me-nor iniciativa; todo lo organizaba ella, incluso se ocupaba de él como si fuera un niño, quien, por su parte, se dejaba hacer. No obstante, su mujer se quejaba de la situación que ella misma había creado, y no cesaba de hacerle amargas observaciones a su marido. «Doctor, no deja de criticarme —me decía Alphon-se—, me paso el día tragando reproches.»

¿Tragando reproches? No pude menos que repetir sus pro-pias palabras. Con frecuencia eso es suficiente para que el enfermo establezca la relación entre la enfermedad y la situación que vive. Sesenta y cinco años es una edad en la que uno ya no está muy dispuesto a cambiar las cosas y prefiere dejarlas como están; de modo que me limité a darle **elixir de manzanilla**, una flor indicada para la cólera contenida. Ahora, aunque su situación conyugal apenas ha cambiado, Alphonse se enfada con más facilidad y el espasmo de esófago se ha atenuado. No es una verdadera curación, es cierto; digamos que es un «apaño», una solución de compromiso.

El **cáncer de esófago**, por su parte, puede declararse cuando la situación parece no tener salida, hasta el punto de obturar el deseo de vivir: ya no puede «pasar» por él nada que sustente, que alimente, en todos los sentidos de la palabra.

El estómago

Situación que hay que soportar y asimilar inevitablemente
A menudo esta situación está relacionada con el «pan cotidiano»: trabajo, ansiedad por las cosas materiales, preocupaciones relacionadas con los alimentos
Fuerza y valor («tener estómago»); y lo contrario, **miedo**

Los problemas en el estómago están relacionados con mucha frecuencia con el pan cotidiano, es decir, que conciernen principalmente a los aspectos materiales de la vida. Materiales, y también maternales. Para alimentarse, hay que trabajar, pero, ¿quién sabe qué ocurrirá mañana y si mañana será posible alimentarse y alimentar a la familia?

La mayoría de los trastornos estomacales se deben a la inseguridad material que uno siente, que puede ser tanto real como imaginaria. Digerir es también gestionar. El aspecto material del alimento evoca la gestión, buena o mala, de las preocupaciones materiales, de las contrariedades profesionales, financieras, judiciales, escolares, etc., ya que todas tienen en común cierta ansiedad por el porvenir. La persona *rumia* sus preocupaciones, les da vueltas y vueltas, y a menudo se siente impotente ante situaciones que no tiene más remedio que soportar.

Cuando nos hacemos mayores y con el tiempo vamos adquiriendo la suficiente experiencia para tener una situación profesional relativamente estable y segura, entonces, «nous prenons de la bouteille»,[3] en todos los sentidos del término. El futuro nos da menos miedo, nos sentimos capaces de afrontar todas las situaciones. El estómago es también un centro de *fuerza* del que, en caso necesario, podemos extraer energías para hacer frente a alguna dificultad, aunque sea con cierto *descaro*. «Hay que tener mucho estómago» para aguantar lo que a uno «le revuelve el estómago».

El descaro, no nos equivoquemos, es otra cara del miedo, de un miedo enmascarado con cierta osadía que a veces produce «un nudo en el estómago» y que no es más que *miedo al conflicto*. En lugar de defenderse, se procura «que el estómago se haga a ello», se prefiere encajar, digerir, aun a costa de seguir rumiando el problema. Aunque, como dice Thorwald Dethlefsen: «El enfermo de estómago evita los conflictos a toda costa».

Después de haber fracasado en los estudios y de haber tenido diversos empleos aquí y allá, Florent, un hombre de 47 años, trabajaba en el departamento de administración de una clínica, en un puesto subalterno muy por debajo de sus capacidades. Con motivo de algunas jubilaciones hubo una reestructuración en el departamento y Florent se encontró a las órdenes de un jefe rígido que se oponía sistemáticamente a todas sus iniciativas. Cuando solicitó las vacaciones que deseaba, recibió de su jefe una negativa «arbitraria», por una razón que a los ojos de Florent era injustificada. Al día siguiente tuvo una hemorragia de estómago, cuya causa resultó ser una úlcera. Florent era un hombre acomodaticio, que evitaba los conflic-

3. *Prendre de la bouteille* significa: «Entrar en años». Y también: «Adquirir experiencia al envejecer». *(N. de la t.)*

tos. Después de haber carecido de ambición durante mucho tiempo, sentía que soportaba las situaciones igual que soportaba la vida, sin ambición. Unos años antes había tenido problemas en las rodillas, en una situación análoga en la que había tenido que «plegarse» a la decisión de sus jefes. Las rodillas hablan también del fracaso de una ambición.

La pérdida de sangre expresa casi siempre pérdida de alegría de vivir. Florent recibió la negativa de su jefe a propósito de la fecha de las vacaciones no como una medida vejatoria que tenía que aceptar de buen grado o por fuerza, sino como una sentencia sobre el fracaso de su vida profesional y de sus ambiciones nunca realizadas. Cuando le sugerí que toda esa serie de medidas vejatorias había acabado por «ulcerarle», en sentido literal y figurado, su mirada se iluminó: ésa era exactamente la palabra que describía la emoción que sentía. Las sensaciones que experimentamos y el lugar donde se manifiesta el dolor son metáforas de nuestra emoción. También lo son las lesiones. Tanto su aspecto como las *palabras* que utilizamos para describirlas denotan que son imagen de la emoción que las ha generado.

La propia estructura del estómago explica esa reacción pasiva. Es una bolsa hueca, aparentemente inactiva, que asimila los alimentos disolviéndolos en un líquido corrosivo, el ácido clorhídrico. El estómago no tiene la agresividad activa de los dientes, que muerden y trituran los alimentos de forma voluntaria y decidida; tiene una agresividad pasiva, que absorbe y disuelve lo que entra en él, y, con un procedimiento químico, acaba el trabajo que han empezado los dientes con uno mecánico. Mediante el ácido clorhídrico, el estómago transforma en papilla la gran diversidad de alimentos que ingerimos.

Pero esa pasividad es sólo aparente; si el que padece del estómago parece soportar las situaciones en vez de asimilarlas es porque, en medio de su aparente pasividad, está realizando un esfuerzo para disolver la situación en lugar de «hincarle el diente». Pero hay excepciones: algunos enfermos de estómago saben luchar. Lo que sugiere el estómago no es forzosamente pasividad, sino el hecho de *soportar una situación relacionada con el pan de cada día.*

Martial, un psicólogo de 42 años, padecía de **úlcera de estómago**; el especialista que lo trataba había descubierto en él el *Helicobacter pylori*, el germen considerado responsable de la úlcera. Trabajaba por cuenta propia y sentía una gran ansiedad por el futuro en un sector en el que hay mucha competencia. Sabía escuchar y comprender a los niños con dificultades, lo que le había permitido constituir la mayor parte de su clientela entre los alumnos de una escuela próxima. Hasta el día en que el director del colegio consideró que las entrevistas de Martial con los alumnos no debían realizarse dentro del horario escolar, y marcó sus límites. Martial quería seguir viendo a los niños en las horas de clase y luchó para conseguir que le dieran la razón, incluso buscó el apoyo de los sindicatos, pero sin éxito. Se sintió abandonado por todos y su ansiedad se redobló; fue entonces cuando se le declaró la úlcera.

Lo que rumia el estómago suelen ser esas cuestiones relativas al pan de cada día; dicho en otras palabras, las preocupaciones, las contrariedades, la ansiedad, la insatisfacción, sea en el ámbito del trabajo, sea en el doméstico. Y, cuando es «demasiado», se rechaza con el **vómito**. El vómito es un rechazo, una negativa, mientras que la **náusea** es como una profunda aversión, una gran repugnancia. ¿Qué es lo que me repugna? ¿Qué es lo que no puedo digerir?

A veces, sin ser «demasiado», llega justo al límite de lo que estamos en condiciones de aceptar, de ingerir. Entonces se produce un **reflujo gastroesofágico** que produce quemazón en el esófago y llega hasta la garganta, y que suele causar una ligera tos seca porque la tráquea se irrita localmente debido al desbordamiento de pequeñas cantidades de jugo gástrico. El fenómeno, un clásico de la medicina, va acompañado de una tos que, pese a ser mecánica, significa, curiosamente, protección. ¿Casualidad? Quizá. Pero cuando se observa el cuerpo como una metáfora, poco a poco se puede ir viendo la otra cara de la moneda y ello nos conduce a mirar las patologías de un modo diferente.

Aparte de la pasividad y la capacidad para el acomodo, el estómago simboliza otras cualidades femeninas, como la capacidad para recibir, para percibir, para apreciar, y también para gestionar. Algunas investigaciones recientes realizadas en el campo de la homeopatía han permitido demostrar la relación entre el ácido clorhídrico y una de las funciones maternales. El ácido clorhídrico, física y simbólicamente, hace que el ser humano se funda con la «madre», al igual que en el interior del estómago hace que se fusione con el alimento dado por la Tierra Madre. Es como el deseo de volver al seno materno, a la seguridad; aspiramos a que se hagan cargo de nosotros, como en otros tiempos.

La función del ácido clorhídrico en el estómago consiste en transformar en papilla «materna» los alimentos exteriores a fin de hacerlos digestivos, como si fueran leche. Este trabajo se hace en silencio, como lo hace una madre que, con su presencia, con su atención permanente a los pequeños detalles, logra que todo vaya bien. La presencia silenciosa de la madre da seguridad al niño, y del amor que ésta le prodigue o le niegue resultará en él un sentimiento de seguridad o inseguridad en sí mismo que le durará toda la vida.

Encontramos aquí el *miedo*, el «miedo en las entrañas», esa ansiedad que se siente en la boca del estómago, que es sensible a las emociones súbitas o a las malas noticias que hacen perder vitalidad. Expresiones como: «tengo un nudo en el estómago», «se me revuelven las tripas», «subirle a uno la bilis», «echar los hígados», etc., aunque no hacen referencia directa al estómago, están relacionadas con órganos que complementan su actividad.

El estómago está asociado también al contrario del miedo, esto es, *a la energía y al valor físico*: «tener mucho estómago» o ser capaz de «hacer de tripas corazón». Yo creo que es a la madre a quien debe el niño la fuerza que simboliza el estómago, fuerza obtenida no sólo del alimento sino de un profundo sentimiento de seguridad interna, aunque luego sea el padre el que le enseñe a servirse de ella.

En la **anorexia mental** encontramos dificultades de relación con la «madre». En general, es una enfermedad que atañe a la adolescente cuando su cuerpo se transforma y desarrolla sus atributos de mujer (la regla), y de madre (los senos). De forma más o menos consciente, tiene un rechazo hacia la imagen materna, que con frecuencia es tanto más señalado cuanto más obesa es la madre. La anoréxica no puede comer sin vomitar, apenas puede tragar el menor bocado, se le produce un nudo en el estómago; pero, aunque vomita los alimentos, lo que está vomitando en realidad es la imagen materna, de donde resulta una delgadez extrema. Apenas se le desarrollan los senos, le cesa la regla, y ambas cosas ponen de manifiesto su rechazo a ver conformarse su cuerpo a una imagen que la avergüenza.

No puedo concluir este capítulo sin mencionar la cuestión del *Helicobacter pylori*, ese germen en principio responsable de la mayoría de las **úlceras de estómago**. Recuerde el ejemplo que he citado en el preámbulo a propósito de un niño y de las anginas causadas por el estafilococo dorado tras haber sufrido una profunda humillación. Incluso si es posible identificar un germen —digamos, «responsable» de la enfermedad—, la mayoría de las personas que sufren de una úlcera dicen sentirse impotentes frente a una situación que les *roe*, sienten como una mezcla de ansiedad y cólera. El germen no hace más que tomar el *relevo*, es el reflejo de lo que ocurre en un plano subjetivo, más sutil.

En cuanto al **cáncer**, es un proceso análogo a la úlcera, salvo que, en este caso, en el sentimiento de impotencia hay más tristeza que cólera, y la vida parece no tener ya razón de ser. También puede aparecer cuando uno se culpabiliza profundamente por un acontecimiento pasado. Es cierto que el alcohol es un factor agravante de la úlcera o del cáncer de esófago o de estómago, pero, en el plano psicológico, beber licores fuertes es también una manera de quemar las mucosas y, por lo tanto, de quemar lo que uno siente. Es una manera de cuidar el mal con el mal, sólo que las dosis ingeridas, por desgracia, ¡no son homeopáticas!

Esto me recuerda una anécdota que propongo al lector como postre para concluir este capítulo sobre el estómago. Un ruso, moscovita por más señas, que acababa de aterrizar en nuestra dulce Francia, padecía de **gastritis** debido a sus dificultades de adaptación a la vida occidental y a una lógica ansiedad por su futuro. Una amiga francesa le había aconsejado que viniera a verme; comenzó diciéndome: «Me dolía el estómago; entonces, hice lo que hacemos en Moscú: me zampé medio kilo de mantequilla fundida que regué con medio litro de vodka. Pero no me alivió». ¡Madre mía, lo que se echó al coleto! Aun como médico homeópata, que «curo el mal con el mal», según se dice, ¡no le aconsejo la receta!

El plexo solar

El plexo solar es un complejo neurovegetativo situado detrás del estómago, como una red tendida contra la pared aórtica y unida posteriormente a los ganglios simpáticos paravertebrales y lateralmente a las médulas suprarrenales. Está formado por fibras neurovegetativas del gran simpático y del parasimpático. Gestiona la mayoría de los órganos situados bajo el diafragma y en el abdomen y las funciones que éstos realizan, principalmente la digestión, el hígado, el páncreas, el bazo y los riñones.

Su «debilidad» entraña una **vagotonía crónica** (predomina el sistema parasimpático), con permanente sensación de fatiga y de vacío en el estómago; el enfermo es friolero; su digestión es lenta, padece atonía. El estrés agota a esos enfermos; sufren cansancio repentino, que puede llegar hasta el desfallecimiento, con sudores fríos.

Un fenómeno semejante se produce en el **mareo** que sienten algunas personas al subir a determinados medios de transporte. Las náuseas debidas a la quimioterapia tienen también características análogas, y son tanto más importantes cuanto más consciente es el rechazo al tratamiento. La raíz del jengibre puede aliviar las náuseas, pero es preferible mezclarla con leche caliente, pues pura tiene un sabor muy fuerte.

El plexo solar excesivamente fuerte entraña, por el contrario, simpaticotonía, espasmos, gastritis, colitis espasmódica, cólicos hepáticos, etc. Esa plétora provoca, en general, una estimulación de las glándulas suprarrenales.

Varios autores describen el plexo solar como el centro de las emociones; algunos dicen incluso que irradia un aura potente que nos pone emocionalmente en contacto mutuo. Es emisor y receptor de lo que ocurre a nivel emocional.

El bazo

Nostalgia, lo que no se ha llevado a cabo (esplín, cementerio de hematíes)
Pasar página, enterrar la experiencia (muerte y reciclaje)
Disgustos, preocupaciones
Relación con la Tierra, con las normas, sentido de la mesura («courir comme un dératé»)[4]

El bazo es un cementerio de glóbulos rojos y, como tal, representa la incineración de la experiencia pasada y la recuperación de los elementos que esa muerte restituye. Pero lo que el bazo capta y destruye son los glóbulos rojos *anormales*; los otros, en general van a morir de una hermosa muerte al lugar donde nacieron, esto es, a la médula ósea, cerrando así el ciclo.

Por esa razón, el bazo está asociado a las *preocupaciones*, a esas cosas anormales —como los glóbulos que retiene— que viven en la mente como auténticos parásitos e impiden que nos despertemos cada mañana como si fuera un nuevo día. El esplín viene a expresar en el bazo la dificultad que uno tiene para pasar página y construir algo nuevo a partir de la muerte necesaria de esos glóbulos rojos anormales que son como otros tantos soldados heridos de experiencias inacabadas.

La vida de esos glóbulos está estrechamente ligada a la de los tejidos, por lo que son íntimos testigos de lo que vive cada una de las células. Por eso simbolizan una especie de *memoria*.

4. Véase la nota 16 del preámbulo *(N. de la t.)*

El bazo que los retiene evoca *una tendencia a vivir en el pasado, con nostalgia, ¡el esplín!* Subrayo la palabra esplín porque en inglés, *spleen* designa también el bazo. Es la sede de la nostalgia y, algunas veces, de etapas finales que no han sido resueltas (documentos, asuntos notariales, etc.), aunque también de recuerdos, de disgustos, de melancolía.

Andrée tenía un hijo único que murió a los 8 años de edad al caer del coche que conducía su marido debido a que la portezuela había quedado mal cerrada. Al poco tiempo, ella enfermó de diarrea crónica en la que el alimento era rechazado entero, sin digerir. Después de semejante impacto moral nada de la experiencia de la vida merecía ser «retenido». Tras largos meses de diversos tratamientos terapéuticos, consiguió curar la diarrea, pero poco después empezó a quejarse de un dolor creciente en el costado izquierdo, que su médico diagnosticó como **esplenomegalia mieloide crónica**. Ésta es una grave enfermedad del bazo que traducía su pesadumbre por no haber podido despedirse de su hijo, teniendo en cuenta las trágicas circunstancias del accidente que había tenido lugar en su presencia. A la pena se añadía un sentimiento de culpa hacia sí misma y de cólera hacia su marido, que también podía haber previsto el peligro. Y ya hemos visto en la primera parte que, cuando los sentimientos son tan complejos, los somatizamos porque no encontramos otra manera de expresar nuestro dolor.

La diarrea había desaparecido, desde luego, pero más hubiera valido respetarla porque actuaba como válvula de escape. El bazo tomó el relevo absorbiendo el pasado no resuelto, el esplín del que esta enferma no se había recuperado.

El bazo está implicado a menudo en circunstancias menos dramáticas, en esas pequeñas páginas que no sabemos pasar, es decir, en preocupaciones de todo tipo que suelen ir acompañadas de ansiedad, obsesiones, ideas fijas... viejas cantinelas... Al apartar de la circulación los glóbulos rojos que ya no sirven, el bazo purifica la sangre, purifica la consciencia de lo que se ha vivido, aligera el pensamiento de la memoria y de los esquemas obsoletos. Es por eso que los chinos —y con ellos numerosos autores— insisten en el carácter rutinario de las personas con un bazo «perezoso» (energéticamente hablando). Tienen la memoria atiborrada de gestos repetitivos, hacen y rehacen los mismos esquemas. Y si se dice de las personas de bazo débil que «no están dotadas para las matemáticas» es porque ser fuerte en matemáticas supone tener flexibilidad mental necesaria para contemplar el problema desde ángulos diversos para *imaginar* la solución. Por el contrario, las personas que tienen un bazo equilibrado son pragmáticas, porque esas «pequeñas muertes» de los glóbulos rojos de las experiencias cotidianas siembran una rica tierra fecunda en reflexión; el glóbulo ha muerto, pero el hierro que llevaba consigo ha sido recuperado. *Nada se pierde, todo se transforma.*

La acupuntura china considera que el bazo y el páncreas son un todo, y relaciona a ambos con el «Principio de la Tierra». El que tiene problemas en cualquiera de esos órganos es un individuo trabajador, razonable, un ejecutante serio y razonable. *Su vida es demasiado razonable*, teme carecer y le angustian las preocupaciones materiales. Carece de confianza en sí mismo, tiene miedo de no estar a la altura de las circunstancias, miedo de no saber gestionar el presente. De ahí su necesidad de mesura y de estar dentro de la norma: es convencional, conformista, vive para el deber. Le ocurre a veces que come demasiado —una compensación oral del miedo al porvenir— y ahí encontramos los problemas de páncreas, con tendencia a la diabetes debida a la sobrecarga alimenticia de glúcidos.

Otra función del bazo es servir de esponja y retener los glóbulos rojos sobrantes. Para Annick de Souzenelle, el bazo es también la sede en la que se regula el equilibrio del Yo: retiene los glóbulos en gran número para redistribuirlos en el momento oportuno. Esta autora añade: «Tal vez la punzada en el costado no sea ajena a la tumefacción del Yo. La expresión po-

pular "courrir comme un dératé"[5] expresa muy bien esa actitud fuera de toda medida, se diría que expresa incluso el vagabundeo de un ser que ya no tiene en la Tierra ninguna referencia». El bazo es el órgano-tierra, el que obliga a un retorno a la
tierra, a las rupturas dolorosas, que son el preludio de tierras
nuevas. El bazo interviene en la mutación del Yo, en su transformación; una vez que su energía ha cumplido la misión en-
comendada, la transporta al hígado.

El páncreas

**Relación con la «tierra», con la alimentación. Miedo
a carecer
Consecuencias de impactos graves y sensación
de inseguridad en la vida
Ser amado, temor a desagradar, contemporizar a base
de una dulzura maternal invasora y necesidad de afirmar
el propio deseo
Inhibiciones, miedo a los conflictos
Justo empleo de la energía, vivir los impulsos o la vida
de trabajo de un modo razonable, bien regulado, sin
apartarse de las normas. Problemas con la dulzura de vivir
y el disfrute de la vida**

El páncreas es una glándula situada detrás del estómago, ocupa
una posición *central* en la topografía del cuerpo y su papel es
central, en dos aspectos: por una parte segrega las enzimas digestivas indispensables para la asimilación de los alimentos:
la amilasa para digerir los glúcidos, las lipasas para las grasas y la
tripsina para las proteínas, jugos que se mezclan con la bilis en
el canal de Wirsung (a la altura del duodeno). Por otra parte,
contiene en su seno unos islotes de células, los llamados islotes de Langerhans, que segregan dos hormonas de efectos

---

5. Véase la nota 16 del preámbulo. *(N. de la t.)*

complementarios, la insulina y el glucagón, que se vierten en la sangre. La insulina favorece la penetración de la glucosa en las células —es algo así como el carburante que se inyecta en un motor—, mientras que el glucagón moviliza las reservas del hígado en glucosa para hacerlas pasar a la sangre y ponerlas a disposición del organismo. El páncreas, a las órdenes del hipotálamo, es el encargado de mantener una glucemia estable, lo que resulta imprescindible para el buen funcionamiento de las células, en especial las cerebrales.

Resumiendo: los islotes del páncreas regulan la carburación del motor; están implicados en la **diabetes**. La asimilación correcta de tres alimentos fundamentales —los glúcidos, lípidos y prótidos— concierne a la parte «digestiva» del páncreas.

Así pues, el páncreas tiene una doble función: gestionar el carburante (la insulina y el glucagón) y ayudar a asimilar los alimentos (mediante las enzimas digestivas). Como se ve, ese órgano es de tal importancia que ha recibido el nombre de *pan-kreas*, lo que en griego significa «todo carne». Para retomar la expresión de Michel Odoul, el páncreas es un órgano «trabajador y resuelto» que lleva a cabo una doble tarea: por un lado, digerir el aspecto material de la vida y, por otro, gestionar la cantidad de energía —de glucosa— que necesitan las células. Ambas funciones tienen un efecto común, esto es, la asimilación, el almacenamiento y el empleo de la energía que procede de los alimentos, es decir, de la Tierra Madre.

El páncreas se puede considerar bajo tres aspectos distintos:

1. El páncreas evoca la relación con la Tierra, es decir, la relación con los alimentos, con el apetito, la bulimia y el *miedo de carecer*. Lo que se expresa a través de él es la *necesidad de seguridad*. Uno de los primeros síntomas de la diabetes, tanto en la melitus como en la insípida, es el *apetito* y la *sed excesiva*, como si el enfermo creyera que el alimento y la bebida le iban a faltar: el enfermo no puede permanecer en ayunas sin desfallecer.

La necesidad de seguridad, que se hace eco de las inquietudes y preocupaciones del bazo, puede traducirse en una manera demasiado «razonable» de vivir la propia vida, con un sentido del deber que oculta los propios deseos, y con tendencia a adaptarse a las normas y a vivir una vida perfectamente regulada... algo a lo que obliga la diabetes en el terreno de la alimentación.

La diabetes que aparece en la infancia o en la adolescencia sobreviene, en general, tras un fuerte choque psicológico que debilita el sentimiento de seguridad y de «dulzura de vivir». De forma repentina, se pone en entredicho el arraigo a la «tierra» o al vínculo maternal.

Como el lector habrá observado, existe cierta analogía entre los aspectos psicológicos del bazo y del páncreas. En acupuntura, ambos forman un mismo conjunto funcional, que corresponde al elemento Tierra y que se ve afectado por las *preocupaciones*.

2. El segundo aspecto concierne al azúcar y evoca la relación con la «dulzura», es decir, con la *necesidad afectiva* del ser humano. En todas las culturas, el azúcar representa la dulzura, el regalo, la amabilidad, la prueba de amor y de reconocimiento, tiene una connotación maternal. Los niños de poca edad, cuya vida está completamente centrada en el vínculo afectivo, disfrutan con las golosinas multicolores. La carencia de dulzura maternal, y la carencia afectiva en general, pueden inducir a buscar una compensación oral, esto es, a la necesidad de comer en exceso. Se inclina uno por esas famosas «dulzuras» cuya carencia siente, corriendo a la larga el riesgo de fatigar el páncreas y de «procurarse» una diabetes melitus.

A menudo el diabético sufre de pérdida de amor. Detrás de la diabetes bien podría esconderse una necesidad de amor insatisfecho, junto a cierta incapacidad de aceptar, de acoger el amor, de dejarse amar. Al diabético le gustaría mucho recibir amor, pero no se permite mostrar su necesidad: «No, gracias, no debo tomar azúcar».

Tomando el páncreas como testigo, el diabético se prohíbe la «dulzura», no sólo en la alimentación, sino también la dulzura afectiva y la dulzura de vivir. No puede «disfrutar», sus raciones están contadas, medidas, pesadas. No puede «echar carnes»; pero no sólo eso, también le está prohibido el placer carnal, pues la diabetes acaba produciendo impotencia sexual. Esa carencia de placer se traduce también en problemas vasculares, «la vida ya no pasa por donde el placer se ha acabado».

Como dice Claudia Rainville, para quien el páncreas evoca la alegría de vivir, la diabetes es una vida sin dulzura y sin alegría. Añadamos a esto que existe cierta analogía entre la diabetes y el cáncer: ambas enfermedades resultan a menudo de una emoción que está más allá de la cólera, que es como una profunda tristeza, una tristeza que, en el caso de la diabetes, resulta de un conflicto entre el deseo de «ser» (la energía) y la necesidad afectiva (el azúcar).

3. El tercer aspecto concierne a la energía pues, a través de la insulina y del glucagón, el páncreas gestiona el empleo de la energía que necesita el organismo. La energía es la glucosa, y la insulina regula el aporte de glucosa a la célula, algo así como el carburador en el motor de un coche. El páncreas manifiesta así el deseo de entregarse de lleno a la vida.

La diabetes afecta también a las arterias y arteriolas. Pues bien, las arterias representan la manera en que nos entregamos a la vida y a todos sus aspectos. Las arteriolas se inflaman y algunos órganos dejan de ser irrigados correctamente, lo que altera su funcionamiento. De ahí las múltiples complicaciones de la diabetes. Por eso es una enfermedad que manifiesta la dificultad que uno tiene para entregarse a la vida, para poner en ella toda la energía psíquica.

Esta dificultad puede traducir una falta de alegría y a menudo resulta de una insatisfacción de origen afectivo (la dulzura de vivir). Entonces el enfermo trata de compensar su frustración comiendo demasiado, lo que conduce a agotar el páncreas y hacer que aparezca la diabetes de la edad adulta (también llamada **diabetes melitus** o de tipo 2).

En el niño o el adolescente, el proceso es diferente. La diabetes no resulta de un agotamiento del páncreas, sino de una reacción autoinmune (los anticuerpos se vuelven contra los propios órganos). Suele aparecer como consecuencia de un choque moral muy fuerte, de ahí el sentimiento de inseguridad que he mencionado más arriba, que afecta profundamente al sentido de la vida y a la alegría de vivir, del deseo de vivir la vida. Es como si el enfermo perdiera su relación con la «madre nutricia»; en ese caso el páncreas se destruye a sí mismo. Sin el tratamiento de insulina esta enfermedad sería tan fatal como un suicidio (es la **diabetes insípida**, o de tipo 1).

Pascal era un alumno brillante, el primero de su clase sin lugar a dudas. Un día, el profesor propuso un examen sorpresa a fin de evaluar el trabajo extraescolar de sus alumnos. Pascal obtuvo 19 sobre 20, mientras que la media de la clase fue más bien deplorable. Pascal se sentía orgulloso de su calificación, y con razón, pero, en vista del resultado obtenido por la mayoría, el profesor decidió *anular* la prueba, sin más, anulando al mismo tiempo el éxito del muchacho. Esa decisión a él le causó un impacto tremendo, no sólo sintió ira sino que se consideró tratado injustamente. A las pocas semanas, aparte de haber perdido motivación para los estudios, se le declaró la diabetes.

¿Para qué haber invertido tanta energía —tanta glucosa— para no ser valorado? Lo que para cualquier otra persona tal vez no hubiera sido más que un contratiempo, para este muchacho era muy importante. Ser el primero era para él vital, era así como se sentía reconocido en su existencia y en su valor, era lo que daba sentido a su vida y, para conseguirlo, ponía en ello toda su energía. Añada a eso que el tejido cerebral extrae toda su energía de la *glucosa*, y sólo de ella, y comprenderá que, de un modo inconsciente, Pascal dijera a su páncreas: «Si no me sirves más que para eso...».

Hemos visto que el bazo, al actuar sobre los glóbulos rojos, hace las veces de un regulador del Yo, del que el glóbulo es portador. El páncreas, al actuar sobre la glucosa, regula la energía que anima al Yo.

Annick de Souzenelle dice que cualquier prueba o adversidad a la que uno se enfrenta concierne directamente al páncreas y le hace liberar la cantidad de energía necesaria para afrontarla y salir adelante. La diabetes es una enfermedad de *inhibición*, en la cual los tres componentes que acabamos de estudiar están presentes en grados diversos:

Jean, uno de mis pacientes y, además, amigo, padece desde hace mucho tiempo de diabetes melitus, grave pero bien llevada. Apenas le sugerí la relación que existe entre el páncreas y la «Tierra», sin añadir nada más, me dijo que él siempre había tenido *miedo a carecer*. Si una camisa le gusta, se compra tres... Por el lado afectivo, hace todo lo posible para no desagradar, lo que le lleva a hacer pasar sistemáticamente el deseo de los demás por delante del suyo. No sabe decir que no, aunque eso le obligue a hacer horas suplementarias en el trabajo. Y en lo que concierne al empleo de la energía, me hizo esta extraña observación: «Basta que piense en alguna cosa, y enseguida tengo la sensación de que ya se ha realizado». Dicho en otras palabras, para concretar su pensamiento en acto no necesitaba invertir energía, lo mismo que la glucosa de su organismo, que se quedaba en la sangre en vez de ser inyectada en las células.

Hay otras glándulas que también regulan la energía, como la tiroides. Cuando una persona tiene afectada esa glándula, puede tener muchísimo apetito y, al mismo tiempo, una delgadez exagerada. Pero la energía implicada en la tiroides no es la de la Tierra, sino la del Aliento, es decir, la de la expresión de uno mismo y de lo que uno tiene que decir. En cambio, un páncreas enfermo pone de manifiesto la inhibición del Yo y de sus deseos.

Por último, las dos formas de diabetes —la del adulto y la del niño— hablan de dependencia, de la necesidad de controlar y gestionar la dependencia afectiva o la dependencia con la madre nutricia: tiene uno que controlar su alimentación y regular la toma de insulina. La pregunta que emerge de todo eso es ésta: «¿De qué soy dependiente en realidad?».

Así pues, el papel del páncreas consiste en gestionar la Tierra, simbólicamente hablando, es decir, la alimentación. El páncreas exocrino facilita la asimilación de la energía procedente de la Tierra; y el páncreas endocrino regula su uso, con el glucagón, por una lado, que en el nivel del hígado transforma la reserva de glicógeno en glucosa, y con la insulina, por otro, que regula el aporte de glucosa a las células. La acción del páncreas se basa en un estricto sentido de la economía, del justo empleo de la energía. Y si le afectan las emociones que desajustan esa constante biológica es porque intenta mantener el justo medio en el empleo de la energía de la tierra, de la misma forma que los riñones mantienen el justo medio del agua. El páncreas procurará no lanzar oleadas de energía, no hará excesos, lo mismo que el diabético, que no se permite excesos en la alimentación, ni en sus deseos de demanda afectiva...

El hígado

El hígado transforma el alimento en «Yo», de ahí su implicación en los problemas que conciernen a
— **La adaptación** (adaptarse a las situaciones)
— **La apropiación, la posesión, los deseos,** a través
del Tener o del Ser
de la bulimia, de las sobrecargas emocionales, de la
auto-intoxicación
de los fracasos, de donde resulta cólera y resentimiento
— **La Identidad,** *la imagen de sí mismo, la confianza en sí
mismo*
El hígado neutraliza lo indeseable (sentimientos tóxicos:
cólera, etc.) **que se eliminan después por la bilis**
(desintoxicación)

El hígado es un órgano complejo y polivalente, y muy importante tanto por su tamaño como por sus funciones.
Su papel principal consiste en la asimilación y almacena-

miento de los alimentos. Todo lo que absorbe el intestino delgado pasa al hígado para sufrir allí una última transformación antes de pasar a la circulación sanguínea general, es decir, antes de que nos pertenezca de veras. El alimento, después de pasar por el hígado ¡es realmente nuestro! Y lo que no se utiliza enseguida se almacena para un uso posterior, es como una reserva de energía para caso de necesidad.

Al mismo tiempo neutraliza las toxinas, tanto las de origen externo (procedentes de la alimentación) como las de origen interno (procedentes del cuerpo), toxinas que son eliminadas, en parte, por la bilis. Ésta se asocia a su vez con el jugo pancreático para facilitar la absorción de las grasas.

Además, el hígado elabora numerosas enzimas, complejas sales orgánicas, globulinas (anticuerpos), y también hormonas.[6]

De modo que el principal trabajo del hígado consiste, por una parte, en apropiarse de las cosas y adaptarlas para hacerlas suyas en función de los criterios del Yo; por otra parte, en neutralizar y eliminar todo lo que resulta tóxico para el sentimiento de «ser Yo». Antes de pasar por el hígado, los alimentos todavía no nos pertenecen; mediante ese paso, los hacemos nuestros, para utilizarlos o guardarlos como reserva («Tenerlo en las entrañas»). El hígado habla pues de *adaptación*, y también de apropiación, de *posesión*. La etapa ulterior es la gestión de los residuos, cuando son tóxicos y todavía nos pertenecen, con los que actúa en sentido inverso a como lo hace con los alimentos: el hígado neutraliza las toxinas.

Por medio de la bilis eliminamos las toxinas que no son solubles en agua. Pero entre la eliminación que realiza el híga-

6. Elabora somatomedinas, que controlan la utilización de las reservas energéticas. Las somatomedinas estimulan el crecimiento y la división celular, y actúan en sinergia con la insulina para la utilización celular de la glucosa. Además, favorecen la elaboración de unos compuestos de azufre que se encuentran en los tejidos de sostén: los huesos, los cartílagos, la piel y las faneras.

do a través de la bilis y la que realizan los riñones a través de la orina hay un pequeño matiz, porque lo que eliminan los riñones es más bien lo que hay «en la relación», mientras que lo que elimina el hígado es más bien lo que hay «en la identidad». A propósito de esto citaré algunos ejemplos.

Vamos a ver pues cuatro aspectos del hígado:

El deseo de apropiarse, de poseer y de hacer suyo,

La imagen del Yo, imagen exacta por la cual puede hacerse una

Correcta adaptación a las circunstancias, (visión clara, sensatez)

Neutralización, eliminación de las toxinas del yo (cólera, resentimiento, disgustos («tragar bilis»)

Deseo, apropiación, expansión, energía

El hígado es ante todo una *reserva de energía*, que acumula en forma de glicógeno y que transformará en glucosa a demanda del páncreas. Para llevar a cabo sus deseos, necesitará la energía acumulada; si carece de ella, no podrá realizarlos. Uno de los signos habituales de la **hepatitis crónica** (en particular de la hepatitis C) es la *fatiga*. Una fatiga que resulta tanto de la frustración en algún campo importante de la vida y de las realizaciones personales como de las condiciones fisiológicas, que no son más que un eco de esa frustración. Las enfermedades del hígado fatigan en extremo y disminuyen el deseo sexual; pueden llegar a producir impotencia en el hombre, que pierde las ganas y la energía, es como un fracaso que lleva poco a poco su vida sexual a un callejón sin salida.[7]

El hígado es un órgano grande, movido por un principio de expansión, con gran capacidad para regenerarse... como el

---

7. El **Lycopodium** es un remedio homeopático clásico para los enfermos hepáticos que padecen de **eyaculación precoz**. Esos enfermos experimentan un sentimiento de impotencia que ocultan a veces bajo un carácter autoritario o contradictor.

deseo. El deseo es como un niño que quiere un juguete, después otro y otro más, el deseo se regenera sin fin. La publicidad nos sugiere que satisfagamos el deseo para apagarlo. Pero, por desgracia, las cosas no son así. El deseo nos consumirá mientras el *Tener* se haga pasar por el *Ser*. Y, como lógica consecuencia, en la sociedad de consumo hay cada vez más exceso de colesterol por sobrecarga del hígado.

En ese órgano, el Yo se apropia del exterior para hacerlo suyo, de ahí la tendencia expansiva del hígado y su sensibilidad a los deseos incontrolados. Cuando el hígado está enfermo, suele ser por sobrecarga, por exceso, por superabundancia. Debe moderar sus apetitos. El hígado enfermo significa:

—*Un deseo excesivo*, que o bien puede traducirse en intemperancia en la alimentación o bulimia, con sobrecarga alimenticia, o bien en intoxicación resultante de la falta de discernimiento en la alimentación, cuando el deseo de un manjar sabroso vela las señales sutiles, apenas perceptibles, que alertarían de su carácter tóxico. Por intemperancia, por falta de sensatez o de capacidad de juicio, somos incapaces de evaluar no sólo la toxicidad de un alimento, sino también la de una situación. La intemperancia y la insensatez aumentan los riesgos de «tropezar con mala gente». La hepatitis A resulta, en cierta forma, de tropiezos con malos alimentos. La B es una complicación frecuente del que tiene muchos compañeros sexuales.

—*Un deseo contenido*, dirigido hacia dentro, como en el hipocondríaco, que vive replegado hacia sus problemas de salud y en quien el deseo sexual es muy débil; su consciencia se ha desplazado hacia sus pequeñas «pupas». El deseo del hipocondríaco está vuelto hacia dentro, la enfermedad se convierte en su «objeto de disfrute».

La palabra hígado procede del latín *ficatum*, o, para ser exactos, de [*iecur*] *ficatum*, [*hígado*] *alimentado con higos*. Como recuerda Annick de Souzenelle, la higuera simboliza la elevación del deseo hacia Dios, o la perversión de ese deseo hacia el mundo exterior. Porque esa palabra significa también gravedad, riqueza, y toda emoción le concierne (la ira, la envidia, el miedo, etc.). Es como un deseo de *Ser*, una búsqueda de la identidad espiritual en el interior de sí mismo, que se desvía con frecuencia hacia el mundo exterior, hacia el *Tener*, hacia las posesiones materiales, como si ellas pudieran colmar el vacío de Ser que uno tiene en su interior. El hígado es el órgano en el que el deseo materialista se transmuta en aspiración espiritual, resultando de ello la iluminación y una nueva sabiduría respecto a las decisiones que hay que tomar (recordemos que la **celidonia**, una planta indicada para las afecciones hepáticas y biliares, es apodada «la grande éclaire»).[8] Esta autora concluye haciendo una observación que no puedo menos que suscribir: «Toda enfermedad lleva en sí la semilla de la curación».

El deseo de poseer relacionado con la imagen del Yo puede observarse tanto a propósito de cosas materiales como de situaciones afectivas.

Danielle, una mujer de 48 años, había reñido con uno de sus hermanos por una cuestión de herencia. (Las disputas relativas al reparto de bienes materiales entre hermanos es un asunto que he encontrado con frecuencia en enfermos que padecen hepatitis y, a veces, en los que tienen cáncer de hígado.) Durante algún tiempo las desavenencias con su hermano se relativizaron, sin resolverse del todo, y ella parecía haberse curado. Pero cuando la discordia sobre el mismo tema reapareció con el mismo hermano diez años después, Danielle recayó.

Los problemas localizados en el hígado, como la hepatitis, nos ponen, más que ningún otro, frente a nuestras contradicciones, porque afectan a la vez a la imagen que tenemos de nosotros mismos y a nuestro deseo de poseer. Danielle tendría sin duda razones objetivas para sentir cólera hacia su hermano; pero, además, debía su recaída al hecho de tener que enfrentarse a un deseo que no quería reconocer, su propio deseo de poseer.

8. Véase la nota 7 del capítulo «La cabeza y el rostro». (*N. de la t.*)

La imagen del Yo, la falta de confianza en uno mismo

El hígado es un órgano sensible a la imagen que tenemos de nosotros mismos o la que mostramos a los demás (aunque no sea más que por nuestro aspecto físico, con abultada panza o encogimiento hipocondríaco). Le afecta que *quede en entredicho la imagen* que uno tiene de sí mismo. A través de los aminoácidos, el hígado vincula el Yo con las innumerables formas de vida, por lo que algunos autores creen que está relacionado con lo religioso, con el ideal.

Yo he observado a menudo en los niños que tienen problemas hepáticos, en los que carecen de apetito o tienen crisis de acetona, incluso en los que tienen lombrices intestinales, que suelen ser de temperamento reservado y tímido. En general, carecen de confianza en sí mismos, aunque a veces compensan su fragilidad con una tendencia falsamente autoritaria en relación a los más débiles, acomodándose a las circunstancias cuando se invierte la relación de fuerzas. Mis colegas homeópatas reconocerán aquí el perfil típico del **Lycopodium**, remedio conocido por su afinidad con el hígado. En el adulto resulta menos evidente porque la vida enseña a ocultar las debilidades, pero a veces las circunstancias hacen que se trasluzcan de todas formas.

Arlette, una dama de 57 años muy hermosa, vino a consultarme porque venía arrastrando de forma crónica una hepatitis C sobre la que el tratamiento a base de interferón no parecía actuar del todo. A lo largo de su vida había tenido varias relaciones afectivas difíciles, comenzando con la que había vivido con sus padres, en particular con su madre. Pero, en lugar de describir su situación, prefiero darle la palabra: «Tuve una madre perversa que trató de destruirme desde que llegué al mundo, aunque no lo entendí hasta mucho más tarde. Yo intentaba que me comprendiera, pero era inútil. Nunca he tenido una buena imagen de mí misma. Conocí a mi primer marido cuando todavía era muy joven [se conocieron en la adolescencia]; fue como si me hubiera casado con mi madre. Mi marido me impedía realizarme, tocar el piano, etc. Nunca he hecho lo que me hubiera gustado hacer: o me lo impedía mi madre o me lo impedía mi marido. Me sentía desvalorizada en todo momento. Intenté suicidarme, porque no tenía elección. Cuanto más le daba a mi marido, menos satisfecho se sentía».

Más tarde Arlette se divorció y entabló una relación íntima con un hombre al que conocía desde mucho tiempo atrás. Por desgracia, tropezó con el mismo problema, como hacemos todos, que tendemos a revivir una y otra vez determinado tipo de situaciones hasta vencer el reto que nos plantean. «Cuando se me declaró la hepatitis estaba viviendo una situación moralmente difícil», me dijo. «Mi amigo era un hombre de poder, tenía la misma habilidad de perversión que mi madre. Era como una pasión, me destruía, me revolvía el hígado. Él también estaba viviendo una situación difícil y yo intentaba ayudarle; no hacía más que darle, darle, es algo que sé hacer. Pero es destructor a su pesar, todo el mundo ha de ceder ante él. Cuando el médico me dio el diagnóstico y me dijo que el hígado no me filtraba ya nada, le respondí que ¡no era sólo el hígado lo que ya no filtraba nada! Ahora me doy cuenta de que *no contraje ese virus por casualidad y de que todo este tiempo lo he dejado voluntariamente actuar en mí.*»

Utilizar el virus para destruirse a sí mismo es algo de lo que me han hablado algunos enfermos. Arlette, además, insistió en que su «encuentro» con el virus no había sido fortuito, sino que llegó en un momento en que su mente se veía atravesada por ideas suicidas. Me dijo lo mismo que respecto a su primer matrimonio: «No tenía elección».

Cuando vi a Arlette por primera vez, se quejaba de una inmensa fatiga y de dolores diversos, como si tuviera agujetas. Ella atribuía todos esos síntomas a la hepatitis, hasta el día en que tomó conciencia de que se debían más bien a su estado depresivo que a la propia enfermedad. Entonces cambió por completo su manera de ver la enfermedad —la hepatitis no era ya un mal inevitable— y decidió distanciarse del pesimismo ligado al diagnóstico. Al adoptar un punto de vista más positivo, aun sin cambiar nada del tratamiento, ella fue mejorando —lo indicaban los análisis—, y su fatiga desapareció poco a poco.

Hay diagnósticos que ensombrecen la mente, como cuando le dicen a una persona que tiene una enfermedad seria y que es muy probable que vaya agravándose. Pero si comprendemos que el nombre de la enfermedad es menos importante que lo que tratamos de decirnos a través de ella, entonces puede renacer la esperanza y, con ella, un espíritu positivo capaz de remontar muchas dificultades, incluso de darle la vuelta a la peor de las situaciones.

Étienne era un fontanero que llevaba adelante su empresa ayudado por un joven empleado al que, más tarde, asoció al negocio. A medida que pasaba el tiempo, este último poco a poco fue tomando las riendas, y Étienne empezó a quejarse de una fatiga que él atribuía a la edad. La situación duró varios años. Cuando se decidió a consultar al médico, tenía el hígado demasiado grande; los análisis mostraron una inflamación crónica, pero no parecía tener ninguna afección viral ni tóxica. Un examen más detallado reveló que padecía hemocromatosis, con una reserva de hierro excesivamente elevada. El simbolismo del hierro es «Marte», el dios de la guerra, de la lucha. En el terreno de la metáfora, todo ocurría como si el hierro «no utilizado» hubiera ido a intoxicarle el hígado. Las frustraciones que uno vive cada día, las cosas no digeridas que ha aceptado por carecer de valor para negarse, todo eso muestra una profunda falta de confianza en uno mismo que puede manifestarse en el hígado.

El hígado contribuye a que tengamos una versión más elaborada del sistema inmunitario en relación con los sentimientos alimentados desde el exterior. Muchas alergias se desarrollan en el terreno hepático.

Así ocurre que el empleo de plantas hepato-protectoras y depurativas en fitoterapia mejora notablemente las alergias estacionales (como la rinitis alérgica). Según los partidarios de esos métodos depurativos, por medio de las reacciones alérgicas se eliminan toxinas. No deja de ser una idea acertada, pero a mí me parece que simplifica demasiado las cosas, porque una sustancia puede ser tóxica para una persona y no serlo para otra. La leche, por ejemplo, puede ser soportada bien o mal, y provocar o no reacciones alérgicas. Todo depende de la manera como reaccione el Yo, o sea, de la imagen que tengamos de nosotros mismos.

La adaptación

El hígado adapta el alimento para que lo hagamos «nuestro». Y, del mismo modo, adapta las experiencias de la vida al Yo a fin de que éste las integre sabiamente como suyas; al mismo tiempo, ayuda al Yo a adaptarse a las situaciones y circunstancias de la vida.

Ante las *agresiones* o las *injusticias*, o incluso ante las pequeñas y grandes *preocupaciones*, puede que nos «suba la bilis». Cuando uno siente que «se le revuelve el hígado» lo que siente es una mezcla de ira y miedo. Rechaza adaptarse, y siente cólera y rebeldía. La hepatitis es una inflamación a través de la cual se expresa la ira o la rebeldía ante situaciones que uno considera injustas, o a las que no sabe cómo adaptarse. En el peor de los casos, se transforma en **cirrosis**, o incluso en **cáncer**, que es la prueba de la autodestrucción, del rechazo de la vida o de sí mismo. El rechazo de sí mismo, con absoluta carencia de autoestima, es típico de las personas que se matan ahogándose en *alcohol*.

La neutralización de las «toxinas»
(cólera, resentimiento, disgustos)

Mediante la bilis, el hígado elimina la hemoglobina procedente de la muerte de los glóbulos rojos, por un lado; y, por otro, algunas toxinas liposolubles, es decir, solubles en las grasas pero no en el agua, razón por la que no pueden ser eliminadas por los riñones, de modo que son vertidas en el tubo digestivo y eliminadas principalmente en las heces.

Pero el organismo utiliza la bilis con inteligencia, pues la mezcla con el jugo pancreático, que tiene la propiedad de emulsionar las grasas; por lo tanto, este jugo las fragmenta para que pueda atacarlas y digerirlas químicamente.

Sin embargo, toda esa bilis no se elimina de una vez. Una parte es reabsorbida por el intestino delgado, y vuelve a pasar al hígado para ser eliminada de nuevo. En cierta forma, machacamos la «hiel», la amargura. Se trate de disgustos o de cólera, la bilis es el lugar donde rumiamos las contrariedades.

Así es como el hígado, por su función biliar, habla de la evacuación de la amargura, de la cólera y de todo lo que no hemos digerido de las experiencias de la vida, proceda de donde proceda: del entorno familiar o profesional, o de los fracasos en poseer o afirmar el Yo. Como vamos a ver, el *resentimiento* afecta a la vesícula biliar. La bilis es «amarga», y la cólera, tanto si se expresa como si se contiene, moviliza la energía del hígado.

Pero la evacuación es también transmutación, pues la bilis permite digerir las grasas. Es el aspecto positivo de la ira, cuando la controlamos transformándola en energía y en una fuerza interior que nos haga capaces de absorber el «gordo» (la grasa) exterior.

La vesícula biliar

Agresividad conquistadora (los «grandes vesículas» de los chinos)
o **falta de valor, ansiedad** (personas «biliosas»)
Cólera contenida, injusticia, resentimiento (lo que me han hecho es «muy gordo»)
Clarificar una emoción confusa o **ambivalente, discernimiento**

Si el hígado habla sobre todo del *deseo*, un deseo de posesión y de apropiación en relación con la *imagen del Yo*, la vesícula habla de la exteriorización de ese deseo, de la agresividad del guerrero chino, apodado «gran vesícula». En realidad, la bilis evacua las toxinas neutralizadas por el hígado, toxinas que son *posesión*, *idea del Yo*, que se transformarán en *cólera* o en *amargura* cuando el deseo no pueda expresarse o realizarse. La vesícula biliar permite *retener* la bilis para verterla en la digestión cuando sea necesario. Esa bilis tóxica es como una carga de agresividad que se retiene para utilizarla en el momento oportuno.

Aparte del agua y de las sales minerales que la hacen alcalina, la bilis contiene toxinas liposolubles, sales biliares, colesterol y pigmentos biliares procedentes de la degradación de la hemoglobina (la bilirrubina). Pero no es un desecho, pues alcaliniza el quimo y emulsiona los lípidos, facilitando la labor que realizarán posteriormente el jugo pancreático y el intestinal.

Por último, la bilis favorece la absorción de calcio realizada por el intestino delgado. Si la bilis está demasiado concentrada, el colesterol, que es poco soluble, se solidifica; de ahí la formación de cálculos biliares. Las sales biliares son reabsorbidas y transportadas de nuevo al hígado en su mayor parte, donde estimulan la secreción biliar.

Así pues, la bilis, compuesta sobre todo de colesterol, tiene dos funciones: por un lado, evacuar el sobrante hepático; por otro, liberar al organismo de la hemoglobina inservible a fin de facilitar la digestión del «gordo», de la grasa.

La vesícula biliar es un órgano «yang», es decir, masculino, activo, externo. O sea, que lo que se expresa a través de la vesícula está en relación con el exterior, con la vida social, mientras que lo que se expresa a través del hígado concierne al aspecto interno de nuestros deseos. En ese sentido, la vesícula biliar simboliza el encontronazo del deseo con el mundo exterior. De ahí la lucha, los obstáculos, el temple que hay que tener, el valor. (Los guerreros chinos eran apodados los «grandes vesículas».) Por el contrario, los «pequeñas vesículas» carecen de valor, son personas «biliosas», se preocupan por insignificancias, se hacen hipocondríacas.

La mamá de Bertrand, un niño de 7 años, me trajo a su hijo porque tenía migrañas desde que había pasado a la escuela primaria, «como su padre a la misma edad», me dijo. Sentía un dolor intenso en la sien derecha y vomitaba bilis; ella lo atribuía a su afición inmoderada al chocolate. El dolor en la sien partía precisamente de un punto que, en acupuntura, se considera relacionado con la vesícula biliar; por esa razón le pregunté cómo le iban las cosas a Bertrand en la escuela, pues, para un niño, la escuela significa la vida social y la afirmación del Yo, teniendo en cuenta, además, que los dolores habían comenzado al pasar a primaria.

«Bertrand tiene muy poca confianza en sí mismo —me respondió—, se angustia por todo. Quiere hacerlo todo bien y ser siempre el primero, no soporta el fracaso. En los juegos de sociedad es muy mal perdedor, y en cualquier conversación siempre quiere tener razón. Pero, al mismo tiempo, es muy tímido; no se atreve a dar el primer paso, y le cuesta mucho integrarse en un grupo nuevo. Siempre teme las situaciones nuevas.»

La vesícula exterioriza las cualidades del hígado, del que hemos visto la relación con la consciencia del Yo. Así que, o es conquistadora, o se repliega sobre sí misma, o ambas cosas al mismo tiempo, como en el caso de Bertrand. El deseo de ganar siempre, de ser el mejor, el espíritu de conquista ocultan a menudo un sentimiento de inferioridad, una falta de confianza en sí mismo. Bertrand no soportaba la contradicción ni el fracaso a una edad en la que un niño piensa sobre todo en divertirse. Se tomaba la vida en serio, le «llevaba de cabeza», reflejo, en él, de un deseo precoz de control.

Paul Carton,[9] un médico francés de comienzos de siglo XX, estudió de cerca los cuatro «temperamentos» de los que habla Hipócrates. Del «bilioso» escribió lo siguiente:

9. Paul Carton, *Diagnostic et conduite des tempéraments*, Éd. Le François, 1973 (agotado).

Esa designación mórbida se explica por la superactividad motriz de esos sujetos, que les obliga a comer mucho y, sobre todo, alimentos fuertes, picantes o azucarados. El esfuerzo muscular exagerado lleva consigo la exageración del apetito; desean alimentos ricos, de ahí una sobrecarga del hígado. Por esa razón, esos sujetos están expuestos a sufrir patologías hepáticas o biliares. El tipo «bilioso» es un tipo «motor», pues es él quien realiza la unidad morfológica y motriz del organismo a través de los huesos y los músculos, y determina la clase de voluntad y deseos del individuo. Unifica, reagrupa, sintetiza, ejecuta. Representa pues la energía y la voluntad expresada en actos. El temperamento bilioso, en efecto, se impone a la vez sobre sí mismo y sobre los demás. Predomina en él la actividad, realizada por voluntad propia; unos se ocupan de todo con una energía incansable e incesante, otros son autoritarios, otros obstinados o tenaces, algunos son violentos, luchadores, opositores combativos, etc. Su ardor permanente los hace valientes y altaneros. Se consagran intensamente a su trabajo, son duros consigo mismos y con los demás. Sus defectos principales son el orgullo y la cólera. El bilioso puede ser susceptible, exigente, incluso déspota o tirano. Encontramos ese temperamento sobre todo en los jefes militares, en los directores de empresa, en los fundadores, en los conquistadores, en los exploradores y, en general, en los hombres de acción.

¿Se puede expresar mejor ese lado *bulímico de la vida* del bilioso conquistador que los chinos de la antigüedad llamaban «grandes vesículas»? El temperamento bilioso simboliza el apetito de conquista, y no tiene nada de sorprendente, puesto que la bilis es lo que segrega el hígado en dirección a los alimentos. Y, puesto que el hígado es el órgano por el que las sustancias exteriores se integran definitivamente en el Yo, se trata para él de «hacer suyo», de poseer, de apoderarse; un papel atribuido, en parte, a la bilis, que está más bien volcada hacia el exterior, hacia el alimento ingerido.

Pero no todo es digestivo. Al emulsionar los alimentos grasos y pesados, la bilis simboliza también el deseo de contemporizar con las experiencias fuertes y pesadas de la vida en un intento de superarlas e ir hacia delante, de asimilarlas para poder seguir avanzando. Durante una entrevista que le hicieron en televisión al campeón de tenis Mac Enroe, dijo que controlaba la cólera que hacían nacer en él los errores arbitrales y la utilizaba ¡para golpear aún más fuerte la pelota! La bilis simboliza esas ganas de vencer. Y cuando uno fracasa en el dominio de las experiencias «fuertes» de la vida, o no consigue remontarlas, tiene muchas probabilidades de que le afecten a la vesícula biliar.

Las palabras clave de la vesícula biliar son, pues, las siguientes:

Agresividad

Una persona puede exteriorizar su agresividad expresándola de forma positiva, activa y conquistadora para el bien de todos aquellos que tiene a sus órdenes (un jefe de empresa, etc.) o bien de forma negativa, autoritaria y despótica. También puede reprimirla, contenerla, rumiarla y, a fuerza de calcular... ¡se le hacen cálculos!

Curiosamente, el principal remedio homeopático para la vesícula biliar es la Celidonia. Y, no sólo el zumo de esa planta es de color amarillo, como la bilis, sino que, además, resulta eficaz en las personas autoritarias que tienden a utilizar y manipular a las de su entorno.

«Subirle a uno la bilis» es también preocuparse por algo que no puede combatir. Los **cálculos biliares** son como impulsos agresivos endurecidos, convertidos en piedras. Son una cristalización de la bilis, de la ira, de los disgustos, de las críticas, etc.

Cólera contenida, resentimiento

La bilis ayuda a digerir la grasa, tanto física como emocional; la grasa en el sentido de *algo que repugna*, la digestión psicológica de los acontecimientos. La persona experimenta, a imagen de ese gusto amargo de la bilis, un profundo *sentimiento de injusticia*.

Renée, de 43 años, era una mujer activa, recta y autoritaria. Tenía tendencia a dirigir a las personas de su entorno, incluyendo a su compañera de trabajo; a pesar de todo, Renée tenía la impresión de que se llevaba bien con ella. Con motivo de una desavenencia con el jefe del servicio, su compañera se escabulló y descargó toda la responsabilidad sobre ella. Al día siguiente, tuvo un cólico hepático; la ecografía reveló la presencia de un cálculo enorme que sin duda existía desde hacía mucho tiempo y no se había hecho notar.

Al comprobar la mala fe de su compañera, Renée sintió cólera e indignación. Pero, ¿acaso su colega tenía elección? No tenía carácter para enfrentarse a una persona autoritaria; había actuado con cobardía porque no tenía valor para oponerse a Renée. Raras son las situaciones conflictivas en las que no estén repartidos los errores. Cada uno ve el asunto desde su punto de vista, y protege la imagen que tiene de sí mismo tras la idea de «estar en su derecho»; esa posición, naturalmente, le cierra al punto de vista del otro.

El tiempo transcurrido entre el sentimiento de cólera y el cólico era demasiado breve como para pensar en una simple coincidencia. Ocurre en numerosas situaciones que el estrés pone de manifiesto un estado latente, tanto en el plano físico como en el psicológico. Y eso fue lo que le pasó a Renée. El cálculo que tenía en su interior era como la materialización de otros «cálculos» pertenecientes a otro orden de cosas.

Lo que la situación venía a *subrayar* era el deseo que Renée tenía de manipular las cosas para dirigirlas en el sentido que ella quería. No podía eludir ese ataque a la imagen que tenía de sí misma más que a través de la vesícula: «Lo que me ha hecho es muy *fuerte*, es lógico que me duela». Mediante la vesícula biliar se expresa la capacidad que tenemos para ver claro en nosotros mismos con honradez. Precisemos esto.

Discernimiento, clarificación de una emoción confusa

La vesícula *ayuda a clarificar* una emoción confusa; por ejemplo, la cólera que nace de la dificultad que uno tiene para clarificar sus sentimientos respecto a los demás, o respecto a una persona en particular. La celidonia que acabo de mencionar también se llama «la grande éclaire»;[10] debe ese nombre a su forma y a su curioso comportamiento respecto de la luz, de la que se esconde a medias. Se trata de ver claro en nosotros mismos, y en particular en los deseos, en las motivaciones, en las propias responsabilidades; también cuando necesitamos justificarnos, cuando carecemos de sinceridad. El sentido que uno tiene de lo verdadero y de lo justo, no siempre es muy claro; o, por el contrario, a veces es excesivo. Lo que subraya la vesícula son los deseos que tenemos respecto del entorno.

Así pues, la vesícula habla de la dificultad que uno tiene para aceptar sus sentimientos, su ira, sus emociones; habla de la dificultad que uno tiene para vivirlas, y de la ambivalencia del sentimiento hacia el otro, con esa mezcla de deseo de poseerlo (o de dirigirlo) que cuesta reconocer como tal.

Refiriéndose a la acupuntura, Annick de Souzenelle dice del hígado que es un órgano tesoro, que transmite su poder de luz hacia la vesícula, su órgano taller. Tradicionalmente, según ella, la vesícula es la sede del *discernimiento*, que trabaja en armonía con la selección realizada por el intestino delgado. Ejerce la función de árbitro: juzga y decide. La mayoría de las enfermedades del hígado o de la vesícula provienen de que la persona se niega a ver algo con claridad, no quiere discernir, se niega a adoptar el término medio, rehuye evaluar honradamente sus responsabilidades o la parte de responsabilidad que le corresponde en una situación o conflicto.

10. Véase la nota 7 del capítulo «La cabeza y el rostro». *(N. de la t.)*

El intestino delgado

Selección, análisis y crítica
Asimilación, rechazo

El intestino delgado es la parte del tubo digestivo que sigue al estómago y al duodeno. Su misión principal consiste en terminar la digestión del bolo alimenticio —que comienza en la boca y continúa en el estómago— y absorber lo que resulte de ello —que no son más que pequeñas moléculas— a través de los repliegues de la mucosa intestinal. Este importante trabajo de absorción es posible gracias a la enorme superficie de la pared intestinal. Desplegada, ¡ocuparía 200 metros cuadrados!

El intestino delgado selecciona lo que ha de ser absorbido —para ser luego transformado por el hígado en Yo— y lo que ha de ser rechazado. El flujo alimenticio es como la experiencia de la vida; con sus numerosos meandros, el intestino da vueltas y vueltas a la experiencia, en todos los sentidos.

Su recorrido, a lo largo de una serie de meandros, es de apariencia sinuosa y redundante, pues el tiempo y la repetición son necesarios para asimilar el sentido de ciertas experiencias. Para los astrólogos, está gobernado por el signo de Virgo, que interioriza y desmenuza. Acepta o rechaza las informaciones; así pues, juzga. Es un espíritu analítico, con un sentido crítico muy desarrollado capaz de realizar un fino análisis del «detalle» o a partir del detalle. Por su propia naturaleza, es un juicio *subjetivo*, puesto que acepta o rechaza en referencia a la imagen o al deseo del Yo. Es también un órgano «yang», es decir, de relación con el exterior.

Los trastornos del intestino delgado evocan la dificultad para asimilar la experiencia que se está viviendo. La dificultad de asimilación puede resultar, bien de un defecto procedente de las etapas anteriores de la digestión, en particular de la bilis o del páncreas —con heces ricas en grasas, de color oscuro, etc.—, bien de un exceso de espíritu crítico, en personas desconfiadas que pasan su tiempo desmenuzándolo todo de manera exagerada.

En el caso extremo, cuando hay un rechazo a asimilar una experiencia considerada tóxica, con razón o sin ella, se produce una **diarrea** en la que se pueden encontrar alimentos no digeridos.

La diarrea puede tener muchas causas, y producirse tras una contrariedad o un alimento particular. Por medio del nerviosismo, habla del rechazo a avanzar hacia la situación que tememos. Desearíamos que hubiera terminado antes incluso de haber empezado, el alimento sale igual que entró, como una experiencia por la que hemos de pasar pero de la que nos gustaría vernos libres cuanto antes. Puede producirse tras un arranque de ira; el olor de las heces dice mucho de los pensamientos que hemos hecho fermentar a propósito de la experiencia que los desencadenó. También puede darse tras haber ingerido un alimento concreto; por ejemplo, algunas personas no toleran la leche.

Michèle nunca ha podido beber una gota de leche sin que le causara diarrea. Cuando le pregunté cómo se llevaba con su madre, creyó que yo tenía un sexto sentido, pues las relaciones con su madre eran espantosas. Como era curiosa, me preguntó por qué razón había pasado del problema de la diarrea a las relaciones con su madre, a lo que le respondí con otra pregunta: «Su diarrea es como un rechazo, se produce cada vez que toma leche. ¿Qué significa la leche para usted?».

El intestino delgado comienza en el duodeno y termina en el íleon, justo antes de desembocar en el intestino grueso. A veces, esa parte del intestino delgado se inflama de forma grave, enfermedad conocida como **ileítis de Crohn**. La ileítis es una enfermedad autoinmune de características análogas a la rectocolitis hemorrágica que aparece en el intestino delgado, y a veces en el colon. Como ocurre en toda enfermedad autoinmune, se produce cuando los anticuerpos se vuelven contra los propios órganos.

Claudia Rainville señala que suele aparecer en personas que se valoran poco a sí mismas y se encuentran en una relación dominante/dominado que les subleva, la cual resulta a menudo de la dificultad que tienen para ponerse en su lugar por temor a disgustar. Por esa razón, la rebeldía se interioriza y se expresa en el propio cuerpo. En la ileítis de Crohn, se produce en la fase última de la experiencia, cuando se efectúa mal la transición entre el intestino delgado y el grueso. Encontraremos algo análogo, salvo algunos matices, en la importante confluencia del íleon (el final del intestino delgado) y el intestino ciego (el comienzo del intestino grueso), cerca del apéndice.

El colon

Lo sucio. El colon. Las heces evocan algo sucio cuando uno:
— Se *indigna* de la actitud o de la mala fe del otro
— Se *culpabiliza* de que lo que ha hecho no está bien,
     es «sucio», es como una deuda de la que «se exonera»
Evacuar una experiencia dolorosa, deshacerse de ella,
pasar página
Ir hacia delante, remontar la necesidad de seguridad,
los miedos materiales (retener, miedo a carecer)
La quintaesencia, la última emoción extraída como una
conclusión de la experiencia material o afectiva

El intestino grueso y el recto forman la última parte del tubo digestivo. La digestión y absorción de los alimentos han terminado en el intestino delgado, pero el intestino grueso debe ocuparse todavía de la absorción del agua y de las sales minerales. De ese modo, el contenido intestinal se espesa y se elimina por el ano en forma de heces semisólidas tras haber permanecido almacenado en el recto durante un breve período.

El intestino grueso, a diferencia del delgado, está ricamente colonizado por bacterias que continúan degradando todos los residuos alimenticios no digeridos mediante mecanismos de putrefacción y fermentación.

A comienzos de siglo, Edward Bach[11] observó la relación entre el predominio de ciertas bacterias en el intestino grueso —causantes del desequilibrio de la flora y los consiguientes fenómenos tóxicos— de algunos de sus pacientes y el temperamento de éstos, prueba, entre otras, de la *relación* que existe entre la presencia de un germen, cualquiera que sea, y la persistencia de una emoción o de un tipo de emociones particulares.

La Naturaleza no deja nada al azar. Así que, tras la selección y rechazo realizados por el intestino delgado, podríamos preguntarnos a qué se debe esa particularidad anatómica que hace que el recorrido de la «materia» destinada a ser evacuada esté aún muy lejos de haber terminado. Al final del intestino delgado las experiencias ya han sido asimiladas, de modo que, en buena lógica podríamos suponer que el resto tendría que ir directamente al exterior. Pero no es así, ni mucho menos. Antes de ser evacuada, la materia va a seguir un trayecto algo complicado a lo largo del intestino grueso cuya forma recuerda curiosamente a una «M»[12] como en... materia, precisamente. Materia, o sea, dinero. Y también, memoria.

Todo esto no ocurre por casualidad; corresponde a las últimas etapas en las que se extrae la quintaesencia de la experiencia. El intestino grueso reabsorbe el agua y algunas sales minerales que son como la sal de la experiencia de la vida, porque el agua es emoción. Y, a pesar de lo que dicen los detractores de la homeopatía, también contiene una especie

---

11. Médico homeópata inglés al que debemos el descubrimiento de los elixires florales.

12. La «M», a mitad de recorrido de las 26 letras, es la 13.ª del abecedario; el significado simbólico del 13 es «muerte y renacimiento». La «M» sería pues como la última recapitulación de la experiencia de la materia antes de pasar a otra cosa. Y esa última verificación para ver si nada ha sido «olvidado» encaja perfectamente con el carácter obsesivo y la necesidad de verificarlo todo de algunas personas que siempre van estreñidas.

de *memoria*[13] de las sustancias que lo han atravesado. Volveré a hablar de esto a propósito de los riñones.

Evacuación, desapego

Un discípulo le preguntó a Buda cuál era la condición necesaria para acceder a la sabiduría, y el maestro le respondió: «Que tus intestinos estén libres de obstáculos y eliminen correctamente».

A primera vista puede uno sorprenderse de que un maestro espiritual que ha inspirado las religiones de Oriente diera una respuesta tan prosaica. Pero, tras esa condición fisiológica, se esconde una condición psicológica de gran importancia, que es *la capacidad de soltar, de dejar ir, de evacuar y de liberarse de las experiencias antiguas después de haber extraído de ellas la quintaesencia.* La observación de Buda tiene pues un sentido profundo, que resume en pocas palabras la «metáfora» del colon.

Desde un punto de vista más trivial podríamos decir que los basureros son necesarios, de lo contrario sobrevendría la asfixia. Hay en eso cierta analogía con la espiración, de ahí la relación entre el ano y algunas lesiones pulmonares. Cuando se eliminan unas hemorroides o una fístula anal (con el bisturí, por ejemplo), no resulta raro ver aparecer poco después cierta fragilidad pulmonar, como tendencia a la bronquitis o alguna manifestación alérgica. De la misma forma, los homeópatas constatamos que las fisuras anales aparecen con frecuencia en personas con tendencia a padecer problemas pulmonares; en muchas ocasiones he visto cómo, al administrar una dosis de **Tuberculinum** (tuberculina en dosis infinitesimales) a pacientes cuyos síntomas parecían indicar su propensión a la tuberculosis, desaparecían sus **fisuras anales**.

13. Véanse los trabajos de J. Benveniste en la obra de Michel Rouzé, *Mieux connaître l'homéopathie: de Samuel Hahnemann à Jacques Benveniste*, Éd. La Découverte, 1989.

El **estreñimiento** es una tendencia a retener, a menudo por miedo a carecer. Hay retención excesiva, negativa a soltar, a abandonar. A menudo, el estreñimiento materializa una ansiedad material, una tendencia a querer guardar, pues «más vale pájaro en mano que ciento volando».

También puede traducir una tendencia a «retenerse», en una especie de pudor en la relación con el otro. Como ésta es a menudo la posición femenina, la mujer es mucho más propensa al estreñimiento que el hombre. Por último, según Claudia Rainville, se puede entender el estreñimiento como una retención afectiva, como un miedo a perder, a desagradar, a ser abandonado cuando uno retiene su amor y el don sí (como el niño «da» sus heces para complacer a su mamá).

Nadia Julien en su *Dicctionnaire des symboles*[14] dice que los sueños en los que se evacuan heces podrían traducir una liberación psíquica, la eliminación de sentimientos inhibidos, de sentimientos de culpabilidad, etc. El estreñimiento, por el contrario, reflejaría la autointoxicación o los comportamientos ligados al predominio del erotismo anal y a los valores simbólicos relacionados con él (avaricia, etc.).

Seguir adelante, remontar los miedos materiales
Retener, miedo a carecer

Los problemas de la confluencia ileocecal (la transición entre el intestino delgado y el colon, cerca del apéndice), hablan de una experiencia que ha sido asimilada, en principio, pero que, no obstante, cuesta hacer avanzar; sugiere que uno tiene dificultad para pasar página, para seguir hacia delante sin entretenerse en lo que pertenece al ayer. La **flatulencia**, por abuso de pan y de alimentos harinosos, se produce a menudo cuando uno se aferra a una situación que ya no le satisface ni le beneficia, pero todavía representa seguridad material o afectiva. El rechazo de

14. Op. cit.

un determinado tipo de experiencia favorece el desarrollo de una flora intestinal específica,[15] con su cortejo de síntomas (flatulencia, pólipos, etc.). Si es cierto que la flatulencia se produce con más facilidad tras haber ingerido hidratos de carbono, también se debe, como dice Jan Scholten,[16] a que el carbono tiene en nosotros un vínculo sutil con el «sentido» de la vida. La inflamación ileocecal crónica y la **apendicitis** pueden evocar alguna de estas dos cosas:

—*Indignación*. Los alimentos o la experiencia vivida han sido digeridos a la fuerza y las retenemos a la salida del intestino delgado como si no quisiéramos evacuarlas. La apendicitis puede resultar de un sentimiento de cólera o de indignación ante una situación aparentemente sin salida.

Edmond, un comerciante de 57 años, había encargado una importante reparación en el techo de su casa. Había que cambiar la viga de la buhardilla. Le irritaba que se retrasara el trabajo, tanto más cuanto que él era de temperamento perfeccionista y ansioso. Y cuando estuvo terminado y se dio cuenta de que la viga nueva estaba claramente alabeada, se indignó de la falta de conciencia profesional del albañil. Eso era demasiado, así que montó en cólera. Y enseguida le apareció una colitis, con diarrea y dolor en el colon derecho, hacia el intestino ciego, que desapareció después de varios días de un tratamiento a base de elixir de **flor de manzanilla**.

—Rechazo a soltar alguna cosa de tipo material (la «madre nutricia» en sentido amplio). Una vez asimilada la experiencia, llega un momento en que convendría extraer de ella la quintaesencia y seguir adelante, pero tiene uno miedo de perder las

---

15. De ahí las terapias nosológicas de Bach y Patterson, como las que consisten en autovacunas intestinales, que proponen, en cierto modo, la repetición, bajo otra forma, de la experiencia rechazada.

16. Jan Scholten, *Homéopathy and minerals*, Éd. Stichting Alonnissos, Utrecht, Holanda.

comodidades materiales adquiridas y se niega a soltar la seguridad de la posición material y del dinero. La unión del intestino delgado y del grueso es como un enlace de tuberías, tiene forma de «T». Desde el punto de vista físico, y también simbólico, es como tomar una curva que frena el apego al aspecto material de la vida. Para avanzar hay que remontar el miedo a carecer en el plano material, hay que correr el riesgo de abandonar una situación tranquilizadora pero que, en el fondo, ya no nos beneficia en el plano del «ser» y de su realización. Hay muchas personas que tienen una molestia crónica o un dolor sordo en esa región abdominal, en el lado derecho, sin padecer otros signos inquietantes que conciernan al apéndice. Louise Hay[17] dice que un ataque de apendicitis no hace sino manifestar miedo a la vida; yo he comprobado a menudo que señala un cambio importante en la vida de una persona, una etapa que franquea con dificultad.

El ano es el último punto de la evacuación. Si el intestino ciego es interior y concierne a las experiencias internas o a experiencias relacionadas con la «madre» (femenino-maternal, ya que está en el lado derecho), el ano, en cambio, es exterior, de modo que está más en relación con el mundo exterior, con las relaciones personales y sociales. En el ano se manifiesta la negativa o la dificultad para evacuar. Con frecuencia las hemorroides reflejan una cólera que no se puede evacuar.

Exonerar, exonerarse

El lenguaje médico habla de exoneración de las heces. La expresión es curiosa, porque de lo que uno se exonera, en general, es de una deuda. Freud ya había señalado la relación que existe entre las heces y el dinero. Por otro lado, es muy frecuente que las personas estreñidas tiendan a *culpabilizarse* con facilidad, llegando incluso a culpabilizarse de vivir, sobre todo cuando, de niños, no han sido bien aceptados.

17. Louise Hay, *D'accord avec mon corps*, Éd. Vivez Soleil, 1995.

Nicole sufría de un estreñimiento pertinaz desde su más tierna infancia. Su venida al mundo no había sido deseada: sus padres vivían con muchas estrecheces y ella era una boca más que alimentar y una carga para la economía familiar.

La culpabilidad puede ser como el sentimiento de que hemos hecho algo «sucio», moralmente hablando.

Arthur era un jubilado tranquilo y sin preocupaciones. Vivía con su mujer y su perro, un viejo pastor alemán de 17 años al que tenía mucho cariño. Un día el matrimonio decidió irse de viaje a Venecia y Arthur confió el perro a su hermano. En contra de su costumbre, el animal no quería salir del coche, y Arthur se vio obligado a sacarlo a la fuerza al llegar a casa de su hermano. En cuanto partió el amo, el perro empezó a presentar una colitis hemorrágica, y el veterinario al que acudió el hermano de Arthur, después de varios fracasos con diversos tratamientos terapéuticos, propuso administrarle una inyección letal para evitar el sufrimiento causado por una enfermedad incurable. A su retorno, Arthur se enteró de la noticia con mucha pena; meses después, fue él quien comenzó a padecer del vientre. El gastroenterólogo diagnosticó un pólipo en fase de cancerización. Arthur fue operado a tiempo, pero la sonda que tuvo colocada en la vejiga le provocó una cistitis que, de remisión en recaída, arrastró durante años. ¡Había desplazado de lugar su pena! Cuando vi a Arthur, le pregunté cuáles habían sido sus sentimientos a su retorno de Venecia, y me respondió, con lágrimas en los ojos, que estaba muy disgustado consigo mismo por haber «abandonado» a su perro y, al recordar la mirada del animal en el momento de la separación, se sentía culpable. Unas cuantas dosis de **elixir de pino** para su sentimiento de culpabilidad y de **espino blanco** para la pena permitieron espaciar poco a poco las crisis de cistitis.

Hacer de vientre es también deshacerse del peso de una deuda, o exonerarse de una experiencia que ya no nos concierne, en la que ya no estamos implicados. Las dificultades del colon nos recuerdan que la experiencia en cuestión todavía nos concierne, que no conseguimos deshacernos de ella, por culpabilidad o por resentimiento.

La quintaesencia, la última conclusión de la experiencia

La extracción del agua antes de la evacuación tiene aquí un sentido muy especial. Aunque es importante «pasar página» frente a experiencias pasadas, eso no tendría utilidad si no guardáramos, en lo más íntimo de nosotros mismos, la «memoria» de ellas en forma de quintaesencia... No vaya a creer que la «memoria del agua» es una imagen fortuita que concierne a la homeopatía, porque en la preparación de los remedios homeopáticos también se abandona la dimensión material para extraer mejor la quintaesencia.

De algunas experiencias que hemos vivido hemos retirado su aspecto material (en el intestino delgado), pero no hemos conseguido tomar su quintaesencia. Son experiencias ingeridas, asimiladas sólo en apariencia, pero en realidad no aceptadas.

Los problemas que aparecen en el colon manifiestan la dificultad que uno tiene para cicatrizar ciertas heridas, para evacuarlas y pasar página. Los **pólipos** y **divertículos** del colon podrían comprenderse como otros tantos nudos de pesadumbre o de cólera que no hemos conseguido desatar por completo. Y cuando una pena muy grande viene a despertar alguna de esas pequeñas heridas antiguas, es posible que altere el deseo de vivir hasta el punto de producir un **cáncer**, que con frecuencia se desarrolla sobre un pólipo que degenera. Es la quintaesencia de la experiencia y, en particular, su componente afectiva, que no pasa, y que puede incluso llegar a obstruir el colon y provocar una **oclusión** cuando no pasa absolutamente nada. Cuando el cáncer se fija en el colon, no es raro que la persona se sienta «sucia» por una situación en la que hay una cuestión de dinero o de «posesión» afectiva; a veces, también se siente *culpable*, aunque no sea del todo consciente.

Por fortuna, las cosas no siempre son tan graves; lo más frecuente es que la **colitis** venga a manifestar el dolor que nos causa digerir el lado afectivo de la experiencia. Es como una cólera que nos cuesta expresar frente a la autoridad, o frente al cónyuge o al padre o a la madre, por miedo a afirmar nuestra posición. De ahí que con frecuencia tenga carácter crónico, pues esas situaciones suelen ser duraderas y las padece uno durante mucho tiempo. Como dice Thorwald Dethlefsen, «vivir la propia vida supone tener la facultad de afirmar lo que somos frente al otro, lo que entraña fatalmente cierta soledad debida a la pérdida de simbiosis. Ésa es la soledad que tanto teme el enfermo que padece colitis». Respecto a la rectocolitis hemorrágica añade: «Quiere ofrecer su persona al otro, y para eso está dispuesto a sacrificarse» (hasta el punto de perder la sangre, que representa su ser y su alegría de vivir). Y, en efecto, esos enfermos a menudo mejoran con el remedio homeopático **Natrum muriaticum,** que representa la sal de la vida y es adecuado para los que rumian pesadumbres pasadas o carecen de amor maternal auténtico.

La evacuación no es un simple efecto de la gravedad; la acción de «soltar», es una operación compleja que se realiza por etapas, las mismas que tiene el proceso del desapego: hay una etapa ascendente, una transversal, otra descendente y, por último, una etapa de retención representada por el sigmoides y el recto. El colon funciona de la misma manera que curamos nuestras enfermedades o que nos curamos de las experiencias de la vida. La absorción de agua representa el profundo trabajo emocional, mientras que el movimiento de la materia del interior hacia el exterior evoca una toma de conciencia gradual, al término de la cual el acto de «soltar» es indoloro y natural, nos deshacemos de lo que ya no nos pertenece.

Cuando uno no consigue retener el agua, aparece la diarrea, de la que ya he hablado a propósito del intestino delgado. Puede producirse en situaciones en las que la emoción es demasiado fuerte y uno quiere terminar enseguida con la experiencia que la ha causado. Es el caso típico de las diarreas debidas al estrés, o a la proximidad de un examen, o a cualquier otra situación que cause nerviosismo. No retener el agua, eliminarla, a menudo equivale a eliminar un temor —algo que veremos al hablar de los riñones— cuando se tiene como, por ejemplo, la transpiración de las manos ante una emoción intensa. La diarrea es también el rechazo de una experiencia nueva o desagradable. Para Claudia Rainville, evoca una situación en la que uno se siente aprisionado, o se siente rechazado (es decir, menospreciado), o no acepta su posición en la familia (por ser el hijo mayor, o el segundo, etc.); también puede deberse a la reactivación de un recuerdo doloroso. La diarrea traduce la tendencia a rechazar en bloque una experiencia concreta.

En cuanto a los **parásitos**, reflejan el hecho de que uno se siente parasitado, como absorbido por un sentimiento de miedo. En los niños, los parásitos intestinales se desarrollan casi siempre cuando hay debilidad en el hígado (con la consiguiente debilidad del sentimiento del Yo).

El recto, el ano

El recto y el ano prolongan las ideas ya desarrolladas
a propósito del intestino grueso:
Mantener el control sobre las cosas o las situaciones
Obligaciones de las que no sabe uno cómo liberarse
(«Me da por el c... tener que hacer esto», «que se vaya
a la m...»)
**Lo material, el dinero, el trabajo, «producir», dar,
conservar**
Lo que sale de uno
**Lo «sucio», de donde resulta cólera, indignación
o culpabilidad**

El recto constituye la última porción del tubo digestivo. La parte alta tiene forma de ampolla, es como un depósito en el que son retenidas las heces antes de su expulsión, y termina en el ano, el orificio final, que está formado por dos esfínteres, el externo puede contraerse voluntariamente, el interno no. Debajo de la mucosa rectal hay una red arteriovenosa que, junto a los dos esfínteres, permite que se cierre el ano. Las hemorroides son dilataciones nudosas de ese plexo.

La defecación es un mecanismo que se desarrolla de manera refleja, aunque puede ser influida por la voluntad. Cuando la ampolla fecal está suficientemente llena, se excitan unos mecanorreceptores (filamentos nerviosos) y se manifiesta la necesidad de evacuar las heces, aunque bajo el control de la voluntad, que mantiene cerrado el esfínter externo.

De modo que el recto simboliza la capacidad de retenerse antes de relajarse. Pero al retener demasiadas cosas sin poder soltarlas, sin poder deshacerse de ellas, corre uno el riesgo de acabar «yéndose a tomar por el c...». Eso ocurre cuando hay demasiadas experiencias, demasiadas cosas que gestionar. Uno quisiera deshacerse, exonerarse de todo ello, pero la situación le obliga a retenerlo. El recto habla del fastidio que nos causan las cosas que nos retienen y de las que no podemos librarnos. Aunque, con mucha frecuencia, no son las cosas las que nos retienen, sino nosotros quienes retenemos las cosas.

En general, todo esto tiene que ver con el trabajo, pues las heces —que, como hemos visto, están relacionadas con el dinero— son el resultado del trabajo interno de la digestión, es decir, en cierta forma son como un «producto acabado».

El ano está al final del proceso. Los trastornos en el ano describen asimismo cierta dificultad para finalizar la tarea que se ha emprendido, bien por ansiedad respecto al resultado, bien por la negativa a delegar el trabajo en otro a fin de *mantener el control*.

La congestión que resulta de ello puede llegar a producir **hemorroides**, cuyas causas son diversas. Pueden traducir una sobrecarga de experiencia, en particular cuando esa experiencia es demasiado rica (tiene demasiadas especies). Pero de lo que hablan con más frecuencia las hemorroides es de lo que uno *se fuerza* en una situación, de la misma forma que se ha de forzar para evacuar las heces. Se siente uno en la obligación de hacer algo de lo que no puede librarse, como aceptar una situación que no le agrada, esforzarse en tomarle gusto al trabajo, etc. Lo que uno expresa a través de las hemorroides suele ser una mezcla de cólera, de obligación y de culpabilidad. También puede ser un antiguo resentimiento del que uno no consigue deshacerse, no puede evacuarlo.

Jean François había reñido con su novia. La relación se había convertido para él en una obligación en un momento en el que sentía un intenso deseo de libertad. Y lo que le dijo a la chica fue algo así como «vete a tomar por el c...». Pero al mismo tiempo se daba cuenta de que su actitud no era muy «limpia» (el ano representa también lo «sucio»), y se sentía culpable de su estallido de cólera. Aquella misma noche tuvo una crisis de hemorroides.

Los problemas del ano evocan igualmente algo «sucio» que no conseguimos eliminar, como ira, o indignación a propósito de algo que nos asquea (como las heces), o rencor (el caso del ácido nítrico mencionado en el preámbulo). También puede ser que uno sienta cólera hacia sí mismo, con una mezcla de culpabilidad, cuando sabe que lo que ha hecho no es muy «limpio».

El aparato urinario

> Los cursos de agua transportan
> el alma de los antepasados.
>
> *Creencia mongol*

El sistema urinario —sobre todo los riñones— tiene varias misiones. Una de ellas consiste en regular la cantidad de agua que debe haber en el organismo; otra, en mantener el equilibrio entre las sales minerales y los iones, función que realiza mediante la producción y excreción de orina.

Si consideramos la relación que existe entre las diversas partes del organismo y los cuatro elementos Fuego, Tierra, Aire y Agua, vemos que la piel se relaciona con el fuego, pues la temperatura corporal se regula sobre todo mediante la piel; el tubo digestivo está en relación con la Tierra; la respiración con el aire; y los riñones con el agua.

El cuerpo de un adulto contiene alrededor del sesenta por ciento de agua. Todas las reacciones bioquímicas se producen en medio acuoso, de modo que el agua es un elemento esencial para la vida. Hay muchísimas sustancias solubles en agua, que no sólo las incluye al disolverlas sino que las activa permitiéndoles adoptar una forma iónica, gracias a la cual las reacciones bioquímicas serán posibles. El agua es fuente de vida.

Al estudiar el páncreas ya hemos visto el simbolismo del azúcar y de la dulzura de la tierra nutricia. Ahora vamos a ver el simbolismo del agua y de la sal, que nos ayudará a comprender qué «nos dicen» los riñones.

Los riñones

Equilibrio, el justo medio. Sensatez
Decisiones, **elecciones**
Relación, vida de pareja (equilibrio, compartir el agua-emoción)
Vitalidad, energía (física y sexual):
    Hacer frente (tener unos «sólidos riñones»)
    Afrontar la vida, los cambios, las opciones
Miedos (**a las pruebas de la vida, a las decisiones que hay que tomar**, etc.)

Los riñones son como dos grandes judías situadas a derecha e izquierda de la columna vertebral, justo debajo del diafragma.
    Tienen varias misiones. Las principales son las siguientes:
—Eliminar los residuos del metabolismo, en particular los de las proteínas.
—Eliminar las sustancias extrañas, por ejemplo, los medicamentos y los tóxicos del entorno absorbidos con la alimentación.
—Mantener el equilibrio ácido-base y el pH sanguíneo.
—Formar algunas hormonas, en especial la renina, cuyo papel en el mantenimiento de la tensión arterial no hay que menospreciar.
—Por último, y sobre todo, regulan todo lo que, en el organismo, tiene relación con el agua. Mediante la regulación de la concentración de algunos iones, en particular de sodio, potasio, calcio y fósforo, los riñones mantienen el contenido y la presión del agua de las células, sin la cual la célula quedaría tan marchita como un fruto seco.

Observados al microscopio, los riñones presentan dos estructuras cuyas funciones se complementan y que, de un modo esquemático, podríamos describir de la siguiente manera: una de ellas es el glomérulo, que es como una pequeña pelota por la que pasa la sangre y, al pasar, resulta filtrada. En principio, es un filtro bastante apretado para evitar que los glóbulos y las proteínas pasen a la orina; por eso, si en ella se encuentra albúmina, significa que el glomérulo presenta cierta debilidad y no filtra lo que debe. La otra estructura es el túbulo, que es un canal en forma de sifón por donde fluye la orina procedente de los glomérulos y a lo largo del cual se reabsorben las sales minerales (los iones) indispensables para la vida y para el equilibrio celular (potasio, sodio, calcio, etc.); también se reabsorben la glucosa y algunos aminoácidos. Con esas partículas se reabsorbe asimismo la parte de agua que llevan incluida (como la locomotora que arrastra unos vagones). En cierta forma, los riñones «lloran» la orina a través de los glomérulos, y una parte de su «emoción» (el agua y las sales minerales) es retenida y reabsorbida a través de los túbulos.

Porque el agua es, ante todo, *emoción*. De una persona sin emociones se dice que es «seca», o que «tiene el corazón seco». En las imágenes del lenguaje, el agua representa el sentimiento y el afecto, que a veces se manifiesta con las lágrimas, lágrimas de tristeza o de felicidad y alegría. La emoción puede ser *clara* o *turbia*; en este caso, se puede suponer que encubre algo; hay algo, como el inconsciente, que queda oculto a la vista. El agua *purifica* el inconsciente de las emociones que nos intoxican, nos *lava* de lo que nos mancha. El sistema urinario elimina las aguas residuales, las viejas emociones o las emociones tóxicas. Cuando una persona orina después de haber sentido pavor, es como si, con las aguas residuales, evacuara la emoción. Lo mismo ocurre con la cólera debida a una invasión de «territorio», es decir, cuando uno considera que su espacio ha sido invadido y trata de eliminar esa emoción por medio de una cistitis.

El agua, en efecto, es también *relación*. Tanto desde el punto de vista social como político, los hombres siempre se han agrupado alrededor del agua, fundando pueblos que luego se han convertido en ciudades. El agua une a los seres humanos, favorece las relaciones positivas en el seno de la sociedad: vamos juntos «a tomar unas copas», a compartir una emoción, del mismo modo que la carencia afectiva se ahoga en la bebida... En el cuerpo, también es el agua la que pone en relación unas moléculas con otras para que puedan llevar a cabo las reacciones bioquímicas. Aunque el agua reúne a los seres humanos, a veces también los separa, puesto que, con los cauces de los ríos, traza fronteras y delimita territorios.

El agua-relación es también *afiliación*, como el agua de las montañas, que mantiene un vínculo con su fuente. Los riñones pueden hablar de una relación difícil con la *imagen parental* o con la autoridad que representa, igual que el agua puede simbolizar la relación con las *tradiciones* y las *creencias más profundas* —el origen, la fuente— como ponen de manifiesto determinados ritos de afiliación (el bautismo, etc.)

Los riñones, como el agua, nos ponen en relación con nuestros *antepasados*.

Así, cuando los mongoles montan sus tiendas, nunca orientan la salida hacia un río, pues, según ellos, los cursos de agua transportan el *alma de los antepasados*.

Los riñones están unidos con la parte lumbar de la columna por un vínculo energético, y unos y otra pueden «bloquearse» cuando alguien se bloquea en sus principios, aunque las creencias y la fe también ayudan a hacer frente a las grandes dificultades de la vida. Es una herencia física y moral. Para los chinos, los riñones avalan la energía recibida de los antepasados, es la sede principal de la energía sexual y de la fertilidad. Según ellos, «los riñones son el esposo, y la sexualidad, la esposa»; además, son «el ministro que fabrica la robustez y la fuerza vital». El agua es *fuente de vida y de fertilidad*; con ella regamos los campos de cultivo. Por último, nos recuerda nuestra filiación con el *mar*, y también con nuestra *madre*, cuando estuvimos en su vientre envueltos en el líquido amniótico y en su amor.

Pero esa fuente de vida también puede ser un peligro; cuando uno no ve el fondo, puede ahogarse y desaparecer. Las dolencias de los riñones suelen estar ligadas a un miedo profundo o a una angustia mortal, como la de perecer ahogado en una situación en la que «no hacemos pie», en esas aguas de nuestros miedos profundos y subterráneos. Los miedos y las preocupaciones dañan la energía de los riñones y favorecen la fuga de sales minerales, tan preciosas para el organismo, de modo que uno se siente «vaciado» (de su fuerza vital).

Esto nos lleva a hablar del simbolismo de la *sal*. Este tema también es bastante amplio, pero vamos a limitarnos a observar lo siguiente: gracias a la sal, o, para hablar con precisión, gracias a las sales de sodio y de potasio que existen en el cuerpo, las células pueden retener el agua y, por lo tanto, *mantener la tensión* superficial que les permite *resistir* la presión exterior; de lo contrario, las células colapsarían por implosión, como le ocurriría a un submarino no presurizado al sumergirse en aguas profundas. Así pues, mediante la acción reguladora de las sales minerales, sobre todo sodio y potasio, los riñones permiten *hacer frente a las tensiones de la vida* y del medio exterior.

Como los riñones son los que gestionan la distribución del agua y la sal, los veremos implicados en las cuestiones de *relación entre dos personas*, en la búsqueda del *equilibrio* y en la capacidad para asumir la responsabilidad que a uno le corresponda en el terreno afectivo, reconociendo y eliminando las emociones tóxicas o residuales. También están implicados en la capacidad que uno tiene para *hacer frente* a las presiones de la vida, para saber *elegir* y tomar las decisiones oportunas. Para hacer frente a las situaciones hay que tener sólidos riñones y mantenerse en pie, sin anclarse en principios o creencias, sin acobardarse ni dejarse dominar por el miedo; hay que seguir «haciendo pie» para no tener que debatirse en aguas hostiles. Éste es, en pocas palabras, el simbolismo de los riñones que vamos a desarrollar a continuación.

La relación de pareja. El equilibrio

Los riñones controlan el metabolismo del agua y, por lo tanto, las transferencias emocionales, es decir, las emociones que se eliminan y las que se conservan. Podríamos mencionar aquí, por ejemplo, la necesidad de orinar cuando uno siente un miedo terrible, que es como la necesidad de «eliminarlo»; o la retención de agua que tiene una mujer cuando no sabe cómo eliminar una emoción que la sobrecoge.

Al principio de la práctica de mi profesión —yo trabajaba entonces como interno en el servicio de psiquiatría de un hospital, acababa de descubrir la homeopatía y ocupaba mis veladas leyendo libros sobre el tema— el nefrólogo nos envió a una joven afectada de un edema sin causa orgánica. Como las pruebas que le había realizado no daban ningún resultado anómalo, el jefe del servicio de nefrología quiso saber cuál era la opinión de los «psi»... Un año antes, ella había engordado quince kilos en pocos días por simple retención de agua; no había ningún trastorno orgánico, al menos eso indicaba el examen realizado. Pues bien, esta joven, que siempre había sido muy celosa, unos días antes del repentino aumento de peso había sufrido una decepción sentimental. Para ese tipo de problema, mis libros indicaban **Lachesis**, el veneno de una serpiente de América del Sur. Después de consultar al jefe del servicio, de quien yo dependía, le hice dejar los antidepresivos y le di *una sola dosis* de *Lachesis*. A los tres días empezó a orinar de modo abundante y espectacular, y al cabo de poco tiempo había recuperado su peso inicial. Y, a decir verdad, debo confesar que gracias a ella y a su caso opté por la homeopatía...

¿Qué había pasado? El *Lachesis* la había liberado de su retención. ¿Retención? A falta de poder retener a su compañero infiel, había retenido la emoción en sus tejidos, o sea, había retenido el agua bloqueando el funcionamiento normal de los riñones, algo que curó el remedio de los celos (el *Lachesis*). El **Natrum muriaticum**, la sal, es un remedio homeopático aplicable a las personas que se complacen en retener una antigua pesadumbre, y el *Lachesis*, a las que se asfixian queriendo poseer y retener.

Los riñones mantienen el equilibrio ácido-base, el equilibrio yang-yin. El yang es masculino, ácido; y el yin, femenino, básico. En la relación de pareja, cuando hay dificultades, ambos cometen con frecuencia el error de pensar que el responsable es el otro, como si no estuviera cada uno implicado en el comportamiento del otro a través de su actitud o de sus proyecciones. En este caso, los riñones ayudan a encontrar el equilibrio, a no ser demasiado radical en los juicios. De la misma forma que los ojos no nos permiten vernos a nosotros mismos por dentro, pero nos vemos reflejados en el otro, como en un espejo —aunque a veces le atribuyamos la responsabilidad de nuestras propias dificultades, de nuestras propias sombras—, así también, a falta de poder reconocernos en el otro, llegamos a veces a rechazar las proteínas propias que, en una glomerulonefritis, atraviesan el filtro relajado del glomérulo y pasan a la orina, de ahí la albuminuria. Se produce a menudo como consecuencia de una infección por estreptococo, que, igual que el estafilococo, es un «germen de cólera». Los enfrentamientos que tenemos a veces en las relaciones de pareja nos aproximan a nuestra sombra, y pueden ayudarnos a encontrarnos a nosotros mismos. Para ver y amar al otro tal como es, hemos de tomar conciencia de nuestra sombra; sólo así podremos superar el estadio de «amor en el espejo». Ése es el trabajo de discernimiento del riñón; todos los órganos dobles hablan de esa relación en mayor o menor medida.

Thibault, un hombre de 47 años, amaba a su mujer. Pero, al mismo tiempo, le reprochaba que no contribuyera de un modo más efectivo a la vida material de la pareja. Thibault ocultaba su impaciencia bajo una apariencia de serenidad y de dulzura. Tenía la sensación de que él era el único que hacía frente a las realidades materiales, a veces difíciles, de la vida, mientras que su mujer se apoyaba en él con una relativa inconsciencia (al menos eso pensaba este hombre, lo que no significa que las cosas fueran así realmente). Pero no por eso tenía intención de abandonarla. La situación le pesaba, es cierto, pero no hacía nada para que cambiara. Las cosas habían empeorado tres años atrás, fecha en la que él empezó a sentir un dolor sordo en el riñón derecho, un dolor que describía como «pesado»; a veces tenía la sensación de que le clavaban unas agujas que le causaban un dolor intenso, violento y fugaz. Los exámenes mostraron un enorme cálculo enquistado en el riñón derecho: allí estaban todas sus cóleras cristalizadas.

Estuvimos hablando en varias ocasiones y le propuse que intentara comprender la razón del cálculo. Reconoció que, en el fondo, le iba bien así, porque era un hombre independiente que consideraba que debía gobernar el barco sin que su mujer se mezclara en sus asuntos. Pero, lo que le iba bien por un lado, le pesaba por otro, y el dolor del riñón le ponía frente a esa contradicción. Una de dos: o encontraba un equilibrio, o tenía que tomar una decisión que no hacía más que diferir. El riñón derecho habla de pasividad, de indecisión; asimismo manifiesta que existe alguna dificultad con un elemento femenino (lado derecho). Lo que Thibault reprochaba a su mujer, en realidad era su propia indecisión, su propia incapacidad para cambiar lo que fuera necesario a fin de encontrar el equilibrio en la pareja y en la vida. La dulzura y la paciencia no hacían sino enmascarar una agresividad que se expresaba en sordina mediante su dolor de riñón. Un dolor sordo que a veces parecía un «aguijón», como para incitarlo a avanzar... El **elixir floral de sauce**, adecuado para las personas que consideran a los demás responsables de sus propias dificultades, le ayudó en esa toma de conciencia. El dolor se fue amortiguando poco a poco y acabó por desaparecer a pesar de la presencia del cálculo.

En lo que concierne al aspecto de la relación, puede haber un **bloqueo renal** cuando uno no ha querido entrar en relación con otro por miedo a la confrontación, o porque quiere mantener su libertad a cualquier precio.

Como dice Claudia Rainville, la **nefrosis** se produce cuando no hay equilibrio entre lo que uno se concede a sí mismo y lo que aporta a los demás, quedándose con la sensación de vacío. La **nefritis** resulta a menudo de las decepciones sufridas cuando no se ven realizadas las expectativas propias, algo que ocurre, en general, cuando se idealiza a las personas o las situaciones. El **mal de Bright**, en el que hay inflamación y degeneración, suele presentarse cuando la persona siente tal frustración que cree que su vida es un fracaso. La falta de discernimiento hace que, a veces, uno adopte posiciones «duras» ante los demás, se obceque en una determinada vía, en una línea, y la emoción se cristalice; de ahí los **cálculos**. Aunque también pueden deberse a la situación contraria, es decir, a que uno está siempre pendiente de complacer a los demás y olvida sus propias necesidades, lo que, en el fondo, nos subleva y amarga. Por último, el «frenesí» de un cólico nefrítico puede simbolizar que alguien está retrasando indefinidamente una decisión que tendría que haber tomado, y la situación se ha cristalizado con dolor.

Equilibrio, elección, decisión

Los riñones regulan el equilibrio osmótico igual que regulan el equilibrio ácido-base. Los problemas en los riñones evocan la dificultad que uno tiene para encontrar el equilibrio, el justo medio, la estabilidad en la vida y las relaciones. Y, curiosamente, para los astrólogos el signo que gobierna los riñones es Libra.[18] Los riñones representan las decisiones que uno toma, la capacidad para tener en cuenta todas las contingencias, el discernimiento con el que se sopesan los pros y los contras, y la facultad de mantener un equilibrio justo. Es cierto en todos los campos de la vida, pero sobre todo en el del agua, es decir, en el campo de la emoción y de las relaciones afectivas (con el

---

18. En francés, *balance*. Significa también: «Balanza, peso; equilibrio». (*N. de la t.*)

cónyuge, con los padres, etc.). Los problemas renales suelen deberse a una falta de discernimiento entre lo que nos beneficia y lo que nos perjudica, lo cual nos lleva a elegir de forma inadecuada.

Rose tenía 21 años cuando una noche, en una sala de fiestas, encontró al hombre de su vida. «Cuando lo vi entrar —me dijo—, sentí mucho miedo, pero enseguida supe que era Él.» Nunca lo había visto antes; fue como un flechazo del que sintió, al mismo tiempo, la toxicidad. «Me di cuenta de que mi vida iba a dar un vuelco radical, el aura de ese hombre era negra. Comprendí que la vida a su lado sería un infierno, pero era él, no podía hacer otra cosa.» Se casaron, Rose tuvo un hijo y su vida fue, en efecto, un infierno que terminó diez años después con un cáncer en el riñón derecho. Aquella famosa noche, ella fue plenamente consciente de lo que estaba pasando, pero al mismo tiempo se sentía atraída de un modo irresistible hacia aquel hombre que le daba miedo. Su miedo, su pésima elección y también la reactivación de una imagen paterna violenta, todo eso vino a materializarse en el riñón. Que fuera afectado el lado derecho —a pesar de que sus problemas estaban relacionados con un elemento masculino— no hacía sino subrayar su pasividad, que le impedía decidir por sí misma sobre su propia vida.

El **cáncer de riñón** puede también desencadenarse tras una situación de *miedo* o de *culpabilidad* relacionada con el *agua*. Geerd Hamer, que ha insistido mucho en el significado del agua en relación con el cáncer de riñón, cita, entre otros, dos casos: el de un marino, cuyo barco estuvo a punto de hundirse por su culpa, y el de una madre de familia, cuya hija pequeña sufrió un accidente al caer del lavabo porque ella no había encontrado el momento de darle de beber. En ambos casos, el agua estaba implicada no tanto como símbolo sino como una *realidad* fuertemente presente en la situación patógena. Para los que vivieron la experiencia, la presencia del agua tenía un *sentido*. La realidad exterior ejerce muchas veces la función de espejo y refleja una realidad interior. Habría mucho que decir sobre eso...

Entre la actividad y la agresividad del riñón izquierdo, y la pasividad y la fuga del riñón derecho, hay que encontrar el equilibrio, y también hacer *la elección*, o tomar *la decisión* que uno no llega a concretar, con frecuencia por *miedo* al porvenir.

Anne, una mujer de 38 años, estaba agotada por un trabajo excesivo; ella se entregaba a fondo en todo lo que hacía. «Yo no hago nada a medias», me decía. Tras un período de trabajo agobiante, sintió un dolor en el riñón izquierdo (la actividad), una «cosa rara» que la llevó al quirófano, pero que no le impidió seguir con su actividad estresante. Unos años después, en el límite del agotamiento, volvió a consultarme porque le había aparecido de nuevo el dolor en el riñón izquierdo. Se encontraba frente a unos problemas materiales que procedían de su incapacidad para *elegir*, o, para ser exactos, de su incapacidad para encontrar el justo medio entre su actividad —que ella describía como «alimenticia» puesto que era su fuente de ingresos— y sus múltiples centros de interés que no tenían nada que ver con su profesión.

Apoyo y miedos

Los riñones se ven afectados por el miedo, ya sea un miedo repentino debido a un accidente, ya sea un miedo existencial, profundo, como el miedo a la muerte, a la enfermedad o a los cambios que puedan desestabilizar la vida de una persona. Del que asume con valentía sus responsabilidades y se sobrepone al temor en situaciones difíciles sin amilanarse se dice que tiene los «riñones sólidos».

Sylvaine, una mujer de 36 años, vivía sola con sus dos hijos y trabajaba como secretaria en una pequeña empresa. Su ex marido era un hombre dominante, al que aún temía después de siete años de separación. Era una mujer más bien delgada, endeble y sensible a las necesidades de su familia, al ambiente y a las desgracias de los demás. Cuando su mejor amiga tuvo problemas de pareja, Sylvaine le ofreció su casa y su ayuda, pero la situación fue para ella agotadora, pues su salud era más bien frágil y el apartamento de dos habitaciones en el que vivía resultó minúsculo a los pocos días de albergar a su amiga. Entonces tuvo una **cistitis**, que, como veremos más adelante, está ligada a un «problema de territorio», cuando uno se siente «invadido», situación que Sylvaine había aceptado, pero que resultaba mucho más gravosa de lo que había imaginado en un principio. Al poco tiempo, la cistitis evolucionó hacia una **pielonefritis** del riñón izquierdo (la infección remonta hasta el riñón) que fue tratada con fuertes dosis de antibióticos. La rápida transformación de la cistitis en pielonefritis podría explicarse por la falta de resistencia de Sylvaine, pero también podría comprenderse de otra manera.

La simpatía que sentía por su amiga despertaba el sufrimiento que ella misma había vivido y el miedo a su ex marido; de ahí, tal vez, la localización de la pielonefritis en el lado izquierdo. Pero, sobre todo, había perdido el apoyo de aquel matrimonio amigo, ella, que tanto lo necesitaba porque siempre había tenido miedo de hacer frente a la vida, incluso antes de su divorcio. Sin embargo, desde un punto de vista material, ella salía adelante, y muy bien, pero dentro llevaba ese miedo desde hacía mucho tiempo, al que se añadía un miedo a la muerte que arrastraba desde su más tierna infancia. La pérdida de apoyo despertó todos sus antiguos temores, que se manifestaron en el riñón izquierdo. La **cola de caballo**, una planta de tallo delgado pero resistente y recto debido a su riqueza en sílice, proporcionó a Sylvaine una convalecencia rápida y sin recaídas.

El miedo de avanzar también puede reflejar la dificultad que uno tiene para abandonar viejos esquemas de pensamiento, de principios, inseguridad ante los cambios, rechazo a moverse, obcecación en antiguas creencias aunque todo invite a cambiar. Es muy frecuente que algo de eso acompañe a las lumbalgias, que no hacen sino poner de manifiesto la rigidez y falta de flexibilidad que uno tiene en esa parte de la espalda que le sirve de apoyo, a imagen del roble y de la caña.

No quiero concluir el capítulo de los riñones sin recordar su curiosa analogía con las orejas y con los pies. Los riñones, igual que los pies y las orejas, tienen forma de habichuela; además, los tres órganos, al funcionar por pares, contribuyen, cada uno a su manera, a mantener el *equilibrio*. Las orejas, con ayuda de los canales semicirculares del oído, nos mantienen en equilibrio en el espacio; los pies nos mantienen apoyados y en equilibrio respecto del suelo (respecto de las relaciones con los demás) y, en cuanto a los riñones, mantienen el equilibrio del agua y las sales minerales en la sangre y las células.

Como dice Annick de Souzenelle, los riñones son una réplica de los pies en el piso superior, puesto que son apoyo y equilibrio en la relación. No es casualidad que estén situados delante de la columna, en la zona lumbar, pues con su fuerza sutil contribuyen a mantenernos derechos, simbólicamente hablando.

Por medio de los pies establecemos la relación con el suelo, que simboliza la vida activa, y, con los riñones, la establecemos con el agua. Los riñones son los que hacen el trabajo de depuración de nuestras emociones íntimas y disciernen lo justo de lo injusto, lo que debe ser y lo que no debe ser; de ahí la capacidad o dificultad para tener en cuenta todas las contingencias y ser demasiado radical en los juicios, con las consecuencias que de ello resultan en las relaciones íntimas.

Los uréteres

Los uréteres son unos conductos flexibles de pequeño diámetro por donde desciende la orina a la vejiga desde los riñones. Dado que van desde el interior hacia el exterior, simbolizan el paso de lo que no es consciente a lo que sí lo es. Y cuando el riñón trata de eliminar los cálculos —o sea, las viejas emociones solidificadas— enviándolas hacia la vejiga, es ahí precisamente, en esos estrechos canales, donde se quedan bloqueadas. Es como una toma de conciencia dolorosa; de ahí la reacción de la consciencia y el espasmo del **cólico nefrítico**.

Una vez más, el aspecto mecánico podría explicar el dolor, puesto que un cálculo queda bloqueado en un tubito demasiado pequeño por el que no puede pasar, y, de hecho, algunos cólicos nefríticos requieren intervención quirúrgica. Pero en al menos nueve de cada diez casos, el bloqueo resulta más bien de un espasmo, es decir, de una contracción involuntaria, que de una verdadera obstrucción mecánica, contracción que se puede relajar con un medicamento adecuado, y que, al dilatar el uréter, facilita la eliminación del cálculo.

El espasmo del uréter es una imagen perfecta de lo que significa el estrés para la psique. La crispación procede precisamente de la *toma de conciencia*. Y el espasmo psicológico que se produce sobre el obstáculo impide que se dilaten los canales de consciencia que facilitarían su evacuación. Lo que ocurre en el uréter refleja con toda exactitud lo que sucede en el plano psicológico.

La vejiga

Problemas de «territorio», siente uno que invaden su espacio
Reacción o miedo frente a la autoridad (de los padres, del cónyuge)
Situación de impotencia frente al hijo o al marido
Desembarazarse de una tensión emocional, «llorar por dentro»

Problemas de territorio

Los animales se sirven de la orina para delimitar su territorio, lo mismo que hacen los seres humanos con los ríos, resulta muy práctico. De hecho, la experiencia me ha confirmado la frecuente relación entre **cistitis** y *problemas de territorio*.

He de reconocer que debo esta idea a Geerd Hamer. Ocurre con mucha regularidad, como se puede comprobar. En la práctica de mi profesión, cuando le pido a un paciente que describa el contexto relacional en el que se han producido los trastornos, tengo por costumbre no afirmar nada ni interpretar lo que me dice para no influirlo en la línea de mis investigaciones ni encerrarlo en una explicación estereotipada. Eso requiere cierta reserva y un cuidado exquisito en la manera de decir las cosas, de modo que sea el enfermo el que encuentre *por sí mismo* la clave de su problema, su clave. Pero, en algunas ocasiones, una vez que me ha descrito el contexto, sugiero alguna imagen, sin insistir.

Cuando a la consulta llega una paciente con cistitis y describe las circunstancias que la rodean, el hecho de sugerirle que «los animales se sirven de la orina para delimitar su territorio», sin decir nada más, despierta en ella —en nueve de cada diez casos— la sensación de que esa imagen refleja perfectamente lo que siente. Las mujeres que padecen cistitis repetitivas suelen sentirse invadidas, o no encuentran su propio territorio en el espacio conyugal.

Un ejemplo frecuente es la cistitis que tienen las mujeres jóvenes después de haber tenido una relación sexual. El joven, dejándose llevar por su deseo y fogosidad, sacia en ella su apetito; pero eso no es exactamente lo que ella esperaba de él, al menos no de esa manera... Él toma, ella da... Es como un inmenso malentendido, el malentendido sexual que nace de la diferencia de polaridades, y cuya belleza desearía describir mediante un pequeño poema:

> Él deseaba su cuerpo,
> ella esperaba su corazón,
> equívoco sutil
> en la mutua entrega
> que sólo un tierno amor,

esclarecerá tiempo después.
Él deseaba su cuerpo
y al fin le abre su corazón,
ella deseaba su corazón
y le ofrece su cuerpo.
Ahora, en la madrugada
forman un solo cuerpo
y un solo corazón...

Claro que las cosas no son siempre tan sencillas ni las polaridades están tan claramente definidas, pero observemos que la cistitis es, casi siempre, una enfermedad femenina. «¿Cuál es mi lugar en todo esto?», se pregunta ella.

La cultura de los siglos precedentes, de la que apenas hemos salido, ha situado a la mujer en el hogar, es decir, es ella la que cuida el territorio familiar. Tal vez por eso es más sensible que el hombre a los problemas de territorio y más consciente de la necesidad de un espacio vital interior, tanto subjetivo como objetivo, que sea suyo de veras. Y, aunque es cierto que la aspiración legítima de la mujer actual es no ser considerada sólo una «ama de casa», no es menos cierto que es ella la que se ocupa de la decoración interior, y que es más sensible al orden que reina en el hogar que el hombre, que se adapta con cierta facilidad a vivir en medio del desorden sin darse apenas cuenta. Y, sin forzar demasiado la caricatura, vemos que, cuando el marido se jubila, elige entre instalar el sillón ante la televisión, ante el ordenador o detrás del periódico; pero, en cualquier caso, para ella será como un «okupa», alguien que no encaja en el decorado... a menos que se dedique al bricolaje en el garaje o al jardín, es decir, *fuera*... No deja de ser curioso que sea también a esa edad cuando a ellos se les suelen formar pólipos en la vejiga... ¡Espacio, espacio!

Reacción o miedo frente a la autoridad

La vejiga es externa; el riñón, interno. Así que la vejiga traduce los temores «externos» del riñón, los relacionados con «lo social» y las reacciones frente a la autoridad —ya hemos visto la relación del agua con la «fuente», es decir, con las relaciones paternofiliales—; los temores del riñón son más internos, más profundos. A través de la vejiga se elimina el miedo relacionado con alguien que está por encima de nosotros: padre, madre, profesor, etc. De ahí la enuresis del niño que teme a su padre, «se mea en los pantalones». La relación del niño con la autoridad expresa también la forma en la que busca su lugar, su territorio. Para el niño, orinarse en la cama es una manera de responder a la excesiva presión de los padres o de la sociedad (la escuela), una oportunidad de hacer fracasar a sus padres todopoderosos, una forma indirecta de responderles con la misma moneda, aunque él sea el primer afectado, porque, para el niño, se trata ante todo de hacerles comprender su necesidad de espacio.

Una situación semejante es la que se da con frecuencia en las personas que, en cuanto acuden a la consulta del médico, necesitan ir sistemáticamente al lavabo. Aun de modo inconsciente, esas personas sienten que el médico, por el poder que tiene sobre su cuerpo, en cierta forma los invade. La necesidad de orinar también puede ser una manera de evacuar el miedo o la tensión emocional.

Situación de impotencia frente al hijo o al cónyuge

La vejiga no sólo se ve implicada en los problemas de territorio o en las reacciones frente a la autoridad, también resulta afectada por el fracaso de nuestra propia autoridad. Tanto si hemos de someternos a la autoridad de un allegado como si hemos de imponer la nuestra, se trata de una cuestión de autoridad que se plantea en nuestro propio territorio.

El marido de Emma, una mujer de 40 años, tenía ingresos suficientes como para que su mujer no tuviera que trabajar, de modo que ella dedicaba mucho tiempo a los asuntos escolares de sus dos hijos. Al llegar a la adolescencia —situación nada fácil para una madre— los resultados escolares iban de mal en peor, a pesar de que ella ponía toda su energía en el tema. Y empezó a tener una cistitis que no acababa de remitir. No por los deplorables resultados de sus hijos sino, sobre todo, porque éstos empezaban a poner en entredicho su autoridad, cuando hasta entonces siempre la habían aceptado. Vivía todo eso como un fracaso personal y se sentía impotente, porque cuanto más tiempo pasaba con sus hijos, tanto más se bloqueaban ante ella y peor hacían los deberes. Esta situación es bastante frecuente, pero Emma era una madre afectuosa y autoritaria al mismo tiempo; veía que sus hijos ya no aceptaban su autoridad y no encontraba la solución a pesar de la ayuda de su marido. Semejante sentimiento de impotencia y de desafío a la propia autoridad puede manifestarse con una cistitis en la mujer o con una inflamación de próstata en el hombre.

Cuando un niño llega a la adolescencia tiende a afirmar su personalidad; es lo normal, está en el orden natural de las cosas. Ejercer el oficio de padre cuando los hijos llegan a esa edad es especialmente difícil, porque la natural ansiedad frente a su porvenir nos impide a menudo concederles la confianza y el reconocimiento que esperan secretamente de nosotros, al mismo tiempo que esperan que ejerzamos nuestro papel de padres, pues todavía necesitan puntos de referencia... por no decir que necesitan ¡padres dichosos! En efecto, se trata de confiar en el niño y reconocer sus cualidades, al mismo tiempo que se mantiene un marco de referencia que él necesita aunque finja rechazarlo. Para dosificar ambas cosas, el amor no debe estar alterado por la culpabilidad secreta que cualquiera de nosotros siente como padre cuando su hijo le interpela sobre sus fallos. Sólo si uno está desprendido de sí mismo puede estar disponible para el otro, y, si bien es cierto que ayudamos a nuestros hijos a crecer, no lo es menos que ellos, de un modo sutil, también nos ayudan a crecer a nosotros. No debemos contemplar los problemas de nuestros hijos a través de la lente de nuestros propios problemas o de nuestra culpabilidad pues, de hacerlo así, no podremos ayudarlos a superar con éxito la etapa de la adolescencia. En cambio, si los vemos por sí mismos, el camino será mucho más fácil para las dos partes. Para nosotros, padres, no es tanto una cuestión de buena voluntad como de desapego de nosotros mismos, de lucidez y de libertad interior. Por decirlo de otra manera, un poco de humor puede a veces liberar el amor, y recíprocamente.

Desembarazarse de una tensión emocional

¿Qué es la vejiga? Es una bolsa que retiene la orina en tensión, el agua de nuestras tensiones emocionales. En general, la liberación de esa tensión se produce de forma natural, pero a veces la emoción es difícil de evacuar. La cistitis puede verse como la tentativa de evacuar una emoción candente, es una evacuación dolorosa que se hace con dificultad.

A menudo la cistitis está precedida de colitis, como algo mal digerido que uno se esfuerza por evacuar.

La presión de la vejiga requiere siempre un alivio. Ir al cuarto de baño es también aislarse, abstraerse de una situación, protegerse en una zona en el que nadie puede venir a importunarnos. La **incontinencia urinaria** es como un exceso de emociones (o de preocupaciones) que uno ya no tiene la fuerza de retener.

Retener el agua...

Así como las enfermedades digestivas se cuidan con una alimentación sencilla y sana, y las respiratorias con el aire, con «aire bueno», con buen clima, así también las enfermedades de los riñones y de la vejiga se cuidan con el agua.

Beber, beber mucho, desde luego; pero, sobre todo, beber con calidad, con atención...

Éste es el lugar adecuado para citar un extracto de *Tierra de hombres*, escrito por un aviador y poeta que conocía muy bien el desierto y el valor de las cosas sencillas, Saint-Exupéry.[19]

«¡Oh, agua! No tienes color, ni aroma, ni sabor; no podemos definirte, te saboreamos sin conocerte. No eres necesaria para la vida, tú misma ERES la Vida.»

19. A. de Saint-Exupéry, *Terre des hommes*, Éd. Gallimard, 1981. [Hay versión española: *Tierra de hombres*, Ed. Círculo de Lectores S. A., Barcelona, 2000.]

El aparato genital

De la unión del Uno y el Dos
que expresa la belleza de la vida,
nace la multitud de los seres y de los números.

Quien dice aparato genital dice sexualidad. Hablar de sexualidad en pocas líneas parece imposible, porque se han escrito tantos libros sobre el tema que lo que yo pueda aportar es apenas un modesto granito de arena. Pero el granito de arena existe, y consiste en una reflexión muy sencilla a propósito de nuestras particularidades anatómicas.

El ser humano piensa a partir de lo que vive, y vive a partir de lo que siente y experimenta; y experimenta, sobre todo, por medio de su cuerpo. Así que, de un modo inconsciente, estructura su marco de pensamiento a partir de su cuerpo, como hemos visto a propósito de la cabeza, que es la que dirige y que está más alta que los pies. De esa idea del arriba y del abajo —que el niño vive a través de su crecimiento y que no encontramos en ningún otro lugar en el cosmos— deriva nuestra percepción de la jerarquía social y de su sistema de valores. Elaboramos nuestro pensamiento tomando como referencia nuestra anatomía.

¿Qué consecuencias tiene esto?

El hombre y la mujer son semejantes en muchos aspectos;

pero se distinguen por otros que no son sólo anatómicos. Parece que pensamos de la misma manera; pero, en algunos campos de la vida, la percepción del hombre es profundamente diferente a la de la mujer.

El pene del hombre es un órgano «lleno», orientado hacia la conquista de la acción y del espacio exterior; la vagina de la mujer es un órgano «vacío», orientado hacia el sentimiento y la conquista de la sutileza interior. Lo he expresado llevándolo un poco al extremo, es cierto, porque hay hombres femeninos y mujeres masculinas, pero eso resulta de una sutil compensación psicológica y, algunas veces, del rechazo de una anatomía y un cuerpo al que, pese a todo, no puede uno sustraerse. Por masculina que sea una mujer, nunca podrá *pensar ni sentir* como un hombre,[1] y viceversa.

La polaridad masculina-femenina está presente en todas partes. Por ejemplo, las tres religiones de Occidente son religiones monoteístas que ponen por delante al *Padre*. Son conquistadoras, tratan de conseguir adeptos a los que hay que mantener en la vía, en la «ley» del Padre. Las religiones de Oriente son mucho más femeninas, ponen el acento en la conquista interior de uno mismo. Y donde Occidente habla de «Dios», Oriente habla de «Vacuidad».

En el espacio encontramos esa misma polaridad: la «plenitud» de los cuerpos celestes se desplaza en el «vacío». El vacío es como una matriz invisible que lleva en su seno la manifes-

---

1. La vida moderna trata de borrar esa diferencia. La mujer trabaja tanto como el hombre, si no más, pues a su trabajo profesional añade las preocupaciones domésticas, lo que la obliga a organizar de un modo estricto la distribución de su tiempo y sus múltiples compromisos. ¿Qué quiere decir igualdad en una sociedad competitiva, de conquista de mercados, en la que la principal cualidad consiste en saber adelantarse a los demás? Salvo excepciones, la mujer no puede triunfar en esa sociedad más que haciendo valer sus cualidades masculinas. Afortunadamente, tiene la baza que le otorga su naturaleza dual, una baza de la que carecería el hombre si los papeles estuvieran invertidos. Curiosa igualdad, que se basa en la negación de la dimensión femenina de la vida.

tación, como una madre lleva al hijo en su seno con amor. Y, cuando el conjunto de cuerpos celestes se mueve en el vacío, ellos y él se llevan mutuamente en su seno; es como una danza, como un movimiento por el que uno trata de complementarse en el otro, se buscan sin acabar de encontrarse en realidad, salvo en un instante de fusión, en un momento mágico que es el origen de la creación. Lo que el hombre y la mujer viven en la intimidad es a imagen de la creación de una estrella, un instante mágico que está muy por encima de nuestros límites. Y *todos tenemos origen en uno de esos instantes mágicos*.

Nacidos de ese *encuentro*, no somos hombre o mujer: somos *los dos*, sólo que uno de ellos se oculta para dejar que el otro experimente de la forma más completa posible lo que su cuerpo le permita captar de la vida. Y de eso resulta una *carencia*, la carencia «del otro», que se convierte en el motor principal de la vida, tanto si se expresa en el terreno sexual, afectivo o relacional, como si se expresa en el intelectual, filosófico o espiritual.[2]

Volvamos a la anatomía. En el hombre, el sistema urinario y el genital se unen a la altura de la próstata, fusionándose en un mismo canal a través del uréter y el pene. Tanto uno como otro proceden del mismo tejido embrionario, por eso se habla del sistema urogenital, aunque tengan funciones diferentes. Los chinos ven esto de la misma manera puesto que, según ellos, los riñones son la fuente de la energía sexual.

En cambio, en la mujer, aunque los sistemas urinario y genital están próximos, cada uno se expresa de manera diferenciada. Esto significa que la sexualidad y la referencia a los ante-

2. Freud ya había observado esto, que él llamó la «líbido». Pero, contrariamente a lo que se cree en general, su idea no era relacionarlo todo con el sexo, sino, a través del sexo, llegar al descubrimiento fundamental de que lo que nos mueve es una carencia. Lo que ocurre es que, por desgracia, al colocar el falo en el centro de su teoría, no supo dónde poner la vaina (del latín, *vagina*, que significa «funda, vaina»). En realidad, ni la vaina ni el falo están en el centro. Lo que está en el centro es el encuentro.

pasados se expresan en la mujer de manera diferente, mientras que en el hombre se confunden.

¿Por qué hago esta observación? Cuando una mujer acude a la consulta del médico, es capaz de describir lo que siente —tanto en su cuerpo como en sus emociones— con mucha más delicadeza de lo que pueda hacerlo un hombre, a quien le resulta difícil. Es raro que un hombre se distancie de sí mismo lo suficiente como para hablar de sus emociones con la misma libertad con la que puede hacerlo una mujer. Para comprender esa idea, propongo al lector que tome el libro y lo ponga encima de sus ojos. ¿Qué ocurre? Que no ve absolutamente nada. Ahora sepárelo, las letras aparecen claras... precisamente porque están a cierta distancia de usted. Es imposible ver con claridad las cosas con las que uno se identifica demasiado. Al unir en su cuerpo la energía sexual y la de los antepasados (los riñones), el hombre es UNO. Esa unidad le da fuerza y debilidad al mismo tiempo; porque, al ser uno, el hombre se identifica con su *apellido*.[3] Y la identificación con algo de sí mismo, que ha heredado, le priva en parte de esa finura de análisis de sí misma que posee la mujer.

El objetivo de este libro no es desarrollar todas las implicaciones de esta idea, pero retengamos lo siguiente: el riñón representa al antepasado, la relación parental; el hombre necesita la energía psíquica profunda que eso le proporciona para «desempeñar su papel», su papel de amante. Al identificarse con su padre, llega un día en que puede «tomar el relevo» y asegurar la perennidad de la descendencia, pero, por otro lado, esa identificación le hace perder perspectiva y capacidad de análisis, de modo que una «avería sexual» le deja completamente desarmado. La fusión anatómica y psicológica del aparato urinario

---

3. En general, en la cultura occidental el hombre mantiene su apellido —es decir, el de su padre— durante toda su vida, mientras que la mujer tiene respecto de eso una mayor libertad. Puede elegir entre mantener el apellido de soltera o tomar el de su marido. Pero eso no tiene importancia porque no se siente obligada como él a mantener «erigido» el apellido y la imagen del padre que el apellido lleva vinculada. Su papel no tiene nada que ver con eso.

y genital en el hombre lo hace fuerte y débil a la vez. Obtiene su fuerza de los antepasados, simbolizada por los riñones; pero su sistema genital está ligado a eso, a lo que los riñones *representan*, su conexión con la fuente y el antepasado. A través de la sexualidad, o más bien de la carencia que nos mueve en la sexualidad, el hombre es «Uno», mientras que la mujer es «Dos». La diferencia es importante, ¡pues de ella deriva el enfoque y aspiraciones de la vida! Es cierto que la dualidad que tiene la mujer le confiere cierta ambivalencia, pero también le otorga la capacidad de sentir y reconocer su «división» y de asumirla, algo de lo que el hombre rara vez es capaz. Por paradójico que parezca, la división la hace fuerte, pues no sólo verá con más facilidad que el hombre el derecho y el revés de todas las cosas, sino que podrá sentir y comprender con lógica y delicadeza al mismo tiempo, y será capaz de elegir y tomar decisiones en los campos que conciernen al riñón y a la sexualidad, es decir, en el terreno de las relaciones íntimas. En el plano de los sentimientos, tiene una perspectiva que le permite hablar de ellos con más facilidad que el hombre y asumir mejor las dificultades que vive en ese aspecto.

Ella lo necesita a él para encontrar su unidad profunda, y él la necesita a ella para acceder a su división,[4] al conocimiento sutil de su ser y, a través de los dos seres, a la realidad oculta de las cosas. Cada uno es el camino del alma del otro.

Por encima de las diferencias de percepción que originan tantas dificultades conyugales, por encima de lo que parece a veces un diálogo de sordos en el que cada uno se instala en su posición con buena fe y toma a los hijos por testigos en caso necesario, por encima de los múltiples callejones sin salida de la comunicación en los que uno espera ser comprendido algún

---

4. Los que se interesan por el simbolismo habrán pensado sin duda en la segunda carta del tarot, la «Papisa», que está sentada, con el libro del Conocimiento en las rodillas, ante los pilares de un templo oculto por un velo, que representa el acceso al conocimiento íntimo del secreto de la vida. Desarrollaré esta idea más adelante.

día, más tarde... y a lo largo de todas las pequeñas decisiones y de las cosas sencillas que se comparten en la vida cotidiana, en la sucesión de los momentos de ternura y de amor, *el hombre y la mujer son el camino el uno del otro.*

EL APARATO GENITAL FEMENINO

Los ovarios

Los ovarios, al igual que los testículos, evocan tres ideas:
La *identidad* sexual
para la mujer, su dimensión maternal
para el hombre, las joyas de la familia, la herencia,
la paternidad
El *hijo*, el deseo del hijo, la relación con él
El lado *sagrado* de la sexualidad, su «buen/mal» uso

Los ovarios se encuentran en la cavidad pélvica, enganchados a los bordes laterales del útero y «envueltos» por las trompas. Tienen una doble función: por un lado fabrican hormonas sexuales, la foliculina y la progesterona, que actúan en el útero y en los pechos para facilitar la anidación y la lactancia, respectivamente, todo ello bajo el control de la hipófisis, que es como el director de orquesta de las diferentes secreciones hormonales del organismo; por otro lado, proporcionan y preparan el óvulo para su fecundación.

Los ovarios representan la maternidad y la creatividad, y también la relación con el hijo. Detrás de una enfermedad grave de los ovarios, casi siempre hay alguna dificultad con un hijo, sea con el propio, sea con uno adoptado, o bien con algún sobrino al que se ha tratado como si fuera hijo propio. También es posible que el ovario exprese una dificultad de relación con la madre, pero eso es menos frecuente. Por medio de los ovarios la mujer pone de manifiesto sus dificultades respecto del vínculo maternal o de la imagen que tiene de la madre.

El dolor de ovarios puede hablar del rechazo o de la dificultad que tienen algunas mujeres en la sociedad actual para armonizar su posición de mujer y de madre. El **elixir floral del granado** suele ser muy útil en este caso; también cuando hay quistes benignos en los ovarios, incluso cuando hay fibromas.

Los **quistes** líquidos son como *lágrimas retenidas* que, al no haber sido evacuadas, forman pequeñas bolsas de líquido en el interior de los tejidos. Si se forman en los ovarios, suelen ser el resultado de una pena relacionada con un fracaso de la creatividad, que puede tener diversas causas. Puede deberse a un deseo «contenido» de tener un hijo porque el deseo no es compartido, o bien por carecer de apoyo moral por parte del compañero, o por falta de confianza en sí misma respecto de la capacidad de ser madre, o por un intento frustrado de embarazo, o por angustia y miedo de tener un hijo. Los quistes pueden deberse también a un sentimiento de culpa como consecuencia de una interrupción voluntaria del embarazo o de unas relaciones sexuales vividas como algo moralmente reprobable.

A Arlette, una mujer de 38 años, le salió un quiste benigno tras una ruptura sentimental con un hombre casado, al enterarse de que éste mantenía relaciones con otra... «Fue como una puñalada en el vientre —me dijo—, me sentí rechazada.» ¿Por qué Arlette «eligió» inconscientemente el ovario para manifestar su dolor? Como yo no veía la relación, le pedí que me hablara de sus sueños, entonces mencionó uno que le había impresionado y que había tenido poco después de la ruptura: veía a su amante «rodeado de muchas *madres* que lo consolaban»... No eran mujeres, sino *madres*, de las que Arlette estaba celosa, reconociendo que ella había sido para él más una madre que una mujer. Tal vez a eso se debía la elección inconsciente del ovario para manifestar su dolor.

Dora, una mujer de 41 años, mal casada, había encontrado su equilibrio afectivo con un amante. Pero la vida de familia le ocupaba mucho tiempo y no era fácil mantener aquella relación, porque, además, se sentía culpable ante sus hijos. De modo que, para preservar la imagen de madre, *renunció* a ella. Al cabo de un año le apareció un cáncer en el ovario. Es difícil saber qué sentimiento se enquistó en él, si fue la culpabilidad frente a su marido y a su imagen de madre, o la pena por haber abandonado a su amante. He constatado a menudo que lo que se manifiesta a través de la enfermedad es un sentimiento complejo, confuso, como varios hilos que se anudan y que no es fácil desenredar. En el cáncer, casi siempre hay una profunda tristeza que afecta al sentido de la vida, una tristeza que está más allá de la rebeldía. Al renunciar a su amante, Dora se sacrificó por su imagen, pero perdió el gusto de vivir, como si, a su edad, la vida hubiera terminado para ella. Con el ovario expresaba que su decisión de ser sólo madre significaba para ella haber entrado en un callejón sin salida.

A menudo he observado que el cáncer de ovario parece desarrollarse tras un problema doloroso y profundo con un hijo (desacuerdo, conflicto, etc.), junto a un sentimiento de fracaso, de impotencia y de culpabilidad que hiere a la mujer en su papel de madre. Dicho esto, no son las preocupaciones, ni siquiera las graves, las que pueden provocar esta enfermedad, sino la manera en que las preocupaciones interpelan la imagen que la mujer tenga de la madre. ¿Qué madre no se ha preocupado por sus hijos? Esta enfermedad atañe a lo que para una mujer es el sentido de su vida, es decir, el cáncer viene a poner en tela de juicio aquello sobre lo que fundamenta su vida. Es una experiencia dolorosa, pero, al mismo tiempo, le ofrece a la mujer la oportunidad de liberarse de las cosas que considera esenciales y la invita a contemplar la vida de otra manera.

La relación con el hijo también puede ser tomada en sentido amplio. He conocido a algunas pacientes para quienes un quiste en el ovario venía a señalar el fracaso en la realización de un proyecto por el que tenían gran apego. Se trate de un hijo o de un proyecto, lo que se cuestiona es la creación o la gestación de aquello a lo que nos entregamos como si fuera un hijo.

Audrey, una joven de 27 años, soltera y sin hijos, era una apasionada del periodismo y desde su adolescencia soñaba con fundar su propio periódico. Con dos de sus amigas reunió los fondos necesarios y se lanzó a la aventura. Dedicó mucho tiempo y energía a su proyecto, pero aparecieron diferencias de objetivos entre ella y las otras dos asociadas; a pesar de su deseo, a pesar de actuar con delicadeza y diplomacia, Audrey no pudo atajar el conflicto y poco antes del lanzamiento del periódico el equipo se deshizo, arruinando sus esfuerzos y esperanzas. Unos días después comenzó a tener dolor en el ovario izquierdo, por el que manifestaba su fracaso para llevar a término su creación, su «hijo».

Las trompas de Falopio

Las trompas son dos canales que envuelven cada uno de los ovarios por los que desciende el óvulo camino del útero. La fecundación tiene lugar en las trompas; el óvulo, una vez fecundado, desciende hasta el útero, donde anida. Es en las trompas donde se produce el encuentro entre las dos semillas; son un lugar privilegiado que simboliza el encuentro y la comunicación de la pareja.

El **embarazo extrauterino** parece expresar cierta reticencia de la mujer para tener un hijo; no en vano hay simultaneidad entre la hemorragia que resulta de ello y la *pérdida de alegría de vivir* que la acompaña. (La pérdida de sangre indica siempre pérdida de alegría de vivir.) En cuanto a la **salpingitis**, hace pensar en ciertas dificultades relacionales con alguien a quien se ha encontrado de modo más o menos fortuita o con un hijo.

Esto me recuerda el caso de Chantal, una estudiante de 24 años que se culpabilizaba por haber roto sus relaciones con Didier, con quien había proyectado formar una familia. Las relaciones ya eran formales, las familias respectivas se habían conocido y aceptado, todo estaba bien encaminado e iba «sobre ruedas».

Pero, en una de las curvas del camino de la vida, tuvo un encuentro que la hizo derrapar. Chantal, que no se creía seductora, se dejó seducir por otro hombre. Sintió gran turbación, porque no creía que eso pudiera ocurrir. Pero lo cierto es que fue alejándose de Didier, con quien tenía la sensación de hacer el papel de madre; papel, en realidad, recíproco. «Nos comportábamos como si cada uno fuera el tutor del otro —me decía—, y no creo que sean esas las bases sobre las que se ha de fundar una relación de pareja. La separación ha sido dura, me he culpabilizado mucho. Desde entonces no he tenido noticias suyas, no sé qué ha sido de él.» Tras un período difícil, empezó a sentirse feliz con su nuevo compañero; fue entonces cuando le apareció una salpingitis en el lado izquierdo.

El psicoterapeuta le sugirió que la enfermedad era una manera de «castigarse» por su ruptura con Didier; pero yo creo que, detrás de esa sencilla observación, había un sentimiento mucho más complejo. Porque la **salpingitis** no apareció justo tras la ruptura, sino varios meses después, cuando salió de la depresión que siguió a la ruptura, cuando empezó a sentirse verdaderamente feliz con su nuevo compañero. Entonces se manifestó la enfermedad.

Todo ocurría como si la curación de su estado depresivo se hubiera hecho a costa de la salpingitis, como si la localización física hubiera «absorbido» la emoción que alimentaba hasta entonces la depresión. Ella sentía una mezcla de culpabilidad y de cólera, como si no tuviera derecho a disfrutar de una felicidad «compartida».

Chantal era la hija mayor de una familia muy unida, muy «familia», en la que cada uno asumía el papel que le correspondía, y los principios estaban por delante de la búsqueda de una felicidad egoísta. En su relación con Didier, ella era tan «útil» como puede serlo una madre; su relación no estaba basada en la felicidad, sino en una especie de convenio solemnemente aceptado por las familias respectivas. Al romper con Didier, encontró una felicidad que no debía nada a «la imagen familiar» a la que ella creía tener que conformarse, la felicidad de ser deseada y amada por sí misma y no por la imagen de mujercita modelo que ella creía que debía asumir. Aquel encuentro en un recodo del camino generó en ella un profundo sentimiento de culpabilidad y la obligó a replantearse los principios sobre los que basaba su vida; todo ello la hundió en un estado depresivo del que salió cuando su complejo sentimiento se fijó en las trompas, es decir, «en el punto de encuentro» de las dos semillas. Lo que se manifestaba ahí no era exactamente culpabilidad, sino un sentimiento confuso y complejo que la remitía a la infancia, a todo lo que la idea de familia evocaba para ella, y a la dificultad que tenía para autorizarse a ser feliz.

El útero

**El hijo, la gestación, la capacidad para tener hijos
El hogar, el nido, el lugar de cada uno en el hogar**

El útero es como una bolsa donde anida y se desarrolla el óvulo fecundado en la trompa. Es un músculo hueco, parecido al del corazón, cuya pared interior está tapizada por un tejido esponjoso que servirá de nido.

Se distinguen en él dos partes. En la superior, el cuerpo, donde desembocan las trompas; y en la inferior, el cuello, orientado hacia la vagina. Una de las funciones del cuello uterino es mantener cerrado el útero —excepto en el período de fecundación— tanto para impedir el paso de los gérmenes presentes en la vagina como para mantener el embrión en su lugar durante el embarazo. La forma del cuello uterino presenta cierta analogía con el glande masculino, con el que entrará en contacto en el momento de la relación sexual. En cuanto al tejido esponjoso, el endometrio, se desarrolla en la primera fase del ciclo para acoger el óvulo fecundado; y, si no hay fecundación, se deshace y es eliminado en la hemorragia menstrual a fin de limpiar la cavidad del útero y prepararlo para una posible fecundación en el ciclo siguiente.

Así que el útero no es el lugar de encuentro de las dos semillas, como las trompas, sino el lugar que acoge al hijo y le
permite crecer. Representa el *nido*, el *hogar*, la pareja y los
hijos. Simboliza la gestación, el poder tener hijos; también la
protección y el refugio, con todo lo que eso conlleva, es decir,
seguridad, ternura, amor, calor, comprensión, etc. El útero es la
matriz, la madre, el ser que nos contiene, envuelve, protege,
alimenta y da a luz. Las enfermedades del útero, lo mismo que
las de los ovarios, pueden hablar de un deseo frustrado de tener
hijos; también pueden manifestar tensiones y sufrimientos relacionados con el lugar que ocupa cada uno en el hogar.

El **fibroma** a veces es el testimonio de una pena relativa al
hogar mantenida o retenida durante mucho tiempo, o de un
problema no resuelto con un hijo. Pero, en la mayoría de los
casos, es como un deseo no realizado de tener hijos, un deseo
inconsciente de embarazo o una frustración por no ser madre,
o por no poder serlo ya. Como resulta de un desequilibrio
hormonal, en general se deshace después de la menopausia.
Pero, si el fibroma es importante, la menopausia se convierte en una etapa difícil, porque los desequilibrios hormonales
de ese período favorecen las hemorragias, de tal modo que
puede ser necesaria incluso una intervención quirúrgica.

Pues bien, las hemorragias son como una *pérdida de uno
mismo*, y la pérdida de sangre expresa siempre pérdida de la
alegría de vivir. Para la mujer que desea un hijo, o que tiene dificultades en el hogar o con alguno de sus hijos, el momento de
la menopausia es como el adiós a su capacidad de ser madre.
Las hemorragias, con su pérdida de la alegría de vivir, hablan
del duelo de la mujer en esos momentos, un duelo tan difícil de
gestionar que ella misma llama inconscientemente al cirujano
para que éste zanje el asunto con el bisturí.

La **retroversión**, como el **prolapso** que resulta de ella, podría evocar la *carga*, el *hastío* de ser madre, cuando, con la edad,
las preocupaciones que causan los hijos siguen sin resolverse y
acaban pesando mucho.

Sin llegar a la retroversión, algunas mujeres jóvenes tienen una sensación de peso en el bajo vientre. Este pequeño trastorno suele aparecer en las mujeres que, al mismo tiempo que quieren a sus hijos, están cansadas de ellos, sienten hacia ellos una fatiga que a veces llega incluso al rechazo. Y, aunque se sienten culpables, el rechazo es más fuerte que ellas, como si ya no tuvieran la energía necesaria para afrontar la situación, su papel de madre les pesa. Hay un remedio en homeopatía llamado **Sepia**, extraído de la tinta de la sepia, que resulta muy útil en problemas de este tipo.

Para hablar del cáncer de útero, primero hay que precisar si se trata de un cáncer en el cuello, frecuente en la mujer joven, o en el cuerpo, que aparece en la mujer de más edad, en general, después de la menopausia. El cuerpo del útero es *interior*, representa el nido; de modo que el cáncer del cuerpo uterino tiene un sentido análogo al del fibroma, pero más grave, más profundo en el plano de las emociones puesto que afecta al deseo de vivir. Traduce un nudo de dolor, resentimiento y culpabilidad en relación con el hogar o los hijos. El cuello del útero es lo que entra en contacto con el pene en la relación sexual, y lo que se manifiesta en él está en relación con el cónyuge. Las lesiones del cuello expresan a menudo frustraciones afectivas y/o sexuales en la pareja, cuando la mujer no se siente amada o, lo que es peor, maltratada por su hombre, con el corolario del dolor de tener que abrirse a su semilla y engendrar un hijo suyo.

Las **cervicitis** (inflamaciones del cuello uterino) pueden traducir la dificultad del *contacto* con el compañero. Cuando se convierte en **cáncer del cuello**, es porque la relación se vive como algo destructor; la mujer tiene la sensación de que su pareja, por su forma de ser, «mata» algo en ella, y su contacto le resulta tóxico. Conocí a una mujer joven a la que le apareció un cáncer del cuello uterino en un contexto de relación pasional de «amor a muerte» con un compañero que la utilizaba de manera ambigua y perversa, mientras ella esperaba de él un amor que no le daría jamás. Como dice Geerd Hamer, el cáncer del cuello uterino se desencadena con más facilidad en la mujer que no se siente deseada ni «poseída» por su compañero sexual.

Esto no contradice en modo alguno el papel de los virus que desencadenan la enfermedad. En este caso, como en otras enfermedades, la coincidencia entre la contaminación y los problemas psicológicos es demasiado frecuente como para ser fortuita, aunque es cierto que la existencia de numerosos problemas conyugales apoya esta observación. El virus se atrapa por contaminación, es cierto, pero la evolución de la lesión local depende mucho del estado psicológico. Algunas lesiones no pasan de la fase benigna y acaban por desaparecer, mientras que otras evolucionan rápidamente de forma negativa. Todo ocurre como si la emoción tóxica se manifestara en el virus, como si éste la materializara.

La menstruación

La condición femenina, aceptación/rechazo
El contacto con la realidad íntima de la vida (y de sus ciclos)

Ya hemos visto a propósito del útero que la menstruación es una eliminación del endometrio que no ha servido porque no ha habido fecundación. La eliminación se produce según un ciclo de 28 días, un ciclo que está calcado del de la luna; esto evoca tres ideas:
  —La receptividad a los ciclos invisibles de la Naturaleza.
  —La maternidad (que no ha tenido lugar, pero podía haberlo tenido).
  —La renuncia a una parte de sí misma.

La receptividad

El ciclo menstrual pone a la mujer en íntima armonía con los ciclos invisibles de la Naturaleza y sus ritmos más profundos. A través de él la mujer capta una realidad interior, sutil, pero tan real como el movimiento de las mareas bajo la influencia invisible de la luna. Y lo que caracteriza su «condición femenina» le facilita también el acceso al conocimiento intuitivo, pero seguro, de lo sutil. Eso la hace consciente de la *fuerza* de las realidades subjetivas e invisibles que, no obstante, son operativas. Sabe estar atenta a lo que no siempre se ve, tiene más capacidad que el hombre para detectarlo y para captar el impacto que pueda tener en su vida.

La regularidad del ciclo se impone a ella como una «regla» y como una obligación biológica de modo tan concreto que no puede serlo más. El hombre no tiene esa limitación, lo que le permite abstraerse con una relativa inconsciencia de las realidades de la vida cotidiana. Ella, por necesidad, tiene un sentido práctico más desarrollado que él, lo que no le impide ser intuitiva, paradoja de su dualidad, que para él es un misterio. Sin embargo, donde ella capta intuición, él capta idea, abstracción.

Pero la sumisión a la Naturaleza (a los ciclos, a la menstruación), *no es* sumisión al hombre. Por desgracia, la imagen que la sociedad —o incluso los padres— muestran de la mujer y de su papel es a veces indignante. Muchos terapeutas describen los trastornos menstruales y, en particular, la *dismenorrea* (la menstruación dolorosa) como el *rechazo* de la mujer hacia su *condición femenina*, como una rebeldía respecto de la posición de mujer «sumisa» en la sociedad actual, como una manifestación de rencor hacia un hombre —el padre u otro— o hacia los hombres en general. Por otro lado, no es extraño que las primeras menstruaciones de la jovencita sean dolorosas, porque los cambios que tienen lugar en su cuerpo requieren aceptación, una aceptación que no siempre es evidente. En la mujer adulta, la menstruación dolorosa puede significar también la decepción de no quedarse embarazada.

La maternidad

La menstruación le indica a la mujer que todavía no es madre, pero también que puede serlo. Cuando se desea un hijo, la llegada de la menstruación es como un pequeño duelo, como una ocasión perdida; por eso, justo antes de la menstruación, muchas mujeres están irritables, algo deprimidas, y con una serie de trastornos de tipo congestivo que se conoce con el nombre de **síndrome premenstrual.** El síndrome premenstrual imita un estado de maternidad, los senos se hinchan un poco, hay un ligero aumento de peso por retención de agua y pesadez en el bajo vientre; pero el desequilibrio hormonal en realidad no hace sino reflejar un estado psicológico. Uno de los remedios homeopáticos para ese estado, el **Lachesis,** corresponde a dos de las características del síndrome premenstrual: la tendencia a querer poseer y retener —es un remedio clásico para los trastornos que nacen de los celos— y la mejoría que se experimenta al evacuar algo, en particular, en cuanto comienza la menstruación. Todo el problema de la mujer a la que conviene *Lachesis* desaparece cuando acepta *soltar*, perder. El hecho de retener, de guardar, la intoxica y la asfixia, tanto en el aspecto moral como en el físico: necesita aire y espacio y no soporta los cuellos apretados. Pero cuando consigue «deshacerse» de la sangre de la menstruación y, a través de ella, de un poco de sí misma, encuentra una mejoría instantánea. Los trastornos menstruales también pueden ser una manifestación de la incapacidad para «dejarse llevar», para renunciar, para ceder en un terreno relacionado, en general, con los seres queridos o con cualquier otra relación de tipo posesivo, y también con todo lo que implica la maternidad.

La **endometriosis** puede traducir el miedo de la mujer a la llegada de un hijo y a sus consecuencias, bien porque teme que el niño rompa la armonía de la pareja, bien por aprensión en relación al mundo tal como es y a las incertidumbres del porvenir.

La renuncia

La menstruación, como *pérdida* de sangre que es, expresa la capacidad de la mujer para renunciar a una parte de sí misma, de su Ego. Cuando es abundante, es decir, **hemorrágica,** puede significar una pérdida de alegría de vivir, de alegría respecto del hogar o una pérdida de alegría por no poder tener hijos. Esto puede expresarse también por medio de un fibroma, que sangra con mayor abundancia cuando empieza la menopausia. Con el fin de subrayar un poco más la relación que existe entre la anatomía y la psicología, voy a añadir unas palabras sobre la «limpieza» que realiza la mujer cada mes gracias a la menstruación para que el óvulo siguiente pueda anidar en un medio limpio y acogedor. Tal vez no es más que una coincidencia, pero la preocupación de la mujer por limpiar y poner orden no sólo tiene lugar en la vida doméstica; también le gusta que, en sus relaciones, las cosas se hagan con limpieza y estén claras —a excepción, desgraciadamente, de los celos y sus oscuras maquinaciones—; eso es para ella mucho más vital que para su compañero. Su necesidad de claridad en las situaciones la lleva a entregarse a la introspección con mucha más frecuencia que él, a reflexionar constantemente respecto de los vínculos que mantiene (con él, con sus amistades o con sus hijos), o a puntualizar en cosas cuya importancia él tendería más bien a relativizar alegando que ella se preocupa por insignificancias. Pero si la mujer parece más ansiosa que el hombre, en realidad su ansiedad no se debe a las mismas cosas ni se manifiesta de la misma manera.

No quiero hacer aquí un tratado de psicología caricaturesco simplista, sino mostrar hasta qué punto el cuerpo nos sirve de referencia mucho más de lo que podemos imaginar.

Algunas etapas de la vida femenina

La esterilidad

Thorwald Dethlefsen habla de la esterilidad y de la fecundación con imágenes poéticas: «Como el agua no quema ni brilla, puede recibir y acoger todo aquello a lo que el fuego debe renunciar». La mujer es *yin*, como el agua; esa cualidad le permite recibir el fuego masculino, y concebir y llevar en su seno al hijo del encuentro. Pero, para concebir mejor, debe renunciar a la actividad *yang* masculina. Muchas mujeres que tienen problemas de esterilidad sin una verdadera causa orgánica tienen una lado *yang* muy marcado, son demasiado activas y, sobre todo, siempre tienen demasiada prisa... La actividad del mundo moderno lo favorece. Y esas mujeres, tan apresuradas siempre en su vida, acaban por tener mucha prisa para tener un hijo, lo que a menudo no hace sino retardar las cosas.

Aparte del miedo que implica la maternidad, la dificultad para *ser madre* puede resultar de una reacción inconsciente hacia la imagen que la mujer tiene de su propia madre o de las dificultades de relación que ha tenido con ella. Las mujeres que tienen un problema de esterilidad sin causa orgánica con frecuencia tienen la sensación de haber carecido de calor y de amor maternal en su infancia. Curiosamente, el remedio homeopático más eficaz en esta situación es la sal... de mar (el **Natrum muriaticum**), cuya clave psicológica es la sensación de antigua *carencia afectiva*, de la que la persona habla una y otra vez con cierto resentimiento, la sensación de no haber recibido de sus padres (de su madre, en particular), el afecto y atención que esperaba de ellos.

La esterilidad en la mujer podría deberse a un rechazo inconsciente a tener hijos por falta de confianza en su compañero o en el porvenir. También podría resultar de un sentimiento de culpabilidad cuando se desea un hijo, pero no por él mismo, sino por otras razones, como «echarle el lazo al novio», resolver un problema de pareja, etc. En el hombre, puede deberse al miedo o dificultad de asumir psicológicamente el papel de padre y la responsabilidad que esto conlleva.

El embarazo

El embarazo pone en juego diversos sentimientos. La mujer se siente feliz de la «plenitud» maternal, que es una forma de encontrar su unidad, de poseer en sí lo que le faltaba. Pero también siente miedo; miedo al parto, por supuesto, y miedo al porvenir, sobre todo cuando no está segura de su pareja. La mayoría de los **abortos** que sobrevienen en los tres primeros meses resultan de una anomalía del feto, que no es viable y se elimina de un modo natural. No hay que lamentar esa sabiduría de la Naturaleza. También pueden producirse, aunque eso es menos frecuente, cuando el hijo no es realmente deseado, o cuando se desea, pero no por él mismo sino por otras razones, como he indicado arriba.

Las **náuseas** del embarazo están ligadas a veces a un rechazo de la «dimensión maternal» que las primeras modificaciones del cuerpo ponen de manifiesto (la mujer rechaza la imagen que le envía el espejo, le repugna verse así). Pero con más frecuencia traducen su ansiedad ante el parto, ante el porvenir o ante su capacidad para ser madre. El hecho de no poder tragar nada expresa también el miedo a la nueva experiencia que la vida le presenta, que le pone en los labios. El principal remedio en homeopatía para este tipo de náuseas es la **Sepia**, cuya ambivalencia ya he mencionado más arriba; es muy útil frente a la imagen maternal y a la ambivalencia entre el deseo y el miedo.

Los **embarazos con problemas** indican que los sentimientos que se experimentan naturalmente al principio persisten a lo largo de todo el embarazo. No es tanto el rechazo del hijo en sí como el miedo a todo lo que concierne a la maternidad.

El parto

El parto es una separación, tanto para el hijo como para la madre. Entre la menstruación, la aceptación de la posición femenina en la sociedad, los partos y la menopausia, que coincide más o menos con la marcha de los hijos, la vida femenina es una sucesión de grandes momentos de felicidad y otros muchos de renuncia, hasta llegar a alcanzar la sabiduría de una abuela plenamente realizada a la que, con toda razón, adoran los nietos.

La menopausia

La menopausia habla de la renuncia a ser madre y, en muchas mujeres, habla también del temor de ya no ser «mujer», deseable y deseada, en la relación con el otro. La impregnación hormonal cesa y, con ella, aparece la ansiedad que concierne al nuevo estatus, el temor a ser menos atractiva, a envejecer, con el agravante de que esta situación suele coincidir con el momento en que los hijos se van del hogar, cosas todas ellas que el hombre no vive de forma tan «repentina».

Pero, como el propio término indica, no es un final, ¡sino una pausa! La vida de relación, incluida la vida sexual, no por ello cesa, ni mucho menos. Pero, desde el momento en que las relaciones sexuales no tienen ya nada que ver con la maternidad, se le abre a la mujer otra dimensión. Según los resultados de una encuesta reciente, el 51 por ciento de las mujeres de Estados Unidos dicen sentirse mejor después de la menopausia que antes.

A veces se vive esa pausa como una etapa intermedia en la que se hace un balance de la vida vivida; es también la ocasión de aclarar determinadas situaciones que quedaron sin resolver.

Recuerdo a Adrienne, que estaba enfadada con sus dos hermanos desde hacía mucho tiempo; ella me decía que desde el comienzo de la menopausia revivía viejos recuerdos, recuerdos de la infancia, con una intensidad cada vez mayor. Le hice observar que tal vez era el momento de analizar la situación y dar un paso hacia sus hermanos para intentar reventar aquel absceso y rehacer con ellos unos vínculos menos hostiles. La menopausia es una etapa que conlleva ciertos cambios, aunque sólo sea por la coincidencia, bastante frecuente, de la marcha de los hijos del hogar y la modificación del papel de madre que de ello resulta. También es una ocasión para cambiar lo que no funciona, para encontrar un nuevo equilibrio, para resolver ciertas cuestiones familiares o conyugales, o, simplemente, para apreciar una cierta libertad.

Más que un problema hormonal, los **sofocos** resultan de las turbulencias emocionales que agitan a la mujer durante esa etapa de la vida, en la que también se hace balance. Como dice con acierto Claudia Rainville, que, como mujer, puede hablar de ello como yo no sería capaz, los sofocos demuestran que la mujer todavía está «caliente» en sus deseos sexuales. Yo diría más bien en sus deseos, sin más, pues los sofocos persisten tanto más tiempo cuanto más intensamente reacciona la mujer a sus emociones, cualquiera que sea su naturaleza. El calor que sube a la piel es como una emoción que sube a la superficie. Los sofocos se producen con más facilidad por la noche, a la hora en la que, en general, se empieza a soñar. ¿No será eso una prueba de que tienen su origen en lo más recóndito de la vida emocional? Algunas plantas, como el espino blanco y la melisa, que son sedativas y no ejercen ninguna acción hormonal, los alivian, confirmando el carácter emocional de los sofocos. Éstos no hacen sino recordar que las emociones son mucho más vivas en la mujer que en el hombre. Su vivacidad emocional tenía un exutorio en la pérdida de sangre periódica; pero la llegada de la menopausia la obliga a buscar otra salida.

Después de la menopausia se pone de manifiesto la descalcificación del esqueleto. Recibe el nombre de **osteoporosis**, y parece expresar el sentimiento de la mujer de haber sido alcanzada en sus estructuras profundas, los huesos. Traduce la pérdida de confianza en sí misma como consecuencia de su pérdida de «densidad», es decir, de su lugar como mujer aquí abajo («yo no tengo mucho peso...»).

La vagina

La sexualidad, «tú eres mío, te tomo y te retengo»

En una relación de seducción, la vagina es como un pene al revés. El pene y la vagina se consideran *lugares de poder*, del hombre en relación con la mujer, y viceversa; cada uno a su

307

manera, expresan la posesión del otro. Él se afirma en ella y a través de ella, ella lo capta a él, lo envuelve y lo retiene. En otros tiempos, no era raro que una madre dijera a su hija: «Podrás retener a tu hombre por la cocina y por el sexo». Los tiempos han cambiado, afortunadamente. Pero queda una parte de verdad en esa observación de antaño: la relación entre vagina y posesión sexual.

Los problemas de **vaginitis** son como los problemas de erección: pueden traducir un rechazo hacia el compañero, reflejando una dificultad afectiva que la mujer no acierta a expresar de otra manera, como resentimiento o cólera, que se manifiestan mediante la inflamación. El resentimiento puede ser «ácido», es decir, favorecer una **micosis**, que resulta un medio cómodo de evitar toda relación. La vaginitis también puede manifestar miedo, sobre todo si hay espasmo, un miedo procedente de alguna vivencia antigua, más o menos desagradable, asociada a la sexualidad, que bloquea la vagina en el momento del coito.

Por último, la imposibilidad de ser penetrada puede deberse, paradójicamente, ¡al temor de poseer al compañero por miedo a perderlo!

La vaginitis por contagio micobacteriano podría expresar la culpabilidad que la mujer siente por haber mantenido una relación ilegítima; se diría que se castiga a sí misma «en el lugar donde ha pecado». En cuanto al **herpes**, suele asociar culpabilidad y cólera.

El **prurito vulvar** indica que algo «pica» en la relación con el otro.

Albertine, una mujer de 62 años, hacía mucho tiempo que padecía de comezón vulvar; tenía los labios inflamados y el prurito le causaba un ardor insoportable. Su marido, en otros tiempos alcohólico, había conseguido desintoxicarse y mantenerse abstemio durante algunos años. Pero recayó en la bebida; fue poco después de este suceso cuando Albertine empezó a quejarse: las relaciones impuestas y el «saborear la vida» en ese aspecto le resultaba insoportable. Los labios vaginales tienen aquí un sentido muy parecido a los de la boca, sirven para «saborear» a la pareja.

Los pechos

Ser mujer, ser madre (vivencias, dificultades, fracaso)

Los senos son símbolo de feminidad y de maternidad: dan leche, placer y amor. La expresión «tener un pecho generoso» dice mucho sobre la función ligada al seno, o más bien sobre el carácter extrovertido o interiorizado de ese aspecto femenino y maternal que consiste en dar.

Dar leche... Como dice Nadia Julien en su *Dictionnaire des symboles*,[5] la leche es símbolo de alimento, de abundancia, de inmortalidad y de conocimiento. En la India, se considera que la vaca es un animal sagrado; cuando en Europa se vuelve «loca», nos preguntamos hasta cuándo la Madre Tierra seguirá aceptándonos de modo incondicional y neutralizando los disparates y tonterías que cometemos.

Mediante la vagina, la mujer toma y recibe. Mediante los pechos, da y se da. El cuerpo de la mujer es a la vez vacío y plenitud, en él se expresa el intercambio y la relación; el cuerpo del hombre, en cambio, habla más bien de afirmación de sí y de su identidad a través de la «marca» que imprime para perpetuar su apellido y que ella acoge, en el mejor de los casos, para darle forma y vida.

Los senos simbolizan la capacidad para asumir la función maternal, para cuidar, para alimentar, para subvenir a las necesidades del niño y del hogar (o del cónyuge, si es considerado como un hijo y la mujer se entrega a él como tal, que es más frecuente de lo que parece).

Como contrapartida a esa donación de sí, a esa abnegación,

5. Op. cit.

la mujer adquiere un poco de «poder oculto» —ligado a la dependencia de aquéllos a quienes alimenta— que es como un eco del poder de seducción y del atractivo que le confiere la belleza de sus formas. Ser mujer, ser madre: los pechos también simbolizan esa dualidad.

El don de sí despierta en el niño una especie de gratitud, que va desapareciendo a medida que crece, hasta llegar a una franca ruptura en el momento de la adolescencia. (Cuando llegue a abuela y mime a sus nietos, éstos sí le corresponderán.) Si para el muchacho adolescente la ruptura es natural porque no es consciente de todo lo que está en juego en la feminidad, para la hija la ruptura conlleva culpabilidad, de ahí su dificultad para atender las quejas de su madre cuando ésta se convierte en una anciana achacosa. En una fraternidad mixta, lo más frecuente es que sea la hija (sobre todo si es la mayor) la que se ocupe de la madre cuando ésta llega a una edad avanzada.

El vínculo entre la madre y la hija es complejo, tanto más cuanto que, como mujeres, ambas son sensibles a su propia «división», sin hablar de la rivalidad natural ante el padre. De eso resulta a menudo una culpabilidad de la hija respecto de la madre que esta última utilizará de forma inconsciente, si no «inocente», para mantener el contacto y la dependencia, porque, ¿cómo va a enfadarse con ella su hija sin sentirse culpable en el fondo? Esa culpabilidad a veces resurge en una curiosa simetría patológica, cuando una mujer tiene un cáncer de mama «a la misma edad» que lo tuvo su madre.

Las patologías en los pechos traducen *el fracaso de ser mujer o de ser madre*.

Los **nódulos** (fibroadenomas) y **quistes** benignos son como bolitas de pesadumbre. Con frecuencia sobrevienen después de un disgusto afectivo. El **cáncer de mama**, como otros muchos cánceres, traduce una pena más intensa, una profunda tristeza que no tiene palabras y que va acompañada de pérdida de alegría de vivir. Puede aparecer como consecuencia de una traición afectiva o conyugal, o resultar de un fuerte sentimiento de culpabilidad respecto del hijo o de la madre. Lo que se expresa en él puede ser la culpabilidad de haber visto padecer y sufrir a la madre sin haber puesto todos los medios posibles para evitarlo, culpabilidad que se despierta o bien por un problema con un hijo y la sensación resultante de haber fracasado como madre, o bien por una gran pena afectiva, relacional o conyugal y la consiguiente sensación de abandono.

El cáncer del seno izquierdo, que es, con mucho, el más frecuente, pone de manifiesto lo que Geerd Hamer llama un «conflicto del nido», un conflicto con un elemento masculino, en general, el marido o el hijo. Se constata con mucha frecuencia (y concuerda con la observación que se ha hecho en el capítulo de las lateralidades).

La dolencia en el pecho derecho puede traducir también una dificultad con el marido o con alguno de los hijos, pero lo más frecuente es que evoque un conflicto con algo más general, como el grupo, la institución o la sociedad a la que pertenece la mujer.

A Rolande se le declaró un cáncer de mama en el seno derecho como consecuencia de las graves dificultades escolares de su hijo (la escolaridad, la institución, son elementos de tonalidad femenina), a través de las cuales se sentía culpable de fracasar en su esfuerzo para ser una «buena madre». Lo que resulta bastante corriente para la mayoría de las madres, para ella no lo era, porque, durante su infancia, había visto sufrir y llorar a la suya a menudo. Cuando un niño ve a sus padres desgraciados, tiende a considerarse responsable de su pena, sobre todo si es el mayor. Rolande creía que su madre había sufrido por culpa suya, y no se otorgaba derecho a vivir más que a través de una orden terminante que se daba inconscientemente a sí misma: «Tengo que ser una buena madre para que mi hijo no sufra». Es difícil resumir todo esto sin entrar en la historia de una vida, desde luego, pero esas pocas palabras traducen la idea de que Rolande se manifestaba a sí misma mediante la dolencia en una mama.

En medicina clásica es corriente decir que el cáncer nace de una célula mutante; según dicha hipótesis, harían falta alrededor de cinco años para que la multiplicación de esa célula llegara a convertirse en un tumor detectable. Pues bien, en general, transcurren de dos a doce meses desde que tiene lugar un fuerte choque moral hasta que se descubre un tumor en el seno. Con mucha frecuencia se desarrolla a partir de un tumor benigno, detectado y vigilado desde mucho tiempo atrás mediante exámenes periódicos, y cuyo carácter benigno había sido confirmado por la última mamografía, realizada tal vez menos de un año antes de la aparición del tumor. ¿Qué hay que pensar de todo esto?

El cáncer no resulta de la mutación de una sola célula, sino de un conjunto de células, que «giran» en masa en medio del caos; por eso, el tiempo que transcurre entre el choque moral y el tumor es relativamente breve. El hecho de que el tumor se desarrolle con preferencia en un nódulo benigno preexistente, no hace sino confirmar que el choque moral es tanto más tóxico cuanto más reactiva un antiguo pesar hundido en el inconsciente y no del todo cicatrizado.

En las mamografías se puede observar que en esos nódulos hay pequeños cristales de calcio. Pues bien, resulta que el cuerpo utiliza el calcio para cicatrizar algunas heridas «cristalizándolas». Cuando el nódulo es benigno, los cristalillos tienen forma regular, lo que indica que se ha conseguido la cicatrización. Pero, en el caso del cáncer, esas mismas microcalcificaciones toman un aspecto caótico bastante característico, lo que indica que la tentativa de «cicatrizar» ha fracasado y se deja que la emoción tóxica —y la enfermedad— evolucione.

Esta observación contiene una inyección de ánimo, pues significa que la cicatrización *puede* tener éxito; en este aspecto, como en otros, lo tiene a menudo sin que nos demos cuenta. A propósito de otro órgano, la próstata, un estudio norteamericano realizado durante la Guerra de Vietnam con los Marines muertos en combate reveló, al hacerles la autopsia, que en la mitad de ellos había células cancerosas. Si la teoría de la mutación de una célula fuera exacta, habría que esperar que la mitad de los estadounidenses de edad madura tuviera cáncer de próstata, ¡lo que está muy lejos de ser cierto!

En realidad, muchos de nuestros cánceres mueren antes de haber visto el día, simplemente porque el cuerpo gestiona ese asunto igual que gestiona las pequeñas y grandes penas, de las que «no hacemos una enfermedad». La cuestión sólo se plantea cuando la emoción es demasiado fuerte y, sobre todo, demasiado compleja para expresarla de otra manera; entonces, en lo más profundo de nosotros mismos y de un modo totalmente inconsciente, deseamos ir al fondo de las cosas, como para quemar la pena, hasta llegar a un desenlace que nos dé la ocasión de acabar con esta vida o de recobrar la alegría de vivir. En efecto, al hacer que el dolor moral se fije ahí, estamos facilitando que pueda ser extirpado en el quirófano, a fin de pasar la página de ese pasado doloroso y acoger cada día que amanece como un verdadero nuevo día.

EL APARATO GENITAL MASCULINO

La próstata

La paternidad (problemas con un hijo)
El poder (tanto en la vida social o profesional como en la sexual)

La próstata es una pequeña glándula que rodea el uréter y está situada debajo de la vejiga. Está atravesada por los canales deferentes —uno en cada lado— que es por donde baja el esperma procedente de los testículos; los dos canales deferentes desembocan en el uréter. La próstata segrega un líquido que se mezcla con el esperma y le da la consistencia que finalmente tiene.

La posición de la próstata —situada debajo de la vejiga, alrededor del uréter y atravesada por los canales deferentes—

es como una *confluencia en la que desembocan la energía renal y la sexual*, algo así como una «Y»[6] en la que dos ramas de diferentes orígenes se unen en una sola para fusionar sus energías.

Al aunar las dos clases de energía, la próstata evoca el poder, sea el sexual, sea el del hombre como ser social frente a la vida. Los riñones representan a los antepasados, la relación con los ascendientes. Para «desempeñar su papel» —su papel de amante— el hombre necesita la energía psíquica profunda que eso le proporciona. Al identificarse con su padre, llega un día en que puede «tomar el relevo» y asegurar la perennidad de la descendencia; aunque, por otro lado, esa identificación le hace perder perspectiva y capacidad de análisis, de modo que una «avería sexual» le deja completamente desarmado. La fusión anatómica y psicológica del aparato urinario y genital en el hombre le otorga fuerza y debilidad al mismo tiempo. La fuerza, simbolizada por los riñones, la obtiene de los antepasados; pero su sistema genital está ligado a lo que los riñones *representan*, a su conexión con la fuente, con los ascendientes.

En la cultura occidental en general, el hombre mantiene su apellido, es decir, el de su padre, durante toda la vida. La mujer puede elegir entre mantener su apellido de soltera o tomar el de su marido; pero, en cualquier caso, *no se siente atada* como él a la necesidad de mantener *erigido* el «apellido» del Padre.

Erigir. Como cuando se erige una estatua para honrar a quien representa. E-*rectus* significa mantenerse derecho. La

6. Tal vez esa forma de «Y» no sea anodina, pues resulta curioso que el cromosoma sexual masculino tenga la misma forma de «Y», mientras que el femenino tiene forma de «X». Quizá no se trate más que de una simple analogía, pero la repetición de ese tipo de analogías a diferentes niveles del cuerpo nos lleva a emitir la hipótesis de que hay una especie de unidad que vincula y vivifica las estructuras celulares básicas, la anatomía, la apariencia exterior y la psicología, como si se expresara «lo mismo» en todos los niveles de nuestro ser. De la misma manera, existe cierta analogía entre la estructura del ADN y una secuencia de palabras que transportan información, a imagen del lenguaje y de la manera en que éste estructura nuestro pensamiento.

erección le permite al hombre apoyarse en una combinación de energía sexual y energía renal, combinación que tiene lugar en la próstata. Tanto ésta como su *equivalente psicológico* con mucha frecuencia se ven implicados en los trastornos de erección. En una relación de amor, la erección del atributo masculino es un homenaje consciente a la mujer deseada, aunque también con ello *rinde honor* de un modo inconsciente al «padre» y a la imagen del hombre que hay en él.

El «apellido» y la filiación le dan al hombre su fuerza y su honor; el desdoble de esas dos energías le causa una fragilidad psicológica que puede conducirlo a la impotencia. Cuando su pareja, de modo *involuntario*, lo pone frente a su división, se produce una «avería sexual». Es una etapa *especial* de su relación, y ninguno de los dos debe culpabilizarse por eso. Es la historia que nos cuenta el simbolismo del tarot, cuando el joven Bateleur entra despreocupadamente en el camino y encuentra a la Papisa entre las dos columnas que hay a la entrada del templo del Conocimiento de lo íntimo y de lo oculto. Para él es como una iniciación; es posible que el *miedo* pueda más que el valor y le haga dudar a la hora de *comprometerse*[7] en la búsqueda del misterio, en realidad, de su propio misterio.

Existe una analogía interesante entre la laringe y la próstata o el útero. La laringe, a través de la voz y de su vibración, es al mismo tiempo creación (el pensamiento toma forma por la palabra) y autoridad («dar una voz»). Por su fuerte timbre de voz, el hombre manifiesta su autoridad, como la manifiesta al «ponerse adelante» por acción de la próstata, mientras que, en la mujer, el aspecto creador de la voz tiene una analogía con su dimensión creadora de la vida.

7. *Las palabras escritas en cursiva* lo han sido a propósito: lo que ocurre en el plano físico es una metáfora de lo que ocurre en el psicológico. Los riñones, como hemos visto, nos permiten *mantenernos erguidos* y vencer los temores haciendo frente a la vida. También nos permiten *decidir*, y decidir es *zanjar entre dos* soluciones *para ir hacia delante*. A menudo, lo que una mujer no soporta de un hombre es que no se *comprometa* en su relación con ella o respecto de las obligaciones de la vida.

La **prostatitis** (inflamación de la próstata) resulta de una dificultad para aunar las dos energías, lo que ocurre en general cuando hay algún conflicto con lo que el riñón representa —la imagen del padre— o desequilibrio ante la propia sexualidad. Dicho con claridad, la prostatitis puede ser consecuencia de excesos sexuales o, por el contrario, de la inhibición de su impulso; en ambos casos se siente cólera (por frustración) y culpabilidad. La prostatitis puede producirse también cuando el hombre tiene la sensación de que no *posee* a su pareja, cuando, por diferentes razones, ésta parece escapársele.

El **adenoma** de la próstata, que se produce en el 60 por ciento de los hombres de edad, resulta, como los adenomas en el seno o los fibromas uterinos de la mujer, de una *pena*. Puede ser una pena en relación con los hijos, pero lo más frecuente es que aparezca como consecuencia del sentimiento de *pérdida de poder*, en particular en el aspecto social y profesional. Se siente uno *desvalorizado*, y se deja llevar por su sentimiento de impotencia. Como se ve mayor y menos activo, el hombre se imagina que ha perdido su valor creativo, cuando debería transferir su creatividad al plano más sutil de la reflexión, el pensamiento y la sabiduría.

El **cáncer de próstata**, que es un grado más, viene a decir que el hombre se siente tan impotente que su vida ya no tiene sentido. Puede aparecer tras un fracaso profesional grave o la jubilación en las personas para quienes el trabajo es *lo único* que da sentido a su vida. Un amigo mío, un médico profundamente apasionado por su profesión y para quien el trabajo era lo único que daba sentido a su vida, tuvo un cáncer de próstata a los dos años de cesar su actividad profesional. Al jubilarse, había *legado* a su yerno el gabinete en el que atendía a los pacientes, con toda la carga afectiva que contenían las paredes y los muebles. Por desgracia, los tiempos cambian, y el yerno, sin comentarlo con él, decidió hacer tabla rasa de todo aquel pasado. La inauguración de la nueva consulta le causó un impacto tremendo, porque todo lo que él había invertido allí, su yerno lo había hecho desaparecer como si nunca hubiera existido. Como consecuencia de ese choque moral, mi amigo cambió de carácter y, a pesar de que trataba de mantener las apariencias, se encerró en sí mismo, y al poco tiempo le apareció el cáncer.

Puede resultar también de un conflicto serio con alguno de los hijos, en el que uno ve mal reflejada la *imagen de padre* (lo que también ocurría en el caso de mi amigo, que consideraba a su yerno como si fuera un hijo).

A sus 55 años, Roberto, un enérgico hombre de negocios siciliano y, a la vez, padre afectuoso y sentimental, «sanguíneo», con un sentido del honor que no traicionaba sus orígenes, descubrió que su única hija se drogaba. Al poco tiempo le apareció un cáncer de próstata. «¿Vale la pena vivir para llegar a esto?», decía, hablando de su hija. Expresaba un sentimiento que iba *más allá* de la cólera, como una profunda tristeza y un sentimiento de impotencia frente a la situación.

Aparte de la dificultad para orinar (y, por lo tanto, para evacuar la emoción ligada a la filiación), la complicación habitual de un cáncer de próstata es, como en el de mama, la **metástasis ósea**. Pues bien, como hemos visto, los huesos representan nuestra estructura, nuestra densidad. Que se vean afectados los huesos no es más que un reflejo de la *pérdida de confianza* en nuestra estructura, en nuestros fundamentos, en nosotros mismos. En la mujer, la dolencia en el pecho indica que se siente herida en su feminidad; en el hombre, la dolencia en la próstata manifiesta que ha sido herida la imagen que tiene de sí mismo como hombre y como padre. Ambos pierden la confianza en lo más profundo de su estructura, y eso favorece la localización ósea de la enfermedad.

Me gustaría decirles tanto a él como a ella que pensaran en el capitán que ve naufragar su barco y a quien el segundo de a bordo le recuerda que él *no es* su barco. Su valor no está en aquello a lo que se han entregado, ni en la imagen que se han forjado de sí mismos a lo largo de la vida, sino en lo que *son* realmente, espiritualmente, en lo más profundo de su ser. Esa idea encierra una gran ayuda para la curación o para la aceptación positiva de la enfermedad.

Los testículos

La *identidad* sexual, las joyas de la familia, la herencia
La *paternidad*:
 —El hijo, el deseo del hijo, la relación con él
 —La palabra del Padre en el lugar y momento adecuado
El lado *sagrado* de la sexualidad, su «buen/mal» uso

Sin duda se habrá sorprendido usted al ver la analogía entre las palabras clave propuestas para los testículos y las propuestas para los riñones, en particular la idea de filiación, su conexión con el ascendiente. La analogía reside ya en su *forma*, pues son como dos habichuelas de donde parten los canales secretores. Como hemos visto, proceden del mismo tejido embrionario, y eso expresa una vez más su dualidad, que, al llegar a la próstata se transforma haciendo de él sólo Uno.

Así como los problemas de próstata suelen aparecer en los hombres de edad, los de testículos aparecen en los jóvenes, y, con frecuencia, en los muchachos. Los testículos son las *joyas de la familia*, y representan el descubrimiento de nuestra herencia. Una **torsión del testículo** en el muchacho puede manifestar un profundo y brutal atentado a la imagen que se hacía de su padre.

En el adulto, los problemas de testículos, como los de los ovarios, evocan miedo a tener hijos por falta de confianza en sí mismo, angustia o culpabilidad. Cuando se ha tenido un comportamiento sexual fuera de las normas, por ejemplo, en una relación extraconyugal o tras una prohibición moral o parental, la culpabilidad es como una especie de castigo que uno se impone. El miedo a tener hijos no hay que tomarlo en sentido literal; también puede ser temor a la realización de un *proyecto*, como hemos visto a propósito de los ovarios. Fracasar en la realización de un proyecto puede generar inflamación del testículo (**orquitis**) o, con menos frecuencia, **cáncer**, que se desarrolla cuando hay antecedentes de criptorquidia. Intentemos comprender la razón de esto.

En la dolencia de los testículos, casi siempre está presente la «imagen del padre», simbólicamente hablando; puede resultar, por ejemplo, de un padre autoritario, o de un padre distante con el que uno no ha tenido la relación afectiva adecuada. En el niño, la falta de relación y, sobre todo, la *falta de comunicación*, pueden causarle **criptorquidia**: los testículos no descienden, *como si quisieran permanecer ocultos.*

La falta de comunicación puede ser como una herencia que se transmite de generación en generación hasta llegar a uno de los descendientes que «anuda» en su cuerpo todas las cosas que no se han dicho o de las que, por el contrario, se ha hablado demasiado y demasiado mal. Un psicoanalista infantil observaba que la criptorquidia juvenil podía resolverse, no mediante la cirugía, sino mediante la *palabra*, sencillamente; hay que hablar de «esas cosas» para que no queden «ocultas».

Termino aquí el capítulo sobre el aparato genital. Espero, querido lector, no haberle resultado demasiado pesado con mis observaciones filosóficas y psicológicas sobre el Uno y el Dos, llevadas a veces hasta la caricatura, lo reconozco. Pero creo que *en nuestras partes íntimas se expresa la intimidad de nuestro ser*, y eso no es casual. Va mucho más allá de la simple «función» de un órgano, puesto que afecta a nuestra condición humana de seres «divididos», separados, que buscan de mil formas posibles y en los aspectos más diversos a su «otra mitad», tanto en el plano físico como en el sexual, afectivo, mental, filosófico y espiritual. De ahí extraemos la energía vital.

Como el Uno, él es impulso hacia el Cielo
que se apropia de la idea como si fuera exterior a él
y desciende afirmándola con fuerza y determinación
por ese trazo vertical que conquista la materia.
Pero su apoyo es débil, y a su porte,
aun siendo noble, no le falta rigidez.

Ella envuelve su rigidez con la dulzura de sus formas
a fin de darle consistencia y vida.
En su bucle, ella capta la verdad en sí misma,
con un conocimiento intuitivo e innato...
Y, desde su amplio apoyo, lo expresa en la materia
con sus maneras suaves,
pero con un sentido de la realidad
que le ofrece a él como apoyo.
Cierto, ella se apoya en él, ¿pero qué sería de él sin ella?
Y de su unión, donde se expresa la belleza de la vida
nace la multitud de los seres y de los números...

El aparato cardiovascular

Tomarlo a pecho...

El corazón

**Todo el ser está implicado («todo o nada»)
en la emoción, en el deseo, en la aspiración, en la cólera,
en la alegría, en la acción, en el valor, en la generosidad,
en la ambición
Amor y adhesión, cólera y pasión, y todos esos sentimientos
a los que nos entregamos «por completo». Sinceridad,
verdad, unidad y, lo contrario, mentira y dualidad
Ritmo justo entre actividad y reposo, entre el trabajo
y los demás aspectos de la vida**

El corazón es un músculo hueco que actúa como una bomba
aspirante e impelente. Se compone de dos partes, derecha e
izquierda, llamadas también corazón derecho y corazón izquierdo. El corazón derecho recibe la sangre de la circulación
general y la envía a los pulmones para que se libere del anhídrido carbónico y rehaga su provisión de oxígeno; el corazón
izquierdo recibe sangre renovada y la envía a través de la aorta
a la circulación general. Así pues, el corazón y la sangre funcionan a la par y tienen un significado muy parecido.

Una particularidad de ese músculo es su cualidad de autónomo: se manda a sí mismo. Los nervios del cerebro no hacen más que regularlo; de hecho, el corazón puede latir sin cerebro. El mando queda asegurado por unas fibras musculares especializadas, por medio de un sistema ingenioso que permite obtener un desfase adecuado entre las aurículas y los ventrículos.

Simbólicamente, la sangre es la vida y el corazón es lo que anima la vida, *el corazón es lo que nos anima*. Animar es una palabra que procede de alma, *anima* en latín, que significa «aliento vital». El corazón trabaja en estrecha colaboración con la respiración. A través del corazón derecho envía la sangre a los pulmones (el órgano del «aliento») para que se recargue de oxígeno, y después, mediante el corazón izquierdo, la envía a los órganos y a todas partes del cuerpo.

El corazón, el «alma» que nos anima, ha sido asociado desde siempre al amor, como demuestran numerosas expresiones populares: «tener un gran corazón» (ser generoso, magnánimo), «partírsele a uno el corazón» (experimentar una gran pena), «no tener corazón», «ser duro de corazón» (insensible, sin amor), «no caberle a alguien el corazón en el pecho» (sentir una inmensa satisfacción), «tener un corazón de oro» (ser de buenos sentimientos), «abrir uno a alguien su corazón» (sincerarse con él), etc.

Estas expresiones hablan, a través del corazón, de las diversas facetas del amor, de las personas, de la acción, y también de las cosas que amamos, de los afectos profundos o de los deseos *caros a nuestro corazón*. El corazón habla de esos *sentimientos en los que nos implicamos por completo*. Así como algunos afectos, si son auténticos, no se «dividen», así también las personas «que no hacen las cosas a medias» entregan su corazón por completo. El *corazón* es el motor de la circulación sanguínea y, con ella, *reúne e integra la totalidad del ser*, tanto en el aspecto fisiológico como en el de la consciencia. «Poner todo el corazón en lo que se hace» es reunir los tres planos del ser: la inteligencia, los móviles y sentimientos, y las fuerzas físicas para la realización de un objetivo.

En cualquier lugar del cuerpo puede somatizarse una emoción «mal gestionada». Pero se orientará hacia el corazón cuando el ser esté implicado en ella en su totalidad, cuando uno se sienta afectado en lo más profundo de su identidad, de su alegría de vivir, cuando afecte a su integridad y a su sentimiento de unidad, consciente o inconscientemente. Las personas capaces de integrar en una auténtica unidad inteligencia, corazón y acción, *irradian* como un sol desde el brillo de su mirada. Cuando sienten *cólera* las personas de temperamento nervioso-sanguíneo, todo su ser se hace eco de ellas, y corren el riesgo de sufrir un infarto. La mayoría de los cardíacos son personas que se toman la vida demasiado en serio, no hacen nada a medias, se entregan por completo, carecen de perspectiva y de humor en sus emociones. El amor invita a entregarse por completo; el humor, a tomar distancias y ver las cosas con cierta perspectiva; la muerte habla de separación. Las tres palabras —amor, humor y muerte— hablan a la vez del corazón y de sus estados, de la consciencia y de todo aquello con lo que la persona se identifica. Los problemas del corazón conciernen a la identificación, evocan el hecho de estar *por completo atrapado* en una emoción, en un sentimiento que afecta no a una parte del ser, sino a todo él, a la raíz de su deseo y de su alegría de vivir.

El corazón es también un músculo y, como tal, representa el esfuerzo, el esfuerzo asociado al amor. Es el esfuerzo que hay que realizar para vivir y ser feliz, por lo que las emociones del plexo solar afectan al corazón. La **flor de digital**, tan conocida y utilizada en medicina como estimulante cardíaco, se utiliza también en forma de elixir floral para estimular la perseverancia en la realización de un objetivo. En acupuntura, el meridiano del corazón estimula la «alegría de vivir», en particular si se activa en un punto del codo (el simbolismo del codo es la aceptación del obstáculo en la acción).

Todo esto lo encontramos en las expresiones populares en la recurrencia de algunos temas:

Aspiración, ambición: «poner todo el corazón en lo que se hace». De alguien con envergadura, con resistencia para el trabajo, se dice que tiene «mucho fuelle», que es un modo de unir la ambición a su gran capacidad respiratoria, expresión que nos recuerda el estrecho vínculo que existe entre el aliento (la respiración) y el corazón.

Valor: «buen corazón quebranta mala ventura» exhorta a no decaer en los infortunios porque con el ánimo se hacen más tolerables, «hacer de tripas corazón» es una forma de valor ante la adversidad, etc.

Verdad, sinceridad: «hablar con el corazón en la mano», «le abrió su corazón», «decir algo de todo corazón». En cuanto al «grito del corazón», describe la espontaneidad absoluta.

Generosidad: «tener buen corazón», «un corazón de oro», «ser todo corazón», «dar algo de todo corazón», etc.

Emoción: «se le parte el corazón», «tengo el corazón en un puño», «se me encoge el corazón», «tiene un corazón de piedra». La emoción puede ser positiva y hermosa, y nos «abre el corazón»; también es la alegría de vivir cuando a uno «le baila el corazón en el pecho» y siente un entusiasmo «que le dilata el corazón».

A la luz de todo esto, ¿qué nos hacen comprender las enfermedades del corazón? ¿Qué tratamos de decirnos a través de ellas?

La arritmia. Los trastornos del ritmo cardíaco son frecuentes y variados; suelen ser benignos en la persona joven, pero serios en la de más edad. Existen numerosos y diferentes trastornos del ritmo que no vamos a detallar, sino a tratar de comprender de forma global. Observemos que lo que ocurre en general es que el ritmo del corazón y el de la respiración *no están acoplados*, a menudo porque el corazón se embala de forma más o menos anárquica. En otras palabras, hay un *desacuerdo* entre el aliento de vida y el corazón, entre lo que nos inspira y lo que nos anima: es como una *pérdida de unidad* que puede resultar de una ansiedad «benigna» que perturba la respiración o de un desacuerdo más profundo sobre el sentido que damos a nuestra vida.

Puede producirse cuando alguien está «dividido» en su

vida o en algunos aspectos de su consciencia, lo que altera su sensación de unidad interior. Puede aparecer también cuando ciertos traumatismos del pasado suben a la superficie evocados por un acontecimiento insignificante que entra en resonancia con ese pasado doloroso.

Marcel, un hombre de 58 años, obstinado y categórico, sólido como una roca, estaba dividido entre su mujer y su amante desde hacía mucho tiempo; no podía separarse de la primera y era consciente del dolor que hacía soportar a la segunda, que esperaba rehacer su vida con él. A medida que pasaban los años, la situación se hacía cada vez más tensa y la decisión imposible, porque Marcel estaba profundamente apegado a su amante pero la culpabilidad que sentía al pensar en abandonar a su esposa era igual de profunda. Poco después le apareció una arritmia crónica, que pudo ser regulada con muchas dificultades después de diversos tratamientos terapéuticos.

La **angina de pecho** (ángor) está ligada a una debilidad de las coronarias (las arterias que irrigan y alimentan el corazón) debido a los depósitos de colesterol. El dolor es como una opresión. Suele producirse al realizar un esfuerzo y, algunas veces, por la noche. Cuando se produce debido a un esfuerzo es como si uno «no pusiera el corazón en lo que hace»; entonces, surge una barrera sutil que dice «stop». El hecho de que a veces se produzca por la noche, cuando el corazón está en reposo, muestra que no es un fenómeno puramente mecánico, sino que es también, y sobre todo, de naturaleza emocional. Por otra parte, algunos fenómenos nerviosos pueden causar un dolor análogo, pero sin verdadera dolencia en las coronarias. «Angina» es una palabra derivada de «angustia» (y ésta de «angostura»), que aprieta y oprime la garganta.

Se siente uno oprimido por una pesadumbre que daña su alegría de vivir, porque el corazón es también *entusiasmo*. Cuando uno vive problemas afectivos, a veces «tiene el corazón oprimido» o «se le encoge el corazón». Esto me recuerda a una dama de 63 años que padecía de angina de pecho y sentía una opresión en la zona del corazón; al hablarme de la profunda pena que sentía por no poder reconciliar a sus hijos, que estaban enemistados, me decía: «Este asunto me oprime el corazón...».

El ángor sobreviene también cuando uno se lo toma todo a pecho, cuando se toma la vida demasiado en serio, o cuando mantiene un secreto sin compartirlo con nadie, es decir, «lo guarda en su corazón».

El **infarto** es un grado más. Resulta de un bloqueo agudo de alguna de las arterias coronarias, que ocasiona necrosis en la parte del miocardio que no es irrigado. Por su carácter agudo y repentino y por el riesgo mortal que conlleva, el infarto es como un *disparo de aviso* que invita a la persona a que cambie radicalmente su manera de concebir la vida, sus objetivos y sus esfuerzos. «Infarto» es un término derivado de *infarcio*, que significa «rellenar». De hecho, indica que la persona pone demasiado en todo, se entrega demasiado, no se toma tiempo para apreciar la vida y lo que ésta le ofrece. Suele estar ligado a la búsqueda de poder o de posesiones, o a un deseo de probar el valor que se tiene ante uno mismo o ante las personas que le rodean.

Michel Odoul dice con mucho acierto que «el corazón habla de las dificultades que tenemos para vivir el amor y para gestionar las emociones que tienden a imponerse al resto de la vida [...]. Tomarse demasiado en serio la vida y todo lo que en ella ocurre, no sentir placer alguno en lo que hacemos o sentimos, tener poco espacio de libertad y de serenidad; todo eso hace más frágil la energía del corazón...».

Paul Dupont[1] recuerda que en la aurícula derecha existe una pequeña glándula que segrega una hormona llamada «factor natriurético atrial» (FNA), que tiene una triple acción. En primer lugar, vagotónica, relaja los vasos sanguíneos periféricos y produce una relajación general; en segundo lugar, favorece

1. Dr Paul Dupont, *Les glandes endocrines et notre santé*, Éd. Diffusion rosicrucienne, 1997.

la eliminación del sodio por vía renal, lo que produce un descenso del volumen sanguíneo y, en consecuencia, de la tensión arterial; por último, es sedativa en el plano neuropsíquico. Cuando el corazón segrega en exceso esa hormona, aparecen síntomas análogos a la deshidratación por pérdida de sal, con fatiga, vértigos, bajada de tensión y, a veces, hinchazón de las partes más bajas de las piernas por secreción compensatoria de aldosterona. Y añade que el exceso de esa secreción hormonal resulta de un repliegue de la persona en sí misma, con egoísmo e indiferencia: es alguien que tiene el corazón frío o que no expresa sus emociones. Lo contrario, «tomárselo todo a pecho», puede inducir una carencia de esa hormona y causar hipertensión. Siempre según él, dos cosas perturban el corazón: la tristeza y el exceso de pasiones.

Paul Henri, un biólogo investigador de 57 años, era un trabajador infatigable para quien la vida era una búsqueda incesante que no podía detenerse más que con el último suspiro. Las personas que lo rodeaban admiraban su capacidad de trabajo, y a él le gustaba decir que el mejor medio para no caer enfermo era trabajar, lo que, se lo aseguro, querido lector, ¡no siempre es cierto! Pero él vivía para la investigación, como si se tratara de una búsqueda fundamental a través de la cual intentara descubrir el sentido de la vida. En determinado momento estalló un conflicto de poder en el equipo que formaba con otros investigadores, que le afectó mucho. La fatiga moral y la duda que vivió durante aquella etapa le empujó a «levantar el pie del acelerador» y a perder la motivación para algunas de las actividades que hasta entonces le habían absorbido demasiado y que ya le resultaban pesadas de asumir. Y, curiosamente, no fue en su período de actividad intensa, sino en esa fase de cierto repliegue y de relativo reposo cuando tuvo un infarto. ¡Él, que pensaba que uno caía enfermo al dejar de trabajar! Esta situación es típica de las personas que tienen un problema cardíaco, se entregan por completo a lo que hacen, viven para eso y olvidan «respirar» y saborear otros aspectos de la vida. Con mucha frecuencia, el accidente se produce en ese período de reposo, como una bomba de efecto retardado, como si no tuvieran derecho a parar. En algún lugar de su subconsciente, esas personas no se otorgan derecho a vivir más que trabajando.

Una vez descartado el peligro con el tratamiento clásico, como complemento, le di a Paul Henri una dosis de **Aurum**, que es oro en dosis homeopáticas. Es el remedio adecuado para las personas obstinadas, que no admiten soluciones a medias, que ponen toda su energía en lo que hacen y que no soportan la contradicción ni el fracaso, hasta el punto de que, si éste se produce, desean suicidarse. Y el infarto es una forma de suicidio, una especie de ruleta rusa de la que uno no es consciente. En esas personas es «todo o nada»; cuando fracasan, ya nada las retiene, su vida ya no tiene sentido. Mire a los buscadores de oro de Texas: no existía para ellos nada más que el oro, descubrirlo era su idea fija, una obsesión. Y esa búsqueda no sólo acaparaba toda su energía sino que los convertía en seres sin fe ni ley, sin consideración para las personas que les rodeaban, y los hacía incapaces de apreciar la belleza del cielo o el canto del riachuelo. Olvidaban «respirar», abrirse a otras dimensiones de la vida. *Aurum* es un remedio destinado a las personas que viven una situación semejante, que pierden la «respiración» y el sentido del ritmo: del día y de la noche, de la actividad y del reposo, etc. Y eso daña al corazón.

En efecto, el caso de Paul Henri muestra también hasta qué punto el corazón está estrechamente vinculado con la respiración, y no sólo con la respiración física, sino con la psicológica, con el hecho de saber airearse e inspirarse de nuevas ideas. El día y la noche se liberan la una a la otra. Entregarse demasiado a fondo a una idea o a un proyecto puede hacer que uno se cierre a otras cosas, como a la percepción de las personas que nos rodean y de lo que éstas esperan de nosotros. El infarto —si se supera— ofrece una ocasión inesperada para analizar lo que se considera esencial en su vida, en la vida del corazón.

La circulación

Dar y recibir
Entregar (arterias)
Recibir (venas)

Las arterias y las venas son las responsables de que la sangre circule con libertad y sin obstáculos. A través de la túnica muscular que las envuelve y mantiene su tono, por un lado están en estrecha relación con el nervio simpático —lo que les confiere cierta sensibilidad a las emociones— y, por otro, con el corazón, con el que forman una unidad funcional. Además, *relacionan el corazón con los órganos, el todo con las partes, el deseo del ser con la expresión local del deseo*. Describen de qué modo está *implicada* la totalidad del ser en una u otra parte del cuerpo. La persona que suele tener las extremidades frías, las tiene así porque se niega a implicarse en la acción y en la relación: mantiene las distancias.

Las arterias

Entregarse. Ardor, implicación
Interés, curiosidad, apertura (o cerrazón, esclerosis)
Emoción, cólera, la persona se inflama (se excita, se acalora)

Por medio de la sangre que circula por las arterias, el corazón da vida a todas y cada una de nuestras células. Las arterias dan testimonio del ardor con el que nos entregamos a tal o cual aspecto de la vida. Son como una prolongación del corazón que llega hasta los menores repliegues del cuerpo y, mediante el oxígeno de la sangre, transportan la alegría de vivir.

Implicarse demasiado en lo que uno hace puede dar lugar a una **congestión** arterial, a una inflamación de las arterias, con el consiguiente riesgo de ruptura o de apoplejía cuando «la sangre se sube a la cabeza». Es lo que les ocurre a los temperamentos «sanguíneos», que se entregan por completo a lo que hacen, incluyendo sus arranques de cólera (encontramos aquí el carácter obstinado del corazón).

La **arteritis**, como cualquier otra inflamación, evoca *cólera*. Puede ser cólera contra la vida (que la sangre representa) o una cólera antigua y prolongada contra las personas del entorno familiar o profesional, acompañada de una profunda frustración existencial. Las arterias se inflaman y ya no irrigan —o irrigan mal— la zona a la que concierne la emoción. Ya hemos visto, a propósito de la diabetes, que la arteritis es una complicación frecuente de esta dolencia; la persona deja de percibir la dulce sensación de vivir y pierde toda motivación.

La **isquemia** (obstrucción de la arteria), resulta de un obstáculo: un coágulo o una placa de ateroma obstaculiza el fluir de la vida. En la **arteriosclerosis**, la placa ateromatosa es una cristalización, una manera de *cristalizarse o de poner obstáculos* a una realidad que nos hace vivir. Salvo que se trate de un problema metabólico específico o familiar, el **ateroma** es una enfermedad de sobrecarga por exceso de alimentación, exceso de materia en «la vida del deseo», simbolizada por el par sangre-corazón. Cuando concedemos demasiada importancia a la alimentación y al aspecto material de la vida, perdemos fluidez, ponemos obstáculos a lo que nos da vida, es decir, a la sangre, y, por ella, al corazón.

La **hipertensión**, sobre todo la diastólica (es decir, cuando la mínima es demasiado elevada y la tensión está «pillada»), indica que hay una relajación incompleta de los músculos que rodean a los vasos, o sea, que algo impide que uno se relaje. Esa falta de tranquilidad resulta de la excesiva «tensión» que uno tiene respecto de un problema concreto, con el que tropieza muchas veces desde tiempo atrás.

La hipertensión llamada «esencial» puede revelar:

—*cólera contenida* o una contrariedad que afecta a nuestra identidad o a nuestra «vida de deseo» (el corazón) y que, a pesar de su antigüedad, sigue sin solución;

—*un problema antiguo no resuelto* debido al temor que impide lanzarse adelante y buscar una solución. Hay cristalización, se afianza uno en sus emociones echándoles el cerrojo. Hay intención de encontrar soluciones, pero está obstaculizada. En la hipertensión ligada a una enfermedad renal, lo que se plantea al enfermo es muy parecido, pues el riñón es órgano de *decisión* que permite elegir, hacer frente y, por lo tanto, resolver los asuntos que pesan y hacen subir la tensión.

La **hipotensión** puede interpretarse como un sentimiento de derrota, de fracaso y de desánimo: ya no tiene uno la fuerza de entregarse, ha perdido el ánimo. El remedio homeopático denominado **Sepia**, que sirve para la tristeza y la indiferencia, también resulta adecuado para las personas hipotensas. La hipotensión puede producirse de pronto, al ponerse uno de pie, lo que traduce su dificultad para «mantenerse en pie» y «hacer frente». Puede aparecer tras una emoción intensa; la persona se siente indispuesta, como si fuera a perder la consciencia, que no es más que una huida ante la emoción: es el mareo provocado por el cambio de tono del nervio vago, con una hipotensión que llega al límite de la pérdida de conocimiento.

No implicarse demasiado pone de manifiesto una «fatiga del alma», ya no tiene uno motivación para seguir irrigando un órgano determinado; eso produce su deterioro y, finalmente, su **esclerosis**. Les ocurre a muchos ancianos: pierden motivación por la vida, su curiosidad se embota, sus centros de interés se estrechan, se constriñen, y amplias zonas del cerebro resultan cada vez menos irrigadas.

A medida que uno se va haciendo mayor, las opciones de la vida, las maneras de responder, con flexibilidad o con bloqueo y represión, a los diversos acontecimientos de la vida pueden inducir un endurecimiento. Nos endurecemos frente a la vida o a las personas que nos rodean, entonces la hipertensión se instala en el organismo de forma permanente. Y la dureza de las arterias, la cristalización, no puede resistir durante mucho tiempo a la oleada de vida —simbolizada por la sangre— sin producir daños, a no ser que sea precisamente la oleada de vida la que sufra las consecuencias.

En este punto, el lector puede preguntarse si la esclerosis cerebral es causa o consecuencia de la pérdida de motivación. La respuesta a esta pregunta es sencilla. Todas las personas de edad avanzada que mantienen la mente clara y lúcida tienen tres puntos en común. Uno: no sienten rencor hacia la vida, ni rumian con acritud las frustraciones o decepciones que han jalonado su ruta; el pasado queda atrás y ellas miran hacia delante. Dos: son curiosas, abiertas y atentas a lo que pasa a su alrededor; viven el presente, y saben reírse de sí mismas. Tres: se apasionan por lo que hacen, por lo que leen o por las personas con las que se relacionan. Un día me llamó un hombre por teléfono y me dijo: «Doctor, estuve en su consulta hace quince años; no había vuelto a llamarle porque he estado bien. Ahora me gustaría verle otra vez». Cuando entró en el despacho vi a un anciano ágil, de mirada viva, que andaba erguido y sin bastón. Enseguida exclamó: «¡Doctor, ha rejuvenecido!». Tenía 95 años... Sus ojos irradiaban una inmensa sabiduría, tenía una mirada cálida y llena de buen humor. Cuando lo acompañé hasta la puerta, ya en el umbral le dije con una sonrisa: «¿Sabe? Ir al médico cada quince años no está bien; me gustaría volver a verlo cada diez». Y él se puso a reír... Recuerdo aquel breve encuentro como un momento muy cálido.

Las venas

Falta de «retorno» (del afecto dado, de la entrega)
Insatisfacción existencial, pasividad

Las venas drenan la sangre cargada de las experiencias de las células. Las **varices**, cuando afectan a las piernas —que reflejan la movilidad en la vida de relación— son como *emociones estancadas: se ha implicado uno mucho y no sabe cómo retirarse.* «Tengo las piernas pesadas» es una manera de decirse uno mismo que ya no tiene ganas de avanzar, de emprender, de ir hacia los demás. La fatiga en las piernas va acompañada del deseo de no moverse, hasta el punto de que tumbarse supone un alivio.

Es una congestión pasiva. Las personas que tienen varices dan la impresión de *soportar* la vida, la afectiva sobre todo, con impotencia y pasividad. La sangre ya no puede remontar a oxigenarse y a llenarse de alegría de vivir. Las varices hablan de cierto hastío afectivo o existencial; como dice el refrán, «viendo sus venas se ven sus penas».

Si el hombre somatiza más bien a nivel arterial, la mujer, en cambio, somatiza en el sistema venoso, «demanda» atención: tiene obstaculizada la «vida de los deseos» y estancada la emoción; ha entregado su vida, pero hay una *falta de retorno* en proporción a lo que ha dado (o cree haber dado). Es una profunda *insatisfacción relacional*, está decepcionada por la manera en que se ha implicado y la falta de retorno de la vida, de la familia, etc. Insatisfacción y fatiga. Lo que ha vivido le parece sombrío, sin pasión y sin alegría.

La sangre

Vida, encarnación (hierro)
Alegría de vivir (sanguíneo regalón o anémico)
El Alma, esencia que penetra íntimamente todos los aspectos del ser
El Yo, la personalidad que se identifica y se defiende

La sangre está compuesta de glóbulos rojos, blancos, plaquetas, etc., y de suero, que transporta, entre otras cosas, ciertas proteínas y otros elementos nutritivos.

Mediante el suero, la sangre alimenta y da lugar al intercambio. Debido a esa función, la sangre es la vida. Los chinos distinguen dos aspectos de la vida. Uno, etéreo, inmaterial: es la energía, el yang. Otro, material, la sustancia alimenticia: es la sangre, el yin. El yin material y maternal.

Los glóbulos blancos sirven para defender y proteger el organismo frente a los intrusos, los gérmenes. Aunque cada uno de esos soldaditos tiene una función concreta, como en el ejército, su primera misión consiste en reconocer al enemigo antes de eliminarlo. Reconocerlo no es tan fácil, porque hay muchas clases de células en el organismo y no deben equivocarse de adversario. Es decir, que los glóbulos blancos son especialistas en el arte de distinguir entre el Yo (lo que me pertenece) y el no-Yo (lo que me resulta extraño). Ese reconocimiento es la base de los mecanismos de la defensa inmunitaria.

Encontramos de nuevo aquí la noción de identidad que, como ya hemos visto, está presente en el corazón, pero allí lo está en el aspecto de los sentimientos, mientras que en el glóbulo blanco, concebido en el interior del hueso, la identidad está presente en el aspecto de la estructura. Si puede detectar al no-semejante es porque, como en una imagen fractal en la que «lo más pequeño es semejante al todo», el glóbulo blanco, creado en el seno del hueso, es depositario de la clave subyacente a la estructura. Una enfermedad que afecte a los glóbulos blancos, como la leucemia, podría hablar del profundo replanteamiento que hace la persona de su identidad estructural, que es como un eco de la falta de confianza en sí misma mencionada a propósito de la dolencia de los huesos. Los glóbulos blancos representan pues la «defensa» y, en lo más íntimo de nuestro ser, simbolizan el Yo, es decir, nuestra personalidad, mientras que los glóbulos rojos simbolizan la llama que nos anima.

La **leucopenia** es como una rendición: baja uno los brazos por pérdida de confianza en las propias aptitudes o en la vida.

Hay varias clases de **leucemia**, depende del tipo de glóbulo blanco enfermo. Sería largo detallarlas aquí, pero todas tienen en común la proliferación de glóbulos blancos anormales, es una especie de cáncer de la sangre. Ya hemos visto que el cáncer es como una profunda tristeza que uno no puede expresar y que afecta a su impulso vital. Aquí afecta a tres cosas. En primer lugar, supone una *desvalorización de la persona en su estructura íntima*, puesto que los glóbulos blancos anárquicos se fabrican en el propio hueso. En segundo lugar, la desvalorización puede llegar hasta la *pérdida de la propia identidad*, puesto que el glóbulo blanco es la principal célula depositaria de la conciencia del Yo, de lo que me pertenece o me resulta extraño. Por último, y sobre todo, el *deseo de defenderse* queda puesto completamente en entredicho, ya que el ejército se ve atacado desde el interior, literalmente (algo así como en el **sida**, pero por otra razón).

Puede producirse cuando algún acontecimiento, o el estrés, afecta a la persona en lo más profundo de su estructura, de sus convicciones íntimas, dejándola «indefensa». La leucemia afecta sobre todo a los niños pequeños y a las personas de edad, precisamente porque son los más indefensos, tanto desde el punto de vista físico como psicológico. En el adulto o en la persona mayor, es como un abandono de la lucha por la vida, de pérdida de ganas de vivir, es como un desánimo que sobreviene al pensar que la vida es una lucha permanente en la que hay que estar siempre a la defensiva.

Marthe era una señora de 67 años que había pasado su vida entre un marido enfermo y un pequeño comercio que llevaba sola con un horario agotador. Los domingos se ocupaba de todo lo que no había podido hacer durante la semana: las cosas de la casa, la contabilidad, etc. Cuando la vi por primera vez ya se había jubilado y acababa de perder a su marido. Vivía sola y no tenía hijos. Lo primero que me dijo fue: «No tengo a nadie que me ayude». Los dolores reumáticos le impedían disfrutar un poco de su merecida jubilación; Marthe se lamentaba de un cansancio que «no era propio de ella». El análisis de sangre reveló una leucemia linfoide crónica,[2] que sólo ponía de manifiesto su cansancio por tener que estar siempre «defendiéndose» frente a la vida y sus dificultades. El **elixir de la flor de olivo** a veces hace maravillas en este tipo de desgaste moral; a Marthe le permitió encontrar un poco de su energía anterior.

---

2. Es un tipo de leucemia de evolución lenta, que se ve más bien en las personas mayores.

El glóbulo rojo, portador de oxígeno, simbólicamente es portador de la llama de la vida. Se distingue por su color, por su riqueza en hierro y su ausencia de núcleo.

Su color: el *rojo* es símbolo de actividad, de pasión, de fuego, en oposición al azul, que recuerda el cielo y la reflexión tranquila y apacible. El glóbulo rojo, que lleva oxígeno a las células para quemar el combustible, evoca la *acción*, la *energía* y la *llama* de la vida y, a través de eso, las cualidades del corazón que son el *valor* y el *entusiasmo*: «tener la sangre caliente», «dar uno la sangre de sus venas».

Su riqueza en hierro: el hierro simboliza la encarnación, la experiencia del hombre en la materia, el dominio de sí mismo y del mundo mediante el uso de la espada y, posteriormente, de las máquinas.

El hierro hace pensar en el combate —exterior y/o interior— que hay que realizar para adquirir la fuerza necesaria. Curiosamente, para que el hierro sea duro y cortante tiene que estar asociado con el carbono, símbolo de la materia orgánica.

El hierro toma todo su sentido en el símbolo de la fragua. En el yunque a golpe de martillo, el herrero forja el instrumento con el que cortará y dominará el mundo. Por eso, algunos autores hablan de la vida humana como un pasaje entre el yunque y el martillo por el que el hombre se forja a sí mismo como instrumento para dominarse y dominar el mundo que le rodea. La edad de hierro fue la que permitió que el hombre impusiera su supremacía a las otras especies animales. Desde un punto de vista simbólico, el hierro está asociado a Marte, el dios de la guerra, a la espada que corta, etc.

El hierro es lo que permite que el hombre se encarne con determinación. En la anemia «ferropénica» (por carencia de hierro), los enfermos no sólo sienten fatiga, algo que parece lógico en un caso semejante, sino que, además, tienen como una ausencia de encarnación, es decir, les falta agresividad para emprender cosas, tienen un carácter dulce y soñador, y les cuesta entregarse a la realidad física, cotidiana y concreta. Como dice Louise Hay, la anemia es una vida basada en el «sí, pero».

Es como un miedo a la vida acompañado de falta de alegría, de falta de confianza en uno mismo. No tiene uno motivación para entregarse a la vida, bien por desánimo o porque se siente incomprendido, bien por angustia existencial. La anemia puede tener otras causas, desde luego. Aquí no hago más que enunciar generalidades y elementos de reflexión.

Su falta de núcleo: ¡he aquí una célula que no tiene núcleo! Es una originalidad del glóbulo rojo, que tiene la forma de un disco aplanado y hueco en el centro, símbolo de la *vacuidad* tan querida por los budistas. El glóbulo rojo no tiene vida propia, no existe como entidad separada; esto le permite consagrarse enteramente y sin reservas a su función de transmisor, ya que la hemoglobina le sirve para fijar el oxígeno en un sentido y el gas carbónico en el otro. Su neutralidad (no tiene «vida separada») unida al hecho de que está en el seno del vínculo oxígeno-carbono (en el encuentro del aire-espíritu con la tierra-materia) hace del glóbulo rojo «testigo» de la esencia de la experiencia humana a través del hierro, mientras que los glóbulos blancos simbolizan la personalidad, el Yo que se identifica y se defiende.

Por último, las plaquetas sirven para rellenar las grietas que puedan producirse accidentalmente en las paredes de los vasos. Se aglutinan para formar una especie de «parche» alrededor del cual la sangre depositará una red de fibrina que rellenará definitivamente la brecha.

Desde el punto de vista simbólico, las plaquetas representan una *barrera* frente a un riesgo vital causado por una brecha.

Simón, un muchacho de 12 años, tenía **trombopenia** sin causa aparente (idiopática) desde hacía varios años; hablando con él me di cuenta de que tenía mucho miedo a la muerte. La bajada de plaquetas expresaba su sensación de *vulnerabilidad* a lo que pudiera causar una «grieta» en el curso de su vida. Le di **Arsenicum album**, remedio que se utiliza en homeopatía para esa faceta de miedo a la muerte, que lo curó al cabo de pocas semanas.

Las **hemorragias** se deben a diversas causas y tienen diferentes localizaciones. Pero todas suponen una *pérdida de sí mismo*, o, más bien, de una parte de sí mismo a través de lo que representa la sangre y, en particular, el *glóbulo rojo*. Como lo que causa más impacto es el color rojo característico de los hematíes, la persona que sangra no es consciente de que pierde suero. El glóbulo rojo lleva la energía y la llama; a través de la pérdida de sangre, la persona manifiesta su *tristeza* y su *pérdida de la alegría de vivir*.

Dependiendo de las circunstancias y, sobre todo, de la localización de la hemorragia, se puede matizar. La hemorragia digestiva, de diversas causas posibles, podría deberse a la sensación que uno tiene de ser tratado injustamente en una situación que no acaba de digerir, o de ser injustamente tratado por la vida en general. Esto es muy frecuente en los alcohólicos, que acaban teniendo varices sangrantes en el esófago (y en otros lugares) y no pueden tragar ni digerir nada más de la vida. La hemorragia uterina, como hemos visto, está relacionada con la tristeza y la pérdida de alegría relacionadas con el hogar, a menudo por problemas con algún hijo. La hemorragia nasal, frecuente en el niño, concierne al simbolismo de la nariz y podría expresar un problema de *afirmación de sí*, por ejemplo, ante un padre o un profesor demasiado autoritario.

La linfa

Alimento y protección
Se siente uno abandonado, sin defensa

El sistema linfático es un complejo sistema de defensa que se desarrolla paralelamente al sistema de defensa sanguíneo.

Comprende, por un lado, los «órganos linfoides», por ejemplo, las amígdalas, presentes como dos guardias a la entrada de la garganta, y el apéndice que, situado en el fondo del intestino ciego debe «impedir», en cierta forma, que los gérmenes naturalmente presentes en el colon suban al intestino delgado, donde no serían bien recibidos.

Por otro lado, comprende una red circulatoria linfática que se superpone a la venosa y drena el líquido intersticial (el que está entre las células) para filtrarlo a través de un conjunto de ganglios que actúan como otras tantas estaciones depuradoras. Los ganglios linfáticos recogen y neutralizan las bacterias, los posibles cuerpos extraños y los residuos celulares eliminados por la linfa.

Por último, la linfa tiene una función nutritiva, puesto que, a nivel digestivo, su misión es transportar las grasas.

Así pues, la linfa drena los tejidos e interviene en la digestión, es decir, asegura el alimento y la defensa, lo que le confiere una «connotación maternal» de alimento y protección. Por eso, a primera vista se podría pensar que una enfermedad de la linfa o de los ganglios manifiesta una falta de afecto o de protección, como cuando uno se siente abandonado o desamparado.

Para afinar más en la comprensión del proceso, hay que ir a ver lo que ocurre en un ganglio linfático. En él se filtran los residuos, que son en parte fagocitados (tragados) por unas células especializadas en esa función (las macrófagas); la otra parte entra en contacto con los linfocitos B, que son temibles policías cuyo papel consiste en localizar al intruso y *señalarlo* con un anticuerpo, que guiará los rayos del sistema de defensa contra el infortunado intruso que hubiera preferido pasar inadvertido.

Ocurre pues algo análogo a lo que hemos visto en el glóbulo blanco, es decir, realiza un trabajo de localización y de distinción entre el Yo y el no-Yo. Mediante el ganglio linfático se expresa no sólo la *defensa*, sino también la *relación con el extraño*.

A diferencia de la leucemia, el **linfoma** no afecta a la estructura íntima del ser (el hueso). Está *localizado* y, en el caso más grave, presenta cierta analogía con la *alergia*, en el sentido de que reacciona de un modo excesivo contra la agresión extranjera. *Se cree uno atacado* y tiene la sensación de que *no puede o no sabe defenderse* de forma natural, y el asunto toma proporciones excesivas: el ganglio se hincha mucho más de lo necesario. Existen varias clases de linfomas, según estén formados por linfocitos B o por linfocitos T, pero eso apenas modifica la interpretación que se le pueda dar.

Para resumir las cosas con sencillez, diremos que la respiración, el corazón y la sangre están íntimamente vinculados. El aliento es la vida; el corazón, la alegría de vivir; y la sangre, lo que lleva la vida a todas las células, incluso a las situadas en los lugares más recónditos de nuestro ser. El aliento nos inspira, el corazón nos anima y la sangre nos implica por completo.

Las glándulas endocrinas

Las siete llamas que nos animan.

Las glándulas endocrinas son muy importantes porque regulan el *funcionamiento* de los diversos órganos en un todo equilibrado y armonioso. Su importancia es tal que podrían ser comparadas con unos puntos focales a través de los cuales el ser interior regula el funcionamiento del cuerpo. Muchos autores hablan de la estrecha relación que existe entre las glándulas endocrinas y los centros energéticos, más conocidos como «chakras», que encarnan unos niveles de consciencia por los que nuestro ser espiritual se expresa en el plano físico. De este tema no voy a hablar, porque el objetivo de este libro es reflexionar y comprender las cosas a partir de *hechos* que cualquiera de nosotros puede observar. Y sólo eso contiene ya una gran riqueza de enseñanzas... a condición de considerar al ser humano como un ser espiritual y no como un simple amasijo de moléculas y órganos dispuestos al azar.

Las glándulas ocupan en el cuerpo una posición que no se debe en absoluto al azar. Su misión consiste en gestionar la actividad de los órganos —con los que están en armonía— de la región en la que cada una de ellas se encuentra, también regulan las interacciones con algunos órganos distantes. Por ejemplo, existe una gran afinidad entre la glándula tiroides y todo lo

341

que significa el cuello: la tiroides es una *puerta* entre el arriba y el abajo gracias a la cual el «arriba» se expresa abajo; asimismo, las suprarrenales, situadas justo encima de los riñones, a la altura de la zona lumbar, nos permiten «mantenernos erguidos» y hacer frente al estrés y a la adversidad. El páncreas, que ya hemos estudiado, está en el centro del conjunto digestivo y ejerce un importante papel en la asimilación y la justa distribución de la energía alimenticia, etc. Todo ocurre como si, tanto en un plano simbólico como funcional, las glándulas tuvieran a su cargo el lugar en que están situadas y los órganos de la región.

La epífisis

Luz del alma, voz interior, contacto interior y cósmico, intuición, inspiración. Su acoplamiento con la hipófisis abre el «tercer ojo», el ojo que ve por dentro

La epífisis es la glándula situada más «arriba», física y simbólicamente hablando. Las funciones de esta glándula todavía son mal conocidas, y por algo es... Está casi en el centro del cerebro, en contacto con la fuente más íntima de nuestro pensamiento.

Tiene el tamaño de un grano de trigo; también recibe el nombre de pineal. Es como una pequeña protuberancia que aparece en la pared posterior del tercer ventrículo, en el centro de la hipófisis, con la que forma una especie de pareja día/noche, como vamos a precisar. Al igual que las suprarrenales, se compone de una glándula, la epífisis propiamente dicha, y de un plexo nervioso simpático, el epitálamo, que *es el plexo más ricamente inervado del cuerpo* y recibe sobre todo fibras de los centros de visión y del bulbo olfativo... Ver y oler... La glándula contiene cristales microscópicos y unas células sensibles a la luz parecidas a las de la retina.

Produce melatonina, así llamada porque actúa sobre la concentración o dispersión del pigmento denominado melanina, generado por los melanocitos, estimulados a su vez por la MSH (hormona estimulante de los melanocitos) secretada por la hipófisis.

La serotonina es el elemento precursor de la melatonina. La carencia de serotonina se traduce por un comportamiento agresivo. El chocolate, rico en serotonina, tiene un efecto antidepresivo.

Se ha comprobado con experiencias realizadas en animales que la melatonina puede incrementar la duración de la vida entre el 25 y el 50 por ciento. También actúa como antioxidante, retrasando el envejecimiento y los efectos secundarios de las radiaciones de iónicas. En la actualidad, está de moda en Estados Unidos; se utiliza contra el envejecimiento y como sustancia «buena para todo».

La glándula pineal es sensible a la luz, pero su actividad es mayor en medio de la oscuridad. Actúa como un reloj sensible a los ciclos diarios y estacionales.

En realidad, la glándula pineal se opone a la acción de la hipófisis y, a través de ella, a la acción de la tiroides y de las suprarrenales, actuando como un freno a la actividad «exterior» de esas glándulas, lo que favorece la introspección, el recogimiento, la meditación... y la calidad del sueño. La glándula pineal desconecta la consciencia de los planos exteriores para hacerla más receptiva a las influencias sutiles. Induce el sueño, influye en la calidad de los sueños y, mediante eso, en el equilibrio psíquico.

Si se dibujara una cruz de San Andrés en la que la glándula tiroides estuviera en el centro, como punto de expresión, con lo interior (la cabeza) en la parte de arriba y lo exterior (el cuerpo y los miembros) en la parte de abajo, la pineal quedaría en la parte más «interna», en el plano simbólico, se entiende. Por analogía, se la podría concebir como la sede del alma (la consciencia interior) en oposición a la personalidad (la expresión exterior).

Según Paul Dupont, la pineal sería la glándula de la voz interior, la de las cuestiones existenciales, de la búsqueda espiritual o mística, de la meditación, de la contemplación. Este autor añade que, por medio de la glándula pineal, el alma aporta energía activa al plano físico, lo que no contradice las observaciones que conciernen a la melatonina y su impacto positivo sobre el envejecimiento y las enfermedades degenerativas. Este autor atribuye a la glándula pineal una forma de intuición superior.

La hipófisis

Personalidad integrada. Director de orquesta, la hipófisis une y sintetiza el pensamiento y la emoción hacia un objetivo. Voluntad, valentía. Despertar al mundo exterior (pineal = mundo interior), concreción de los deseos y aspiraciones

La hipófisis es una glándula en forma de gota situada en el cerebro, delante de la pineal, justo detrás de los ojos y encima de la zona olfativa de la nariz y debajo del hipotálamo, centro cerebral de los humores y las emociones.

El hipotálamo y la hipófisis forman una especie de dúo, y actúan por vía nerviosa y hormonal, respectivamente. La hipófisis depende de los factores estimulantes que proceden del diencéfalo. El hipotálamo, centro de las emociones, es el «cerebro» del sistema neurovegetativo.

La hipófisis se compone en realidad de dos glándulas unidas, el lóbulo anterior y el lóbulo posterior. El lóbulo anterior segrega siete clases de hormonas que actúan sobre otras tantas glándulas u órganos: La TSH, sobre la tiroides; la ACTH, sobre las suprarrenales; la CLIP, sobre el páncreas; la FSH y LH, sobre las glándulas sexuales, tanto en el hombre como en la mujer; la STH actúa sobre el crecimiento y el hígado, y también sobre el timo y el sistema inmunitario; la MSH, sobre la pigmentación de la piel. También segrega las endorfinas, que son unos analgésicos del sistema nervioso.

El lóbulo posterior de la hipófisis es la zona de secreción del hipotálamo; produce vasopresina, una hormona antidiurética (ADH) que actúa sobre el riñón y controla los líquidos corporales y su presión; también produce oxitocina, que es la hormona que provoca la contracción involuntaria de los músculos lisos.

Así que esta glándula tan compleja es como el director de orquesta de toda la función glandular. Está orientada hacia el exterior y la actividad, del mismo modo que la pineal lo está hacia el interior y la meditación, hacia la reflexión inspirada. En ese sentido, presenta cierta analogía con la tiroides, que es la glándula de la expresión, pero el campo de acción de la hipófisis es mucho más vasto: concierne a la actividad en general y a todo lo que se refiere al simbolismo del día y de la personalidad activa. La epífisis concierne más bien a todo lo que se refiere al simbolismo de la noche estrellada, de la luz del alma, del silencio y de la meditación.

La actividad de la hipófisis se ve reducida cuando hay atonía y pereza. Por el contrario, un exceso de voluntad y, sobre todo, de autoritarismo va acompañado de un hiperfuncionamiento de la hipófisis que influye sobre todo en las glándulas suprarrenales y en las sexuales. Según Paul Dupont, el diencéfalo se ve afectado por una u otra secreción hormonal según el tipo de emoción que embargue a la persona: FSH, si teme el porvenir y, sobre todo, si teme encontrarse sola y sin apoyo afectivo cuando llegue el momento de su decadencia; ACTH, si reacciona de un modo exagerado al estrés, con emotividad excesiva, sobresalto al ruido y tristeza y llanto a la menor contrariedad, por ser la ACTH la hormona de la defensa y de la autoprotección. Sin entrar en más detalles de todo esto diré simplemente que el efecto que produce sobre la hipófisis el funcionamiento incorrecto del diencéfalo —debido al impacto de una emoción— es el que produciría un payaso que actuara detrás del director de orquesta... Le dejo imaginar la cantidad de notas desafinadas que saldrían de los instrumentos...

La tiroides

Equilibrio, puerta (dentro/fuera, arriba/abajo, etc.),
el término medio, la expresión justa, el ritmo,
la respuesta adecuada a cada situación

El yodo, de color violeta, une el azul del cielo (la cabeza,
el pensamiento, la razón) con el rojo de la encarnación
terrestre (el cuerpo, la acción, la emoción):
      Encarnación/retraimiento (metabolismo, termogénesis,
armazón...)
      Reflexión/acción (apatía/febrilidad...), etc.
      Razón/sentimientos (fijación sobre la emoción, acción
de rumiar)
      Materia/espíritu (importancia excesiva dada a la
alimentación, supervivencia, conflicto alimento/respiración,
camino equivocado)

La glándula tiroides segrega dos clases de hormonas:
      —Las yodotironinas, que son las que en lenguaje corrien-
      te se llaman «hormonas tiroideas» y las que, en general,
      se analizan en la sangre para averiguar si hay mal funcio-
      namiento de la tiroides. Estimulan la oxigenación y el
      metabolismo celular a distintos niveles.
      —La tirocalcitonina, que estimula la fijación de las sales de
      calcio en los huesos, y favorece el crecimiento.
El yodo, que emite un humo de color violeta, simboliza
el justo medio entre el rojo (la acción) y el azul (la contemplación), igual que la tiroides que, situada en el cuello, está entre
el arriba y el abajo, entre la cabeza y el cuerpo. Procede del
griego «thyroeidés», que significa «que tiene forma de puerta».
      O sea que la tiroides es como una puerta entre el arriba y el
abajo, la puerta por la que el hombre, como espíritu, se encarna en la materia; como glándula, simboliza lo que ocurre en
el lugar donde se encuentra, el cuello, punto de paso obligado
entre el arriba y el abajo, el interior y el exterior.

En la parte de atrás, la nuca es la estructura que hace pasar la idea de la cabeza a la realización a través de los hombros y los miembros —en particular de los superiores— hasta la acción ejecutada por las manos.

En medio se encuentra esa sorprendente encrucijada de caminos entre la deglución y la respiración, donde se entrecruzan el aliento y el alimento como dos pilares de la condición humana, vinculados, inseparables y, al mismo tiempo, antagonistas. El ser humano necesita tanto la materia (la alimentación) como el espíritu (el aliento, el aire, el intercambio); ambos intereses pueden alternar en el tiempo, pero no ser simultáneos, porque se corre el riesgo de coger el «camino equivocado» (véase el capítulo relativo a la laringe).

Así que la glándula tiroides se encuentra en esa curiosa encrucijada que simboliza a la vez el alimento (de ahí el hambre excesiva y el adelgazamiento en el hipertiroidismo), el aliento/espíritu (cretinismo del hipotiroidismo infantil) y la acción (regula la termogénesis y, sobre todo, el metabolismo). Simboliza a la vez el término medio y el ritmo: el metabolismo justo —ni demasiado mucho ni demasiado poco— que traduce la encarnación equilibrada del hombre-espíritu en su estructura material; ritmo de la inspiración y de la espiración, de la reflexión y de la acción... La tiroides es el «termostato» que adapta el interior y el exterior; es también la glándula que, al actuar sobre el crecimiento y el metabolismo, regula el justo nivel de la expresión del espíritu en el cuerpo.

A partir de todo esto, ¿qué nos dan a entender las enfermedades que afectan a la glándula tiroides?

Si una decepción, un temor o una contrariedad se expresan por medio de la tiroides es porque cualquiera de esas emociones nos ha «cortado la respiración», y eso en tres niveles:

—En primer lugar, en el de la expresión. El problema o la contrariedad van acompañados de falta de comunicación: se nos ha quedado «atravesado en la garganta». Es una situación en la que uno se siente bloqueado tanto en la palabra como en la capacidad para actuar, para reaccionar; se siente impotente para responder por el gesto o por la palabra.

Mireille, una mujer de 57 años, se lamentaba del camino que había tomado su hija al casarse con un marginado social, antiguo toxicómano, y se preocupaba por la vida que llevaba la familia formada por la joven pareja y sus dos hijos. Mireille era una mujer enérgica, que vivía sola y se había hecho cargo de muchas cosas a lo largo de la vida con el sentido práctico característico de las personas que tienen la cabeza en el cielo y los pies en la tierra. Su pesadumbre fue en aumento cuando su hija empezó a darse a la bebida; también creció su preocupación por los nietos, a los que tenía mucho cariño y cuidaba a menudo. A propósito de su hija, me decía: «*No puedo decirle nada*, ni con respecto al alcohol ni con respecto a otras cosas, porque entonces no me deja a los niños. No me queda más remedio que *callarme* y asistir impotente a lo que pasa». La tristeza y la palabra reprimida acabaron por generar un nódulo frío en el lóbulo derecho (dificultad con un elemento femenino) de la glándula tiroides. Mireille, con la cabeza en el azul del cielo y la vida en el rojo de la tierra, manifestó su pena a través de la glándula tiroides.

Henriette era una mujer de 63 años activa, divorciada, que salía muy bien adelante en la vida y pasaba el tiempo libre con sus amigas o paseando por el campo los fines de semana con los del club de senderismo. Debido a su trabajo, había estado en estrecha relación con varios políticos que, cuando hacía falta, no le negaban los pequeños favores que ella pedía para sus amigas. Así, sin interés personal —aparte del reconocimiento afectivo— había formado a su alrededor un pequeño círculo de simpatías que encajaba muy bien con su temperamento abierto y sociable, y aceptaba eso como algo natural, sin hacerse preguntas. Al jubilarse, perdió el contacto con los hombres bien situados y ya no pudo atender, como antes, las pequeñas demandas de sus amigas. Entonces, ante su asombro, se hizo el vacío a su alrededor. Sus amigas sospechaban que quería mantener las antiguas relaciones —ahora opacas— para ella sola y, como ella todavía era una mujer hermosa, esas supuestas oscuras relaciones no hacían sino despertar la envidia. Por supuesto, sin razón. Todo lo que hubiera podido decir para defenderse no habría hecho más que aumentar las dudas que recaían sobre ella y la envidia de la que era objeto. Así que se encontró abandonada y desamparada y, al mismo tiempo, envidiada. No podía decir nada; sólo estaban la pena y una profunda decepción que ella no hacía más que rumiar y que tuvo como consecuencia la aparición de hipertiroidismo. Los problemas de tiroides resultan a menudo de una pena no reconocida por las personas del entorno, que se le queda a uno atravesada en la garganta, como algo reprimido; se siente injustamente tratado, siente cólera y está harto...

—En segundo lugar, hay una falta de ritmo entre la inspiración y la espiración que se traduce en una especie de fijación mental sobre el problema. La persona lo rumia una y otra vez, lo convierte en una idea fija, con lo que no hace sino exagerarlo. Pues bien, uno de los remedios más eficaces en homeopatía para los trastornos de tiroides es, junto a las sales de yodo, la sal marina (*Natrum muriaticum*). Desde el punto de vista psicológico, es el remedio adecuado para las personas que *interiorizan* y *rumian* sus decepciones y sentimientos, casi siempre exagerándolos. El **hipertiroidismo** traduce esa *fijación* sobre la emoción que se queda atravesada en la garganta, como la *palabra reprimida*. La persona siente cólera y tristeza porque no ha sabido expresarse como hubiera deseado. La glándula tiroides representa el justo equilibrio en los medios de expresión.

Eso se ve en particular en la **tiroiditis**, que es una inflamación de la tiroides. Es una enfermedad autoinmune, es decir, que los anticuerpos destruyen los propios tejidos; en esta glándula, es tanto como decir que es un intento de «cerrar la puerta» debido a que uno tiene una cólera contenida o algún rencor.

—Por último, es como el esfuerzo que uno hace para mantener el cuello fuera del agua cuando siente que se ahoga. Los síntomas que provoca el yodo en dosis tóxica nos permiten delimitar mejor todo esto. Veamos. En homeopatía, se llama patogénesis al conjunto de síntomas a los que corresponde una sustancia, es decir, el conjunto de síntomas que provoca esa sustancia en un sujeto sano y que, por lo tanto, puede curar cuando se emplea en dosis muy reducidas en un enfermo que presenta síntomas semejantes. A través de la patogénesis del yodo se expresa algo así como «miedo de vivir», necesidad de comer para asegurar la supervivencia y pérdida de confianza en la providencia con angustia de muerte (Jan Sholten). La angustia evocada por el **Iodum** se parece a la del hombre que no sabe nadar y que, en lugar de dejarse llevar por el agua, se debate para mantener fuera no ya la cabeza, que sería lo normal, sino el cuello. Es como estar sumergido hasta el cuello en la materia y ser presa de un pánico que impide la reflexión y la inspiración; en esos momentos, observar con perspectiva es imposible. Es a la vez un miedo a vivir «el día a día», manifestado mediante la angustia por la subsistencia y la supervivencia, y un miedo a la muerte que se une al de perder la respiración... De lo que resulta la «agitación ansiosa» y la aceleración del corazón características de las personas con hipertiroidismo.

El **hipotiroidismo**, por el contrario, refleja desánimo y retraimiento frente a la vida. La persona «retiene» la expresión de la vida, que se manifiesta por una reducción del metabolismo, en particular como consecuencia de una tiroiditis, algo así como cólera transformada en tristeza, resignación y abandono de la vida. El hipotiroidismo expresa con mucha frecuencia un antiguo rencor no resuelto.

Los **nódulos tiroideos** son, dicho de modo esquemático, de dos clases: calientes, cuando son hiperactivos, y fríos, cuando son inactivos o su actividad apenas se distingue de la del resto de la glándula. Desde mi punto de vista, la naturaleza —fría o caliente— de esos nódulos depende sobre todo de la intensidad de la cólera que se manifieste en ellos, ya que aquí, como en otros lugares, los nódulos representan una pena más o menos antigua, como las palabras no dichas. Es como un campo *localizado* de la vida al que hemos «cerrado la puerta» por no poder hablar. En cuanto al bocio, que puede ser caliente (enfermedad de Basedow) o frío, es como un nódulo que ocupa toda la glándula, como algo que nos desborda... El bocio manifiesta una forma de resentimiento más o menos antiguo.

Las paratiroides

También llamadas paratiroideas, son cuatro corpúsculos situados detrás de la tiroides, dos a cada lado. Regulan la calcemia (cantidad de calcio en la sangre), favorecen la absorción del calcio procedente de la alimentación, impiden la eliminación del calcio urinario y lo extraen de la masa ósea en caso de necesidad a fin de mantener el nivel adecuado de calcemia. Asimismo favorecen la absorción de algunos oligoelementos necesarios, entre otras cosas, para el funcionamiento de la tiroides, en particular el zinc y el cobre. La hormona secretada por las paratiroides tiene, además, una acción ligeramente hipotensora.

La insuficiencia de la secreción de las glándulas paratiroideas produce **tetania**, en un contexto de ansiedad. Su exceso favorece la mala fijación del calcio óseo, o las fijaciones anormales de calcio en el organismo.

En el aspecto psíquico, los pacientes con problemas en las paratiroides son emotivos y ansiosos, no saben cómo responder al estrés, a sus preocupaciones o a sus penas. Ya hemos visto que, a menudo, la angustia no hace sino enmascarar la cólera. Cuando ésta es muy intensa y uno se crispa tanto que llega a perder el conocimiento, tenemos la **espasmofilia**. Aparece cuando la cólera es consecuencia de una situación en la que entra en juego la *densidad* de la persona (el calcio), su peso, su lugar en la vida. Y cuando eso se pone en entredicho, le afecta a la *respiración*, como si se asfixiara: el enfermo comienza a respirar con rapidez y profundidad (hiperventilación), como si le faltara aire... y espacio. Los síntomas del asma son análogos a los de la espasmofilia, salvo que esta última concierne más bien a problemas relacionados con la *densidad* y, a través de ella, con el peso que uno otorga a sus palabras y el que se otorga a sí mismo. Es raro que las personas que tienen una voz potente y tranquila padezcan de espasmofilia y, a la inversa, aprender a hablar con voz profunda y serena puede ayudar al enfermo que padece esos síntomas. Si usted tiene espasmofilia, sosiegue su voz, procure darle la densidad necesaria para afirmar lo que tiene que decir con la convicción adecuada, pero sin cólera inútil. Ejercítese *en la regulación del aliento*, aprenda a respirar y no deje que le desborde el estrés, la preocupación o la cólera.

Las suprarrenales

Hacer frente o huir ante las dificultades o los imprevistos de la vida
Agresividad y lucha o huida y desánimo
Adaptación al estrés

Las glándulas suprarrenales están colocadas como sendas caperuzas sobre los riñones, de ahí su nombre. Están formadas por la parte externa (corteza) y la parte interna (médula).

La médula suprarrenal es como un grueso ganglio nervioso ortosimpático del mismo origen embriológico que el sistema neurovegetativo y tiene una función simpaticotónica (tonifica el sistema simpático y el tono general). Segrega adrenalina y un poco de noradrenalina. «*Ad*-renalina» significa, literalmente, «hacia el riñón», cuya función, según los chinos, es hacer que la persona se mantenga en pie y cuyos caracteres psíquicos corresponden al miedo y a la voluntad.

La adrenalina es la hormona del estrés: frente a un temor o una situación de peligro, estimula enérgicamente el sistema cardiovascular, acelera el ritmo cardíaco; eleva la tensión y aspira la sangre de la periferia (la piel) llevándola hacia el centro (hacia los órganos nobles). Su acción simpaticotónica es potente y rápida, por eso permite hacer frente a una situación imprevista.

La corteza suprarrenal produce tres tipos de hormonas:

—Mineralocorticoides (como la aldosterona) cuyo papel es mantener las reservas de sodio en el cuerpo. La aldosterona mantiene la sal —de ahí el mantenimiento del volumen sanguíneo y la retención de agua en los tejidos— que obtiene a partir de los iones de sodio de los túbulos renales; al mismo tiempo, elimina los iones de potasio y los ácidos. El exceso de aldosterona tiene una influencia psicológica: la persona se hace menos «ácida», más dulce, más «acuosa», y también más soñadora; produce cierta indolencia.

—Glucocorticoides (como el cortisol), que tienen una acción antiinflamatoria, de las que se usa y, a veces abusa, en medicina clásica para toda una serie de afecciones inflamatorias o autoinmunes.

—Hormonas sexuales: andrógenos (en los hombres) y estrógenos (en las mujeres). Los andrógenos de las suprarrenales tienen sobre todo un efecto anabolizante, es decir, que construyen y refuerzan el tejido muscular, base de la «fuerza» física. Proporcionan también el tono físico y psíquico, y la alegría de vivir.

De este conjunto de funciones resulta un grato tono general y buena adaptación al estrés. Como dice Michel Odoul: «Los riñones, por medio de las suprarrenales, segregan unas hormonas que determinan nuestro comportamiento frente al estrés y al miedo», algo que concuerda con la teoría energética china según la cual el miedo concierne al riñón. La parte interna (médula) y la adrenalina determinan nuestras reacciones de huida o de lucha. La parte externa (corteza) de las suprarrenales, por medio de los corticoides naturales, atenúa la reacción inflamatoria y, por lo tanto, la intensidad emocional y pasional que se expresa en los tejidos; en una palabra, las hormonas producidas por la corteza controlan el aspecto destructor de la emoción, de ahí su eficacia en las enfermedades autoinmunes, el asma, etc.

La deficiente secreción hormonal de las suprarrenales entraña tendencia a la fatiga y a la tristeza, trastornos digestivos, hipotensión y mareos, así como una mayor vulnerabilidad al estrés y a las infecciones y, de un modo general, a los cambios y acontecimientos imprevistos de la existencia. Las suprarrenales en su conjunto parecen corresponder a la voluntad, voluntad de vivir y de mantenerse en pie, de «hacer frente» de un modo decidido y adecuado, ajustado a la realidad del estrés. Son las glándulas del combate y de la lucha por la vida, tanto si es una lucha egoísta como si se ha sublimado de una forma altruista.

Una reacción excesiva al estrés agota las suprarrenales.

El exceso de secreción hormonal hace de las personas que lo padecen seres autoritarios, impacientes, irritables, críticos y coléricos.

La deficiencia los convierte en personas sin vitalidad, cansinas y depresivas, con tendencia a huir de los problemas o, simplemente, a dejar las cosas para el día siguiente. Como dice Paul Dupont: «Son lánguidas, cobardes e indolentes». Este autor añade que una producción excesiva por parte de la médula suprarrenal provocaría cólera blanca (secreción de adrenalina con vasoconstricción periférica y riesgo cardiovascular), mientras que una producción excesiva por parte de la corteza suprarrenal provocaría cólera roja (con afluencia de sangre al cerebro y riesgo de accidente vascular).

En el hombre, la producción excesiva de andrógenos, aparte de la pilosidad, le lleva a enfrentarse a la lucha por la vida de una manera excesiva, machista y belicista. En la mujer, confiere un carácter masculino. Tanto en el aspecto hiper como hipo, el remedio homeopático denominado **Sepia** presenta cierta analogía con ese funcionamiento de las suprarrenales.

El timo

Tutor, formación del «Yo» en relación con el amor de los padres

Situado aproximadamente entre la glándula tiroides y el corazón, el timo es una glándula activa sobre todo en la infancia, en especial durante los primeros meses de vida del niño, pues tiene a su cargo la inmunidad del recién nacido. A esa edad, el Yo del niño no se ha formado aún y se confunde con el de la madre. Esa ausencia en el plano psíquico repercute en el físico: el niño no tiene suficiente noción de sí mismo como para defenderse del exterior. El timo es una especie de escuela de aprendizaje en la que los linfocitos aprenden a distinguir el Yo del no-Yo, hasta que, conseguido el diploma, sean contratados por los ganglios linfáticos y el bazo, donde se les ofrecerá un trabajo a la altura de su capacidad. Cuando el niño crece y su personalidad se va afirmando, el timo reduce su actividad y disminuye de tamaño; sin embargo, continúa produciendo unas hormonas cuyo papel consistirá en estimular y despertar los linfocitos cuando haya algún intruso, o tranquilizarlos en tiempos de paz. Incluso en la edad adulta el timo ejerce una función que yo llamaría «de vigilancia». En el niño, el timo es una especie de «tutor» que vela por la formación del Yo al mismo tiempo que «educa» a los linfocitos antes de enviarlos a los puestos de vanguardia de la protección.

¿Por qué he hecho referencia a la situación del timo, entre el corazón y la tiroides? La glándula tiroides es símbolo de la expresión de uno mismo, y el corazón es símbolo de amor. El timo, situado entre ambos, es como un vínculo, como una estación de enlace entre el amor de nuestros padres —el corazón— y la expresión del Yo. De modo que el lugar que ocupa tiene su razón de ser. Cuando uno redescubre así el cuerpo, no puede menos que maravillarse de la armonía e inteligencia que han presidido su concepción. La actividad de esta glándula y, por lo tanto, de la inmunidad en general, recuerda el vínculo parental y la formación de la propia identidad en relación con ese vínculo.

Cuando el «Yo-timo» es débil, la inmunidad también lo es. De ahí, por ejemplo, la fragilidad del conjunto nariz-oído-garganta en el niño, que se reduce con la edad, es decir, a medida que se constituye el Yo.

Etimológicamente, procede del latín *thymus*, «humor»; la palabra griega *thymós* encierra también la idea de sacrificio. Los trastornos del timo encierran la idea de vínculo parental, de sacrificio y de humor.

En el esquema en forma de cruz de San Andrés en el que hemos situado la tiroides en la encrucijada entre lo alto y lo bajo, entre lo interior y lo exterior, el timo, desde un punto de vista anatómico, está a la salida de la encrucijada. Es la exteriorización del Yo, previa construcción inicial de una identidad, realizada a través de una defensa específica. Así se han constituido los grupos humanos, formando su identidad al construir pueblos más o menos fortificados; es decir, la identidad se ha formado, en primer lugar, mediante la defensa. Cuando el Yo es muy susceptible, se siente uno fácilmente agredido.

Pero el timo no está encargado de la defensa; ése es el papel de los linfocitos. El timo es el lugar donde el Yo —amparado por el amor de los padres— se imprime en los linfocitos y donde el Yo —y su «expresión», simbolizada por la tiroides— entra en relación con la encarnación... Poner en tela de juicio las propias raíces, los vínculos parentales, todo lo relacionado con la propia identidad y la expresión de uno mismo... podría proponerse como interpretación del **cáncer de timo**. Cuanto más progresa, más difícil se hace respirar; y, al cortar el aliento, obstaculiza la fuerza de expresión.

El timo puede verse implicado también en las enfermedades autoinmunes y en la reacción de defensa contra el cáncer. A propósito de esto último, Paul Dupont dice que podría interpretarse como una reacción egoísta, bien por temperamento, bien para protegerse frente a los acontecimientos de la vida. Añade que el egoísmo de una persona y el repliegue en su propia vida se asemeja mucho al comportamiento del tumor, que tiene una vida autónoma y no se preocupa de las consecuencias que su actuación pueda tener sobre su entorno... Y, en último término, la evolución del tumor nos recuerda que ninguno de nosotros puede vivir de forma completamente aislada. Dicho esto, no se trata aquí de una consideración moral ni de un juicio de valor, pues el enfermo no ha buscado adrede su enfermedad: todo eso ocurre a espaldas de él. Esas reacciones son naturales, y la enfermedad, cualquiera que sea, implica necesariamente al apego que le tenemos al Ego. Existen otras glándulas que también son importantes, como las glándulas sexuales y el páncreas —que hemos estudiado aparte— de las que depende el funcionamiento de algunos órganos distantes. En términos generales, y desde un punto de vista simbólico, cada glándula representa la región del cuerpo en que se encuentra, hasta el punto de que casi podríamos reducir el funcionamiento del cuerpo al funcionamiento de las glándulas. Para los orientales son como centros de energía y de consciencia, otros tantos estandartes por los cuales se expresa nuestro ser interior.

El aparato respiratorio

El espacio de la palabra...

El aliento vital; angustia de muerte, miedo a «quedarse sin aliento»
La protección, el espacio vital, se «asfixia» uno
El intercambio, el espacio de la palabra (la «inspiración»... expresarse)
La alegría de vivir; la tristeza, las penas del pasado
El ritmo, «respirar un poco» («respirar» al fin)

El aire que inspiramos pasa en primer lugar por las fosas nasales, que están tapizadas con unos cilios vibrátiles que filtran el polvo y una membrana mucosa que humedece y templa el aire, también retiene y evacua el polvo, los cuerpos extraños, etc. Esas funciones ya ponen de manifiesto la tendencia *protectora* del sistema respiratorio frente a las pequeñas agresiones que transporta el aire.

Después de haber dejado la nariz el aire pasa a la faringe, por la que transitan igualmente los alimentos. La epiglotis, que es como una lengüeta en la entrada de la laringe, actúa como un sistema de agujas en la encrucijada de las vías aéreas y digestivas. Mientras se inspira y espira, la epiglotis permanece levantada, de modo que el aire desciende de la faringe hacia la laringe.

Durante la deglución, la laringe se cierra gracias a la epiglotis, que la obtura como una tapadera formando un techo protector, y el bolo alimenticio pasa de la faringe al esófago. Si, como consecuencia de un mal reflejo, la epiglotis no se cierra como estaba previsto durante la ingestión del alimento, éste pasa a la laringe y la tráquea causando ahogo, y se produce tos, que es una reacción refleja, para expulsar el alimento que ha tomado un «**camino equivocado**».

Henri, casado y padre de tres hijos a los que adoraba, había conocido a una joven a la que frecuentaba asiduamente. Cuando vino a la consulta no fue para hablarme de su relación sentimental, sino de la frecuencia con que el alimento «tomaba un camino equivocado», pues hacía cerca de un año que se atragantaba a menudo. Sabía que esos trastornos en la deglución entrañaban riesgos, pero el especialista al que había consultado no había encontrado en su organismo ninguna anomalía. Cuando le pedí que me hablara de las circunstancias en las que se desenvolvía su vida, me expuso su problema afectivo, sus dudas y su sentimiento de culpa ante la familia. Al terminar le dije que me daba la impresión de que iba por un «camino equivocado». La metáfora tuvo un efecto decisivo: eso era exactamente lo que él había intentado decirse a sí mismo durante todo aquel tiempo. Sabía que la relación con la joven no tenía futuro; así que rompió con ella, y al cabo de poco tiempo desaparecieron sus trastornos.

A continuación de la laringe viene la tráquea, que es un tubo formado por anillos cartilaginosos recubiertos, al igual que las fosas nasales, por un tapiz de cilios vibrátiles y unas células que segregan mucus a fin de evacuar el polvo y los demás cuerpos extraños que puedan haber llegado hasta allí.

Después, la tráquea se divide en bronquios, que a su vez se subdividen en bronquios más pequeños y éstos en bronquiolos, como las ramas de un árbol, de modo que los médicos hablamos del «árbol respiratorio». La analogía no es casual.

Los árboles, al absorber el anhídrido carbónico que nosotros emitimos y producir oxígeno, son «el pulmón de la Tierra». La vida del árbol es «inversa» a la del hombre, de lo que resulta una complementariedad entre ambos de la que ya he hablado en otra parte de este libro. Ahora nos limitaremos a constatar que el árbol respiratorio del hombre se desarrolla de arriba abajo, pues se trata de *hacer descender la inspiración*, el aliento, el espíritu... la inspiración en todos los sentidos de la palabra.

Los bronquiolos se ramifican a su vez en ramas microscópicas que desembocan directamente en los alvéolos pulmonares que, agrupados como racimos de uva en el tejido pulmonar, aseguran el intercambio respiratorio. En los alvéolos, el aire y la sangre están separados por una finísima membrana, a través de la cual el oxígeno pasa rápidamente a la sangre que se encuentra en los capilares, mientras el anhídrido carbónico hace el camino inverso.

El oxígeno absorbido por la sangre en los pulmones pasa enseguida a los glóbulos rojos y se fija en el hierro de la hemoglobina.

La impresión que da todo esto en conjunto puede resumirse en dos palabras: delicadeza y fragilidad. Todo lo que afecta a la respiración hace pensar en protección, intercambio, espíritu, ritmo y vida.

Protección, pero no como la piel, que se defiende del contacto, sino frente al aire que simboliza la palabra, el espacio y la vida mediante los cuales la persona expresa su deseo de libertad y su necesidad de independencia, cuando le falta el aire, cuando se asfixia en un ambiente. «Necesito cambiar de aires», «me asfixio, he de respirar aire puro». Los bronquios representan la capacidad que uno tiene para tomar y ocupar su espacio vital respecto a lo que evoca el aire, es decir, respecto a la palabra, el espacio y el intercambio.

Intercambio. La superficie de los alvéolos pulmonares es de unos 70 metros cuadrados. El aire es algo que compartimos sin barreras: respiramos el mismo aire que nuestros amigos... y que nuestros enemigos, lo que a veces provoca reacciones inflamatorias (bronquitis) o alérgicas (asma). El intercambio también es de ideas, gracias al cual sobreviene la «inspiración», que se expresa después en la espiración realizada a través de la laringe y la voz.

Espíritu. Inspirar es poner el espíritu en el interior. El poeta, el artista o el creador están inspirados. Pero tener inspiración no basta, luego viene la espiración, es decir, la expresión, y esto no es posible más que gracias al:

Ritmo, a la alternancia entre **tensión** y **relajación**, entre el día y la noche, la actividad y el reposo. Ninguna actividad puede ser creadora si uno no se toma tiempo para respirar, para renovar el aire a fin de «cambiar las ideas». De una música o una película que tienen ritmo decimos que son vivas. El corazón, íntimamente asociado a la respiración, con la que alterna en el impulso sanguíneo, es también ritmo, símbolo de vida.

Vida. La primera respiración y el último suspiro marcan la entrada y salida de la vida en la Tierra, respectivamente. El aliento es la Vida. Todas las religiones representan el espíritu —la vida— por el aliento. En la Biblia se dice, a propósito de la creación, que Dios formó un cuerpo de barro y sopló en él para darle vida. Inspirar oxígeno es renovar la sangre; por el contrario, retener el anhídrido carbónico de las viejas experiencias recuerda que uno da vueltas y vueltas a situaciones del pasado con tristeza y nostalgia: no espira por completo sus experiencias, retiene las antiguas penas y no permite que lo regenere el aire nuevo de la vida.

A diferencia del sistema digestivo, que tritura los alimentos y que, antes de hacerlos pasar por la membrana relativamente espesa y sólida del intestino delgado, los amasa y reduce químicamente, el sistema respiratorio no presenta una auténtica *barrera* al aire que inspira. Los alvéolos son muy finos, su membrana es frágil; toda la estructura del árbol respiratorio está concebida para asegurar un mínimo de *protección que respete el intercambio*. El intestino delgado analiza y selecciona lo que va a absorber, algo que el sistema respiratorio no puede hacer con el aire, lo intercambia tal como es.

El aliento vital es, ante todo, símbolo de *solidaridad* y de interdependencia entre los seres vivos. Uno de los rasgos señalados de los tuberculínicos en homeopatía es su capacidad de intercambio y su sintonía con todo lo que vive y respira. La tierra de la que extraemos el alimento puede ser parcelada y convertida en algo nuestro, en nuestra propiedad y, mediante el intestino delgado, puede decidirse la separación entre el Yo y el no-Yo. Pero el aire escapa a esa apropiación; es compartido a lo largo y ancho del planeta por todos los hombres y los sistemas biológicos. De la misma forma, aunque la propiedad intelectual reconozca la paternidad de algunas ideas, no puede impedir que sean compartidas o intercambiadas en beneficio de todos.

Una parte de lo que rechazamos es tóxico, así pues, perjudicial para el otro (gasóleo, humo, etc.). Michel Odoul subraya la importancia del sistema protector que existe desde la mucosa nasal hasta el alvéolo final: «La fragilidad pulmonar expresa la dificultad que uno tiene para gestionar las situaciones del mundo exterior». La fragilidad se debe a la delicadeza del intercambio. Las situaciones en las que está implicado el aparato respiratorio conciernen a todo aquello que simboliza el *aire*: la palabra, la comunicación, el aliento vital y el espacio.

Desarrollemos ahora cada uno de estos temas evocando las enfermedades relacionadas con ellos.

Protección frente al mundo exterior

La inhalación del aire que compartimos con el entorno evoca la capacidad o incapacidad que uno tiene para evaluar las agresiones exteriores y responder a ellas de manera adecuada. Cuando hay una agresión —una corriente de aire, una nube de polvo o un ambiente psicológicamente tóxico— la mucosa traqueo-bronquítica reacciona en dos fases. Primero se inflama; después segrega mucus para aglutinar las partículas irritantes, sean polvo, bacterias, o palabras agresivas y críticas repetidas sin cesar.

La **tos** es un espasmo reflejo que trata de eliminar lo indeseable. Seca al principio, se convierte en «fértil», es decir, *productiva* cuando recibe el refuerzo de las células que segregan mucus.

La tos seca, llamada *irritativa*, es como el picor de la piel: una reacción —de la que no siempre somos conscientes— de irritación frente a la agresión exterior o de crítica frente al ambiente. En efecto, se produce antes de la laringe, es decir, antes de que se forme la voz: es como una palabra contenida que se manifiesta antes de haberse formado, antes de haberse concebido y expresado.

En la tos *productiva*, uno intenta aglutinar para, después, evacuar.

Encontramos aquí cierta analogía con el intestino grueso, que, dicho sea de paso, con frecuencia resulta implicado en los problemas otorrinolaringológicos (en particular en las sinusitis repetitivas) y en los trastornos pulmonares crónicos. Sin embargo, aquí no se trata de un problema relacionado con la materia: las posesiones materiales, el dinero, etc., se trata más bien de un intercambio relacional en un nivel afectivo más sutil, vinculado con el espacio y la palabra. Se trata de «escupir lo que sabe» a fin de eliminar ese «humor» relacionado con lo no-dicho.

Muchas personas, sobre todo de cierta edad, se quejan de tener excesiva **mucosidad** en la garganta. Les molesta acumular tanto... mucus, por supuesto, pero en realidad lo que han acumulado son otras pequeñas cosas que, sin llegar a ponerlos enfermos, les incomodan, y tienen que expectorar a menudo para mantener «clara la voz». Esas personas están parasitadas por pequeños pensamientos críticos o negativos que no pueden expresar, de modo que se los tragan igual que se tragan las mucosidades. Cuando uno se encuentra en ese caso, debería preguntarse cuáles son todas esas cosas que no ha podido decir y que se le han ido *acumulando* en el interior, con la consiguiente molestia.

Las agresiones pulmonares son a menudo «difusas», igual

que el polvo, igual que el ambiente formado por un montón de pequeñas nimiedades acumuladas a lo largo del día... hasta que la gota de agua hace desbordar el vaso. Es lo que ocurre a menudo en el ambiente de trabajo, cuando nos relacionamos día tras día con personas que *no hemos elegido*. El frío invernal y la falta de sol lleva a muchas personas a permanecer durante largo tiempo en lugares cerrados (aunque la climatización tiene el mismo efecto en verano). Nuestra receptividad al ambiente en esos casos es mucho mayor, y mayor también la sensación de carecer de espacio.

Como consecuencia, pueden producirse dos clases de *reacciones*:

—Individuales, cuando una persona que contrae un catarro o una **bronquitis** traduce así la opresión o molestia que siente debido a las personas que la rodean o al ambiente en que se desenvuelve.

—Colectivas, a través, por ejemplo, de una epidemia de **gripe**. No porque uno haya tomado ojeriza a las personas de su familia,[1] pero, después de todo, es una ocasión para aislarse y *respirar* un poco. El catarro y la gripe traducen un deseo de huir, de retirarse un poco, de descansar («que me dejen en paz»); además, como la obstrucción nasal resulta molesta al hablar, tienen uno excusa para escatimar las palabras.

El espacio de la palabra

Cuando uno es demasiado sensible al ambiente que comparte con sus padres o allegados, ante la menor contrariedad reacciona de manera excesiva: sobreviene la crisis de **asma**, que es una manera espectacular de decirse así mismo y a los demás: «¡Me asfixio!».

1. El autor utiliza aquí la palabra *gripe* en sentido literal: «Gripe», y en sentido figurado. *Prendre quelqu'un en gripe* significa: «Tomarle tirria u ojeriza a alguien». *(N. de la t.)*

Es como una sensibilidad a la atmósfera, o al ambiente, o a las personas cuya presencia nos causa cierto malestar sin llegar a agredirnos directamente. El proceso traqueobronquial tiene lugar antes de que llegue la palabra, está más acá de la laringe, del «verbo». La mamá ansiosa, protectora y «asfixiante» a su pesar ejerce tal presión sobre el hijo que al final alguien de la familia ha de decirle: «¡Déjalo respirar un poco!».

Puede uno ser asmático por varias razones, a menudo combinadas entre sí:

— Porque se enfrenta a alguien que tiene poder sobre él y, con su palabra autoritaria, le «corta la palabra» y, después, el aliento. No puede uno decir las cosas porque no tiene libertad ni espacio para hacerlo. Tanto si es niño como si es adulto, se ahoga en el ambiente, y *no encuentra la palabra justa para expresarlo*. El asma es como una *palabra tragada*, las palabras que uno no ha podido expresar.

Desde el punto de vista fisiológico, el asma no se produce porque uno no pueda inspirar, sino, sobre todo, porque se bloquea la *espiración*, que *impide hablar*.

— Por alguna razón de tipo alérgico. Pero recordemos una vez más que la alergia es una dificultad del Yo para tolerar al no-Yo, lo que evoca la cuestión del espacio. La alergia resulta a menudo de una falta de confianza y de seguridad en ese Yo que se siente agredido por cosas que, objetivamente, no son agresivas.

Marc era un muchacho que padecía asma desde su más tierna infancia. Al llegar a la adolescencia empezó a tener delirios paranoicos. La paranoia es una enfermedad en la que uno se siente agredido más allá de la realidad de las cosas. Marc veía enemigos por todas partes. Cuando entraba en crisis, lo atendían en el hospital, pero tenía frecuentes recaídas. Curiosamente, el asma desaparecía por completo durante los períodos delirantes y reaparecía al cesar el delirio.

—El asma alérgico puede deberse también al rechazo a aceptar las propias «zonas de sombra», por ejemplo, en relación con la sexualidad, los deseos incestuosos, etc. El rechazo de la sombra se traduce por la necesidad de aire puro, de ver las cosas desde lo alto, de alejarse de la polución, del polvo, del contacto «animal». El contacto con un animal, en particular con un gato —tan dulce y sensual— provoca la angustia de la propia sexualidad, que, para algunos, es sinónimo de culpabilidad, de castigo y «muerte»; de ahí que afecte al «aliento vital». Todo eso, como el polvo y los ácaros, es «sucio». Thorwald Dethlefsen recuerda el empleo de una técnica que consiste en hacer beber al enfermo en estos casos su propia orina[2] (es decir, algo «sucio»).

—Por último, como ya he mencionado a propósito del **Arsenicum album**, el asma, mediante la sensación de ahogo, de no poder respirar, puede expresar una angustia mortal debida al miedo de ser abandonado o a un sentimiento de culpabilidad por el hecho de vivir. Todo ocurre como si uno necesitara al otro porque no puede vivir solo; pero, al mismo tiempo, el otro le ahoga y le reduce su espacio vital, de manera tal que la situación parece irresoluble. El asma, además, viene a justificar esa situación de dependencia, aunque, por otro lado, no resuelve nada.

Algo parecido puede decirse del eccema. La piel, que también «respira», es igualmente protectora, pero protege más del contacto o de la mirada que del espacio vital y respiratorio. A menudo se requieren las dos protecciones y entonces aparecen eccema y asma alternativamente; en realidad es la misma enfermedad, llamada **atopia** (o atopía), muy frecuente en los niños. Con esta enfermedad, el niño se protege. (En el capítulo dedicado a la piel ya hemos visto de qué se protege.)

---

2. Sí, lo ha leído usted bien... Esta técnica, llamada uroterapia, consiste en beber cada día un vasito de la propia orina, y tiene numerosos adeptos en todo el mundo... Beber las «emociones residuales», ¿por qué no? Pero me parece que las dosis homeopáticas resultarían infinitamente más agradables ¡y seguramente menos tóxicas!

Hay otras circunstancias que pueden afectar también al espacio de la palabra y dar lugar a otras enfermedades.

Richard, de 48 años, vino a verme para que le ayudara, tanto físicamente como psicológicamente, a soportar el tratamiento necesario para su cáncer de pulmón. Era ejecutivo de una empresa, tenía un temperamento obstinado y encerrado en sí mismo. A lo largo de su vida profesional había vivido numerosos fracasos, despidos, etc. Pero siempre había tenido la valentía de levantar cabeza y comenzar de nuevo. Después del divorcio, las hijas se fueron a vivir con su madre a una localidad que distaba varios cientos de kilómetros de su domicilio. Richard estaba viviendo unos momentos muy difíciles, desde el punto de vista económico, cuando su hija mayor, a la que no veía desde hacía mucho tiempo, le propuso ir a verlo. Pero, apenas comenzó la conversación, se vio en la necesidad de reconocer, «con angustia en el alma», que no disponía de medios para financiar el viaje. Su hija, humillada y ofendida, le colgó el teléfono *dejándolo con la palabra en la boca*, sin darle tiempo para explicar la realidad de la situación. Después de una vida de fracasos familiares y profesionales y en medio de la precariedad material en que vivía, la *incomprensión* de la hija le cortó el aliento. Fue como un tiro de gracia.

La tristeza

La historia de Richard es también la historia de una tristeza inexpresable. Los pulmones son sensibles a esa tristeza tan profunda que no se puede manifestar, que nos quita el aliento y la palabra. Los acupuntores dicen que «la tristeza agota los pulmones». De hecho, muchos enfermos que padecen de los pulmones tienen una tristeza en el alma que guardan en secreto y de la que rara vez hablan.

¿Por qué la tristeza está relacionada con la respiración? Voy a intentar precisar, mediante una imagen, el vínculo que une el aliento y la alegría de vivir.

Lo que se exhala en la espiración es anhídrido carbónico, que es la combinación de dos átomos de oxígeno y uno de carbono. Pues bien, no olvidemos que el carbono es el elemento que estructura toda la materia viviente, al menos aquí en la Tierra; es nuestra «materia», como la materia del escultor. Curiosamente, los remedios homeopáticos que contienen carbono se destinan a las personas que tienen dificultades relacionadas con el trabajo o con el sentido de la vida.[3] El oxígeno representa lo fresco, lo nuevo, la llama que se reaviva al contacto con él. En el plano celular, la combinación de oxígeno y carbono es como la *experiencia del espíritu en la materia*; el oxígeno capta el carbono y lo transmuta. Al transmutarlo, eleva la materia hacia otra dimensión, hacia el aire (el carbono «terrestre» se eleva hacia la atmósfera...). El ser humano realiza algo análogo cuando transforma la materia mediante la «inspiración», es decir, la inteligencia y el espíritu.

A escala molecular, el anhídrido carbónico simboliza las pequeñas experiencias de nuestras células, *experiencias pasadas* que eliminamos intercambiándolas, expresándolas, compartiéndolas... sea de forma silenciosa mediante la espiración, sea de forma sonora mediante las palabras, cuando la laringe modula el aliento espirado, lo que nos permite recibir una nueva *inspiración* y avanzar así rítmicamente hacia una comprensión más amplia...

Guardar en el interior de uno mismo la experiencia pasada y rumiarla una y otra vez es como cultivar la tristeza que había en ella. Recordemos, por cierto, que la época del romanticismo fue también la época de la tuberculosis.

Al refugiarse uno en la melancolía, en la pesadumbre y en la soledad renuncia al *intercambio* con el mundo exterior, se aísla y no deja que penetre el aire fresco de las ideas nuevas, ni que lo regeneren los espacios abiertos. En consecuencia, algunas zonas pulmonares no se airean bien y el cáncer o la tuber-

---

3. La relación entre carbono, trabajo, valor y sentido de la vida no es el resultado de una hipótesis teórica, sino una *evidencia práctica* que los médicos homeópatas constatamos a diario en la práctica de nuestra profesión.

culosis acaban por hacer estragos en ellas. El origen de todo esto puede ser una pena que uno rumia sin cesar, algunos rencores, heridas mal cicatrizadas, la negativa a olvidar ciertas ofensas, a perdonar... El sistema respiratorio no supone sólo protección, representa también la manera como exhalamos, como evacuamos el pasado de las experiencias simbolizadas por el anhídrido carbónico.

Loïc, un hombre soltero de 42 años, había encontrado durante un curso de verano a una mujer de la que se enamoró secretamente, aunque no se atrevía a comunicarle sus sentimientos. Poco antes de terminar el curso, sobreponiéndose a su timidez, se le declaró, pero la chica lo rechazó lisa y llanamente. No era su primer fracaso, pero experimentó una profunda tristeza. Al día siguiente contrajo una bronquitis que le duró el resto del verano, a pesar de que el tiempo era cálido y seco.

Por las mismas razones, la **tuberculosis** suele verse en personas desanimadas y tristes, que se sienten solas y abandonadas. Con frecuencia tienen un temperamento melancólico, pero a veces lo ocultan bajo una capa de insatisfacción o mediante una huida hacia delante agobiándose de trabajo. La tuberculosis puede aparecer en un contexto de trabajo excesivo, cuando uno no se toma tiempo ni para respirar para ahogar así su vida emocional que tal vez se encuentra en un atolladero. Es también el caso de algunas bronquitis repetitivas, que se producen cuando la vida cotidiana le pesa a uno demasiado y siente una insatisfacción general, como una tristeza que no tiene nombre especial. El **cáncer de pulmón**, al afectar aquí al aliento vital, expresa un *deseo de morir* más intenso que en el caso de estar localizado en cualquier otro órgano; manifiesta una *profunda tristeza* y pérdida del deseo de vivir. Un determinado acontecimiento le hace ver al enfermo su vida entera como un completo fracaso, como si ese fracaso afectara a la esencia misma de su vida. Esto es más evidente en las personas orientadas hacia el intercambio de ideas y opiniones. Uno de mis amigos más queridos se vio atacado en público por unas palabras que había pronunciado a puerta cerrada y que nunca deberían haber salido del círculo de amigos íntimos... Pero fue precisamente uno de sus más cercanos colaboradores quien lo traicionó, sacando a la luz pública lo que tendría que haber permanecido en privado. Mi amigo se sintió traicionado; además, el hecho de que pusieran en tela de juicio su manera de proceder no sólo le hizo sentirse molesto sino, en cierta forma, también culpable, pues la revelación pública de aquellas *palabras* venía a destruir el esfuerzo que estaba haciendo para mantener la cohesión de un grupo que había creado y que dirigía como la obra más importante de su vida. Palabra, intercambio, amistad..., todo había quedado en entredicho; eso le causó una profunda tristeza. A los pocos meses, le diagnosticaron un cáncer pulmonar.

También existe relación con esta enfermedad en los casos de *preocupación por un allegado* o un hijo al que uno se ha entregado por completo, como si fuera él quien diera sentido a la vida del enfermo, y que le está causando una gran pesadumbre. «¿Vale la pena vivir para llegar a esto...?» Jean no tenía hijos y había volcado todo su afecto en su sobrina. Cuando ella se casó, Jean aceptó al marido casi como si fuera un hijo, y recibía contento la visita de la pareja los fines de semana, hasta que el matrimonio naufragó. Poco después del divorcio, Jean, que no fumaba ni, por otra parte, tenía grandes preocupaciones, enfermó de cáncer pulmonar.

Geerd Hamer afirma que el cáncer pulmonar resulta de una «angustia mortal», angustia de morirse o de ahogarse, puesto que el aliento está asociado a la vida (el grito del recién nacido, «dar el último suspiro», etc.). Según él, las metástasis no existirían, y lo que en medicina clásica se considera como metástasis pulmonar de otro cáncer (miliar carcinomatoso, etc.) se desarrollarían como consecuencia del impacto provocado por el anuncio del diagnóstico: el enfermo se cree perdido, de ahí su angustia mortal y la aparición de la metástasis. Pero, aunque cito esta idea, le atribuyo sólo una importancia relativa. Las cosas no son tan sencillas, la angustia no basta para generar una lesión pulmonar si no hay al mismo tiempo una profunda tristeza y pérdida del sentido de la vida. Amigo lector, recuerde que la ansiedad no causa por sí sola una enfermedad semejante. Yo atiendo con mucha frecuencia a personas que están *ansiosas por estar ansiosas*, porque han oído decir que el cáncer es una consecuencia del estrés. Pero el estrés *no es* la ansiedad, no tiene nada que ver. Por eso, si usted tiene miedo del cáncer, y si tiene miedo de que su miedo genere un cáncer, le ruego que se tranquilice, las cosas no ocurren así. Acepte su ansiedad como algo natural, y la ansiedad acabará por dejarlo a usted tranquilo y por dejarlo... respirar un poco.

El ritmo

Respirar un poco, tomarse tiempo para *respirar*

Las personas que trabajan demasiado y no saben relajarse, para continuar trabajando hasta una hora avanzada de la noche se ayudan con un cigarrillo, que es una manera de ahogar su respiración. Un paseo con el aire fresco del atardecer, para relajarse y respirar, favorece el sueño. El hecho de dormir mejor después de haber aireado los pulmones prueba la relación que existe entre los ritmos de los ciclos inspiración/espiración y día/noche. La respiración concierne a los ritmos que podemos controlar o decidir, que podemos imponernos. La función respiratoria es también la única función automática que podemos controlar de modo consciente con relativa facilidad, lo cual, además del uso de la palabra, permite controlar el sistema neurovegetativo.[4]

4. El sistema neurovegetativo se sigue denominando todavía *autónomo* porque es el que dirige el funcionamiento de los órganos independientemente de la voluntad (movimientos peristálticos del intestino, etc.). Mediante el yoga y unos ejercicios respiratorios adecuados, es posible controlar dicho sistema y, por lo tanto, algunas funciones del cuerpo que habitualmente escapan al control de la voluntad.

La laringe

Autoridad, manifestarse, decir algo con fuerza
Palabra, expresión, creación

La laringe es una estructura cartilaginosa en forma de cono que se extiende desde la base de la lengua hasta la tráquea; sus componentes más importantes son las cuerdas vocales. Debe su rigidez a unos elementos cartilaginosos que están unidos por ligamentos y músculos.

Para formar la voz, las cuerdas vocales vibran regularmente debido al aire que espiran los pulmones. La frecuencia de las vibraciones y, por lo tanto, el tono del sonido emitido, se puede regular modificando la tensión de las cuerdas vocales. La potencia, en cambio, depende de la fuerza con que se expele el aire. Por último, la voz es amplificada por la caja de resonancia que forman la faringe y las cavidades bucal y nasal, que determinan, asimismo, el timbre de voz.

La palabra es, pues, un fenómeno fisiológico complejo, que implica a la laringe, la cavidad bucal, la lengua y los labios. Se puede descomponer en tres elementos:

—El *aliento*, que procede de la espiración, aliento de vida, porque es él el que da su energía a la palabra.
—La *vibración* del aire debido a las cuerdas vocales, que hace que el aliento inaudible se convierta en audible. De la misma forma que el pensador capta un pensamiento invisible y abstracto y le da forma, y así lo hace *visible* y accesible a la comprensión; de la misma forma que el escritor capta la idea y la expresa en palabras, así también la voz, la vibración de las cuerdas vocales, hace visible el aliento —el espíritu— y lo presenta en forma de «materia» sonora.
—La *modulación*, que la boca, la lengua y los labios realizan de la «materia sonora» que sale de la laringe para transformarla en palabras: la materia sonora es como un soporte sobre el que se articula el mensaje.

La laringe es pues un órgano *creador* que saca sonido del

aliento, lo visible de lo invisible, lo animado de lo inanimado. Su secreto reside en el ritmo, que condensa en frecuencia vibratoria lo que no vibra... El ritmo está en la base de la vida; como se dice en una escritura sagrada a propósito de la creación: «En el principio era el Verbo».[5] El verbo es la vibración que permite expresar y hacer una manifestación de lo que no existía más que en el pensamiento.

Las dificultades que uno tiene para expresarse no se somatizan de un modo indiferente en la lengua, en la garganta o en la laringe: aquí, como en otras partes del cuerpo, lo que aparece localizado más adentro es más «profundo», más inconsciente, menos refinado, y lo que aparece localizado más afuera es más superficial, más consciente, más fino. Así pues, los problemas de la lengua conciernen a la *manera* de decir las cosas, a la habilidad para expresar los matices sin herir a nadie; los trastornos de la garganta recuerdan más bien la palabra «contenida» o, más exactamente, «tragada»; las enfermedades de la laringe expresan la *afirmación* del verbo: para la laringe ya no se trata de la manera de decir las cosas, sino más bien de la *fuerza* con la que se dicen. La laringe habla de saber ocupar, o no, una *posición de autoridad*, de saber permanecer en silencio o decir las cosas con claridad y decisión, manifestando así una voluntad... sonora, si no ruidosa.

Así pues, la laringe es un órgano *creador* que presenta una analogía simbólica con la función genital. La creación resulta del encuentro de dos polos, masculino y femenino, que encontramos aquí en la fusión de las ideas de la cabeza con la energía del «corazón», es decir, del aliento.

Justo encima y delante de la laringe se encuentra la glándula tiroides, que, como ya hemos visto, regula la expresión, pero no sólo la verbal sino la expresión de «lo de dentro hacia fuera», como ya he precisado. Por otra parte, algunas enfermedades de la tiroides afectan a la laringe; entonces la voz se hace cascada, como cuando se tiene ronquera crónica, lo que hace pensar en la existencia de un vínculo y una relativa semejanza de sus funciones.

5. Con estas palabras comienza el Evangelio de san Juan.

Por último, a propósito del aspecto creador de la laringe, observe, estimado lector, la posición especial que ocupa en el cuerpo, a la altura del cuello. Del cerebro, de la cabeza, parte «la idea» que se encarna como «deseo» en el cuello, donde se une con la energía del aliento, del tórax, de la espalda y del vientre, para acabar expresándose ya sea en actos —por medio de los brazos y las manos, la nuca y el occipucio, donde encuentra la energía biliar emprendedora—,[6] ya sea por la palabra.

La laringitis, los dolores de la laringe en general, ponen de manifiesto la existencia de una palabra llena de cólera (el dolor y la inflamación reflejan cólera). Pero esa palabra colérica no sale, la persona tiene miedo de expresarse por miedo a ser criticada o para no herir a alguien, o porque tiene dificultades para afirmar sus convicciones o su posición de autoridad.

En menor grado, puede tratarse de algún cuerpo extraño que causa «picor» en la garganta, de una simple «flema», etc. Pero, ¿cuál es en realidad la situación que molesta o la palabra que pica porque no se ha podido expresar y se ha quedado atravesada en la garganta?

El **tartamudeo** muestra la inseguridad que uno siente ante la persona que representa la autoridad.

Existe una expresión sin palabras: el canto. Cuando una persona forma con la voz sonidos melodiosos sin pronunciar palabras, la laringe emite un sonido puro, un sonido que procede del aliento vital. No procede del vagabundeo de los pensamientos, sino de la profundidad del ser. Las vibraciones del canto pueden armonizar las vibraciones de la persona de modo que ambas estén en resonancia. Y así como la laringe es un órgano creador, así también el propio canto, al penetrar con sus vibraciones en la intimidad de las células, puede regenerar el sistema respiratorio y revitalizarlas todas.

---

6. En la base del occipucio, donde se insertan los trapecios, existe un punto de acupuntura desde el que se regula la vesícula biliar, que simboliza, entre otras cosas, la energía emprendedora.

Conclusión

Henos aquí al término del viaje que hemos realizado por el cuerpo humano. Le agradezco, amigo lector, que hayamos recorrido juntos el camino.

Esta manera de explorar el cuerpo y los órganos no hace sino alzar una esquinita del velo que nos impide comprender las causas de las enfermedades. Es un comienzo, aunque muy modesto. Permítame decirle de nuevo que las reflexiones que se han ido exponiendo aquí no son *afirmaciones* tajantes, sino sugerencias para investigar, hipótesis que cada uno puede cotejar con su propia experiencia. No hay que generalizar los ejemplos citados en el libro, porque, para cada persona, las cosas se anudan en su cuerpo por una razón especial que sólo ella sabrá descubrir. Lo que he presentado aquí son sólo *pistas* posibles que pueden servir para que cada uno encuentre su clave personal a fin de avanzar en el camino de la curación.

Y para avanzar por él necesitamos ayuda. No olvidemos que, aunque es importante comprender la razón psicológica de las enfermedades, no lo es menos atender el aspecto físico, de modo que hay que confiar en las personas competentes que se dedican a eso. Necesitamos a los médicos y cirujanos; si ahora tenemos un poder para curar que en otros tiempos nos hubieran envidiado —en la época en que una epidemia diezmaba ciudades enteras sin que se le pudiera oponer el menor antibiótico—, lo debemos a la suma de conocimientos que la medicina clásica ha ido acumulando a lo largo de los siglos. Al descubrir una cara de la moneda, le ruego que no descuide la otra: no oponga la medicina clásica a esta «medicina del alma». Las dos son complementarias y tan necesarias la una como la otra. Por los caminos del Himalaya existen profundas y vertiginosas gargantas que atraviesan endebles puentes colgantes; hay una barandilla a cada lado, ¡y ciertamente no están de más!

Hecha esta aclaración, continúo exponiendo mi propósito. Las enfermedades no nos llegan para interceptarnos el paso, sino para liberarnos de algunos obstáculos. Es posible que esta idea nos sorprenda en un primer momento, sin embargo... si en la vida de una persona todo va bien, si es rico, si siempre tiene buena salud y continuamente se ve colmado de felicidad, tal vez se sienta tentado a llenar su vida de futilidades, del deseo de parecer, de poseer más bienes o de apropiarse de las personas, o de lanzarse a alguna aventura al final de la cual tal vez se descubra a sí mismo, lo que no estaría del todo mal...

Pero, por desgracia, si se me permite la expresión, la llama de vida que habita en nosotros no siempre lo entiende así. Los acontecimientos o la enfermedad aparecen como un grano de arena que hace chirriar el engranaje y, a veces, como una tormenta que nos deja desamparados.

La llama que nos anima es como una hermosa dama prisionera entre los muros de un castillo que pide ayuda por una grieta para que alguien la libere. Alguien que pasa, al oír los gritos de la dama, se acerca y llama a la puerta, pero, por supuesto, nadie responde. Después rodea el castillo, intenta raspar el muro. En vano... Desaparece durante algún tiempo y vuelve con algunas herramientas: una maza y un escoplo. Pero el muro es muy duro, eso no basta. El propietario, despertado por el ruido, se inquieta y llama a la guardia que, desde lo alto del muro, vierte una pez hecha con extraña mezcla de rara eficacia, sobre el intruso. Viéndole huir, el propietario bendice al inventor de la mezcla y consolida el muro. Pero no es más que una tregua, porque nuestro paseante vuelve, esta vez con un ariete, y golpea en un punto débil de la estructura con tal pre-

cisión y tanta violencia que casi echa abajo todo el castillo...
La hermosa dama sale al fin, se inclina ante su salvador y le pregunta: «¿Cómo te llamas?». «John Stress —responde el paseante—. Lo siento por el castillo, no era mi intención dañarlo.» «No tenías elección —le responde la dama—, pero no te preocupes: este castillo no es sólo de mi marido, también es mío y, si él acepta mi libertad y mi ayuda, yo sé cómo repararlo.»

Es raro que un acontecimiento nos sacuda sin que antes haya llamado suavemente a la puerta, pero con frecuencia no lo oímos. Si se está atento, es posible darse cuenta de que la vida está llena de multitud de cosas que parecen diseñar experiencias análogas que se viven una y otra vez hasta que se comprende su sentido. A menudo nos molestan, pero *su objetivo es siempre la libertad*, ayudarnos a conseguir nuestra libertad. El alma es como una mujer, y sabe lo que quiere. Es como un deseo del que no querríamos ser conscientes; no obstante, encuentra ayuda y apoyo en el que pasa, en ese acontecimiento del mundo exterior que sólo es exterior en apariencia. Debido a que nos molesta lo he llamado *deseo indeseable*, lo que indica hasta qué punto vamos a luchar contra él...

Pero ese deseo sabe lo que quiere y, cuando nos coloca ante una contradicción insostenible, a veces no nos deja otra elección que tomar nuestro cuerpo como testigo... Pero ese deseo, *¡soy yo!*

El pequeño Nicolas, cuando hizo aquella trastada a la salida de la escuela en presencia de su papá, ¿qué esperaba inconscientemente? Tal vez suscitar el bofetón que vendría a materializar la realidad de sus sentimientos: desafiar lo prohibido, liberarse de la autoridad paterna, afirmarse como hombre... quizás eran éstos sus verdaderos deseos. A menudo, sin saberlo, suscitamos situaciones negativas que esperamos nos ofrezcan una ocasión de libertad. Por ejemplo, es posible que una mujer desarrolle un cáncer de mama porque se asfixia en su vida de pareja y la enfermedad le ofrece la ocasión de decir que las cosas no van bien, sin que por eso el marido la abandone. Esto no es la regla general, sino un ejemplo para subrayar que las cosas negativas pueden verse de diferentes maneras.

Es raro que la libertad se ofrezca a nosotros sin exigirnos a cambio alguna renuncia. Tal vez sea renunciar a una cosa material, como en el caso de Thérèse y su casa, de la que he hablado en el preámbulo, o a una posesión afectiva, como en el caso de Mireille, que expresaba en la tiroides su pesar por no poder hablar con su hija ni orientarla en el sentido que ella hubiera deseado. Tal vez sea renunciar a la imagen que tenemos de nosotros mismos, cuando la actitud del otro nos ofende porque vemos en ella una parte de razón y nos protegemos indignados de esa idea tomando como testigo a nuestro cuerpo. A través de la enfermedad protegemos nuestra consciencia, pero, al mismo tiempo, la encerramos en el eco físico de nuestros sufrimientos morales.

Lo doloroso no es la renuncia sino el apego; con frecuencia, ni siquiera somos conscientes de lo que nos retiene. Lo de fuera es como lo de dentro: si examinamos con lucidez y sin apego las circunstancias que rodean nuestra vida, llegaremos a comprender lo que nos pasa por dentro. Por otra parte los desafíos externos pueden ayudarnos a resolver y superar ciertas dificultades interiores, y a veces nos permiten alcanzar una mayor libertad de consciencia.

A través de la enfermedad nos hablamos a nosotros mismos, es cierto, pero también nos dirigimos al médico y al cónyuge; a veces también hablamos a nuestros padres... cuando, desde el principio de nuestra vida, algo no ha ido bien. Yo creo que el niño enfermo no es diferente del adulto enfermo, salvo que el niño se imagina que sus padres son «todo»; pero ninguno de nosotros, padre o madre, es bastante perfecto como para ser ese impecable todo. Sólo somos un eslabón de una cadena que busca la perfección, un eslabón que avanza a tientas de generación en generación, de triunfo en vagabundeo, de fracaso en renacimiento, hacia su perfecta realización, hacia la última libertad interior frente a las carencias, sufrimientos y vagabundeo de los eslabones precedentes, gracias a las luces legadas por los antepasados.

Y, más allá de nuestros padres, a veces nos dirigimos a ese

«otro» que habita en nosotros y vela en silencio, testigo de nuestra vida y de nuestras penas y esperanzas. Y lo más extraño de esto es que, en algunas ocasiones, ese «otro» responde...

La enfermedad no es más que una etapa de la vida humana, una etapa tan importante como la de la salud. ¿Cómo podría alzarse una escalera si al escalón horizontal de los gozos y certezas no siguieran los tropezones verticales de las penas e incertidumbres? En definitiva, poner en entredicho nuestras certezas nos ofrece la *oportunidad* de acceder a otra dimensión de la consciencia. Y eso es lo que trata de hacer la enfermedad: liberarnos de los sentimientos o certezas que obstaculizan la consciencia para que despertemos a una dimensión más amplia, más luminosa. Entretanto nos gustaría mantener el cuerpo, pero tal vez la nueva dimensión llegue a ser tan vasta que el cuerpo se nos quede demasiado estrecho...

Lo que nos mueve a todas las personas es el amor. Es cierto que algunas situaciones pueden hacernos dudar de ello, y muchos me objetarán que, con frecuencia, el deseo de poder se impone al amor. Pero yo no lo creo, pues si el peor de los dictadores hace colgar su retrato en todos los lugares públicos es porque necesita que lo amen; a la fuerza, si es preciso. En el caso opuesto, el don de sí y el sentido del deber son otras formas de amor. Todo comienza por la necesidad de ser amado. Nuestra vida camina entre las personas que amamos o admiramos y aquéllas de las que esperamos obtener, si no amor, al menos reconocimiento. En el entorno familiar o profesional, la necesidad de sentirnos amados significa que *necesitamos ver reconocidos nuestros sentimientos y nuestra valía personal*.

Ese reconocimiento no se obtiene de buenas a primeras; para conseguirlo, a menudo hemos de luchar y superar numerosas decepciones. Cuando las penas y sentimientos se manifiestan en el cuerpo, se convierten en una realidad que se puede mostrar; el médico, igual que las personas que nos rodean, pueden verlos y reconocerlos, lo que no deja de ser una ventaja. Y no es la menor, porque también así nos los mostramos a nosotros... E inscribir las penas en nuestro cuerpo es también una manera de amarnos a nosotros mismos, probando que lo que nos hace padecer no es ficticio.

¿Amarnos? ¿O amar la imagen que tenemos de nosotros mismos? La pregunta no es anodina porque, con frecuencia, lo que viene a sacudir el estrés es el apego que tenemos a nuestra imagen, invitándonos a desprendernos de ella, como el iceberg invita al capitán a desprenderse de su barco, a perder el apego que le tenía. El dolor no es otra cosa que ese desapego; decirlo a través de nuestro cuerpo nos proporciona el tiempo y los medios necesarios para aceptarlo. Veinticinco años en el mismo barco era mucho tiempo para el alma del capitán; sólo un impacto muy fuerte podía llevarlo a contemplar el océano con otra mirada y aceptar una vida de más amplias perspectivas. Merecía más, muchísimo más que limitar su mirada a un montón de chapa donde, por necesidad, estaba encerrada su vida.

La enfermedad busca sanarnos

Merecemos infinitamente más que esa parcela de Yo que intentamos preservar a toda costa y de la que trata de liberarnos la enfermedad. No es seguro que lo consiga, pero lo importante no siempre es vencer. Lo importante es caminar a pesar de las dificultades, conscientes de que nada es negativo por completo, ni siquiera la derrota, pues nuestra alma sabe lo que quiere, aunque a veces nos resulte incomprensible. Porque puede que la causa de la enfermedad no esté en la sombra del pasado, sino en la luz del porvenir, en esa luz que nos espera...

Al caer en la rocalla
descubre una hendidura,
semilla de esperanza
en la pequeña grieta oscura...

El rocío al descender
la acaricia dulcemente
y le instila suavemente
el deseo de crecer.

Apenas vislumbra el cielo
emprende la ascensión;
sutil convicción,
locura para la razón.
«¿Por qué librar combate
con tanta obstinación?»

La esperanza en su corazón
le dice que su destino,
si aún no ha hallado el camino,
mañana le dará razón.

Y a fuerza de querer
y de creer con energía,
un hermoso amanecer
se convierte en su gran día.

La luz acaricia
sus suaves colores,
y el viento la mece
con dulces rumores.

Hacia el cielo se alza
convertida en hermosa flor,
envuelta por un cálido Sol
que vela por ella con Amor.
También por ti vela su resplandor
y te envuelve en su calor...

¿Sabes la Verdad?
Se encuentra en la belleza y la bondad,
que a través de conflictos mil y
a lo largo de cada día,
en busca de la armonía
realiza milagros sin fin.

Y como a esa flor
que de la tierra se eleva gozosa
por completo de luz inundada,
también a nosotros nos ha sido dada
un alma esplendorosa.

No transcurre un solo día
en que el Amor no te bendiga...

Anexo

Respuesta a un amigo científico
(que tiene razones para serlo)

Querido Paul:

Según me dices, acabas de leer mi libro. Te lo agradezco. Estoy seguro de que tu espíritu racional y crítico habrá encontrado objeciones en cada una de las páginas, o casi. A juzgar por lo que abultan las notas que me has enviado, te has hecho muchas preguntas. Creo que si has llegado hasta el final ha sido por el afecto que me tienes, ¿verdad? Cualquier otro en tu lugar lo hubiera cerrado antes. ¡Muchas gracias por tu paciencia!

Me interesan las objeciones que me haces mucho más de lo que te figuras. Voy a intentar responderte lo mejor que pueda.

Como sabes, yo no hago investigación especulativa sino trabajo de campo, es decir, observo en mi terreno y actúo dentro de mis competencias. Y lo que presento aquí es el resultado de muchos años de trabajo y de la reflexión que ha acompañado a tanto sufrimiento del que he sido testigo. No soy hombre de laboratorio, y menos aún de cifras y estadísticas. A comienzos del siglo XX, un físico famoso, Max Planck, afirmó que sólo existía lo que se podía medir. La medicina hizo suyo ese mensaje; yo diría incluso que ha hecho de él su caballo de batalla a juzgar por ciertos trabajos de investigación médica que se apoyan en multitud de cifras.

Si, según Max Planck, las pruebas deben ser corroboradas por muchos números para tener derecho a existir, necesito unos cuantos decenios más para demostrar lo que expongo aquí. Por eso soy prudente en mis observaciones y, como habrás visto, las he puesto casi siempre en modo condicional.

El enfermo que se sienta ante mí es único; al menos él está convencido de serlo, te lo aseguro. Le importa poco que otros hayan tenido el mismo problema antes que él. ¡Le importa él! Afortunadamente...

Yo no lo peso ni lo mido. Lo escucho... Lo único que tomo sistemáticamente es la tensión; si no lo hiciera, no sería un buen médico; eso lo sabes tú tan bien como yo.

Y, al ver que lo escucho, deja de hablar de sus dolencias y me cuenta su vida. Entonces, en la mayoría de los casos tengo la impresión de que no ha contraído la enfermedad por casualidad. Es curioso, ¿no? Pero es así. Cuando observas esto en una ocasión o dos... puedes pensar en una coincidencia. Pero cuando las coincidencias se repiten muchas veces, empiezas a hacerte preguntas.

El caso del pequeño Nicolas fue uno de los primeros que me indujo a pensar, pero después ha habido tantos y tantos otros... Podría contarte muchísimos. Tanto en enfermedades infecciosas como en otras de origen mecánico, observo regularmente un contexto psicológico que se repite demasiado como para considerarlo fruto del azar.

Yo creo que tú también lo has observado y que, en el fondo, estás de acuerdo conmigo, aunque te parezca muy atrevido de mi parte enunciarlo de un modo tan explícito. Sí, el estafilococo es como la cólera; al menos parece alimentarse de la cólera que uno retiene. Después de todo, si los hongos sólo crecen en determinadas condiciones de humedad, ¿por qué no podrían los gérmenes tener también afinidades con nuestros «humores»? Al decir «humores» me refiero no sólo a las emociones, lo cual es evidente, sino también a las sutiles perturbaciones humorales y físicas que provocan las emociones. Si se aceptara esa idea aunque no fuera más que como hipótesis, podrían armonizarse las observaciones del bacteriólogo y del psicólogo. Y, puesto que ambos se apoyan en hechos concretos, podrían comprobar su verosimilitud. Supongo que en esto estarás de acuerdo conmigo. Y si deseamos que cesen las estúpidas disputas sobre la causa de las enfermedades, si queremos reconciliar los diversos puntos de vista, habrá que intentar buscar algo que los vincule...

Me preguntas cómo he llegado a las hipótesis sugeridas en el libro.

Pues he llegado escuchando a mis pacientes, por supuesto. Es mi pan de cada día. A fuerza de constatar que la enfermedad iba casi siempre acompañada de un malestar de otra índole, empecé a preguntarme por qué éste se manifestaba en el hígado, por ejemplo, o en la cadera, y no en otra parte. ¿Qué es lo que empuja al enfermo a manifestar su mal en un lugar determinado y no en otro? Entonces empecé a leer libros sobre el tema y me di cuenta de que la mayoría de los autores se basaba en expresiones populares, en tradiciones más o menos herméticas y en la función de cada órgano para, mediante asociación de ideas, establecer sus conclusiones.

Este último enfoque, lo de la función de cada órgano, me ha parecido muy acertado porque yo estoy convencido de que el cuerpo y la psique no están separados. Como has leído más arriba, toda la jerarquía social, nuestra escala de valores, las nociones del arriba y el abajo, etc., derivan de que la cabeza —que es la que dirige— está más alta que los pies —que no hacen sino obedecer a la cabeza—, así que no insisto más sobre esa idea. Pensé que apoyarme en la función de cada órgano permitiría comprobar la verosimilitud de las hipótesis emitidas. Y así ha sido, en efecto.

No obstante, alguna de tus críticas han suscitado realmente mi interés:

Me reprochas el empleo de imágenes, como si hubiera basado mi trabajo en eso. Pero yo no pretendo demostrar nada

387

con las imágenes que propongo; las utilizo como un medio para transmitir una idea de la forma más sencilla y concisa posible, ¿comprendes? No es lo mismo. Esta observación me recuerda otra: me dices que el recurso a las analogías no prueba nada, y que con analogías se acaba demostrando que todo está en todo, y al revés, lo que no permite avanzar en absoluto.

Te sorprenderás si te digo que estoy de acuerdo contigo al menos en dos puntos. El primero es que no podemos pretender explicarlo todo, y menos aún con una sola teoría que acabaría convirtiéndose en pensamiento totalitario, pues si algún día dejara de existir la duda, ya no habría noche que nos aliviara de la luz del día... El otro punto en el que estoy de acuerdo contigo es que *la analogía no es una prueba en sí*, no es más que un medio para intentar levantar una esquina del velo que oculta la verdad; la experiencia clínica es lo único que permite verificar el interés de las hipótesis sugeridas por medio de analogías. Las analogías sólo pretenden despertar la intuición, como en la caza del tesoro, cuando uno reúne algunos trozos de papel que se encuentran dispersos en varios lugares y consigue reconstruir un plano, pero el plano no es el tesoro.

Todo este trabajo no tendría valor alguno si no se apoyara en constataciones clínicas, pero eso no significa que lo que es cierto para unos lo sea forzosamente para todos. Yo no pretendo aportar «la verdad», sino sólo una manera diferente de ver las cosas que tal vez nos ayude a escuchar lo que quiere decirnos el cuerpo y la enfermedad. Aunque siempre quedará una parte absolutamente personal que ningún esquema podrá resumir.

Consideras que es una lástima que no haya apoyado mis hipótesis en una base estadística. Pero ¿cómo se van a poner en estadísticas emociones tan personales, sentimientos tan íntimos y profundos que apenas afloran a la consciencia? Cuando Freud elaboró su teoría sobre el psicoanálisis, la elaboró a partir de *una* observación,[1] de una sola... Y cuando Newton tuvo la idea

---

1. Freud, al describir el caso de Anna O., en *Études sur l'hystérie*, Éd. Hatier, 1996.

de la gravitación universal al ver caer una manzana, no esperó a que cayeran tantas como para hacer tinajas de compota para reflexionar sobre lo que acababa de ver. Un solo enfermo puede iluminarte de pronto sobre todo tu trabajo; yo habría podido titular este libro: «El caso del pequeño Nicolas». A esto debo añadir que lo que expongo aquí es el estado actual de mis observaciones y de mis reflexiones, que sin duda, y por fortuna, evolucionarán...

Pero te aseguro que el trabajo no ha sido fácil. En el estudio de la psique humana es muy difícil ser de verdad «objetivo», porque lo que se estudia es precisamente lo subjetivo... Tú sabes tan bien como yo que la cólera no se mide y que es más fácil detectar una anomalía en una radiografía que detectarla en las palabras que pueda decirte un paciente. El terreno subjetivo no está delimitado con certezas como lo está el funcionamiento del cuerpo. Hay que avanzar con prudencia, porque las trampas son numerosas y las ideas más luminosas a veces resultan ser meros espejismos.

Sin embargo, hay una cosa que me ha ayudado muchísimo, y es el hecho de que las hipótesis se vieran confirmadas por la eficacia de los remedios aplicados, como ocurrió en el caso de Nicolas. Si no hubiera existido la *Staphysagria*, ¿cómo habría podido yo afirmar que existía relación entre las anginas y la humillación que él sufrió? Cuando una hipótesis te conduce a un remedio que resulta efectivo porque cura, merece la pena pararse a pensar.

¡Oh! Ya te veo explicando su curación por la relación que se establece entre el médico y el enfermo... Por desgracia para mí, eso no basta. De lo contrario, no tendría que lamentar el no encontrar a veces el remedio adecuado para una persona a la que tengo afecto, mientras sí lo encuentro para otra que quizá me resulta indiferente. La homeopatía es así: yo soy como un cerrajero que se presenta con su manojo de llaves ante una puerta cerrada. A pesar de lo que pienses, si me equivoco de llave, aunque el paciente confíe plenamente en mí y crea con absoluta fe en la llave, la puerta sigue cerrada. Y cuando el remedio surte efecto en un niño que apenas sabe hablar, no me dirás que también se debe al efecto placebo, porque entonces acabaré preguntándome si hay algo de lo que no dudes... Por cierto, esto me recuerda que quité el pan de la boca a un veterinario —que, como es natural, se puso furioso conmigo— porque con un remedio homeopático curé las vacas de mi vecina, afectadas de gastroenteritis. Pero no vamos ahora a entablar una polémica sobre la homeopatía, no es éste el lugar... Por otra parte, creo que otros caminos, otras vías terapéuticas, llevarían a las mismas conclusiones que las que yo he expuesto aquí.

A propósito de la vejiga me dices que, lo que yo presento como un problema de territorio, otros autores lo presentan como miedo al antepasado o ascendiente (el riñón), es decir, miedo a la autoridad, e insistes en que hacemos interpretaciones muy diferentes de casos semejantes. Cuando una mujer se ve aquejada de cistitis porque no se atreve a oponerse a un marido que ocupa todo el «espacio», su dolencia se puede ver como un problema de territorio o como miedo a la autoridad; yo creo que no son más que dos facetas de un mismo problema. Y cuando me dices que, si uno parte de una hipótesis establecida a priori, tiene todas las posibilidades de ver que se confirma, te responderé que, dado que cada persona tiene su propio vocabulario —que deriva de su cultura y de su manera de ver las cosas— para describir lo que percibe, muchas veces se trata de la misma idea descrita desde ángulos diferentes. Y, perdona que me repita, pero cuando el remedio que parece indicado cura realmente al paciente, la hipótesis de la que se parte se ve confirmada.

Me dices también que no todas las mujeres que tienen un problema de territorio lo manifiestan con una cistitis. Es cierto. Pero creo haber respondido ya a esto en el preámbulo al decir que el estrés *subraya* un problema anterior no resuelto; también he insistido en la *complejidad* de la emoción que se expresa en el cuerpo. Además, no toda la cólera que sentimos se manifiesta en los órganos, ni todo el estrés; si fuera así, en este mundo no existiría nadie con buena salud. Dicho esto, reconozco que no es fácil comprender por qué una persona expresa su cólera en la vesícula biliar y otra, en cambio, la expresa en el pie.

En realidad, aún estamos muy lejos de comprenderlo todo, y puede que algunas enfermedades carezcan de sentido... al menos evidente. No podemos explicarlo todo. Y yo creo que es mejor así, al menos para el paciente, porque si el médico le dijera: «Usted está enfermo por esto y por aquello», ya me dirás qué le quedaría de libertad... Por otra parte, el enfermo es quien realmente tiene la llave de su curación. El médico sólo está ahí para sugerirle la dirección en la que tiene más probabilidades de encontrarla cuando empiece a buscar en el desván de su historia personal.

Porque aunque este libro da ejemplos, aunque propone hipótesis que a menudo se verifican, no explica la complejidad de las emociones y sentimientos que vive cada persona. Hay situaciones análogas de las que podemos extraer unas ideas generales, pero esas ideas no permiten catalogar el significado psicológico de tal o cual enfermedad. Por ejemplo, la cadera está a menudo implicada en situaciones de traición (tanto si uno traiciona como si es traicionado), pero no por eso se puede decir: cadera = traición. Eso sería... ¡traicionar mi intención! Podemos sugerir, pero nunca afirmar, porque eso sería encerrar al enfermo en un esquema de pensamiento del que luego no le resultaría fácil salir. Todas esas ideas son como llaves. Pero, como bien sabes, una llave puede abrir una puerta... aunque también puede cerrarla, ¡y con dos vueltas! Todo depende del uso que se haga de ella. Por otro lado, cada uno de nosotros tiene su llave personal, que es sólo suya.

Y, claro, también es cierto que no todo tiene sentido: existen los accidentes, las injusticias y determinadas situaciones que no le permiten a uno otra opción que la de aceptarlas y vivirlas de la mejor manera posible... Hay cosas que uno vive sin poder darles sentido. En el fondo, dejando la cuestión abierta y sin respuesta, tal vez son esas cosas las que más nos hacen avanzar.

Espero haber respondido a tus objeciones, al menos en lo fundamental, aunque soy perfectamente consciente de que los enfoques que tú y yo tenemos no son fáciles de armonizar. Te recuerdo, sin embargo, que para ver la realidad no disponemos de un único ojo, sino de dos. Tal vez haya una razón para ello, ¿quién sabe? Dicho esto, te confieso que observaciones como las que tú me has hecho son las que nos permiten avanzar. Y te las agradezco con toda sinceridad.

Índice de materias